翻译之耻

走向差异伦理

〔美〕劳伦斯·韦努蒂 著
蒋 童 译

2019年·北京

THE SCANDALS OF TRANSLATION
Towards an Ethics of Difference

Copyright © 1998 Lawrence Venuti / 9780415169301

Copyright © 1998 by Routledge, Taylor & Francis Group

All Rights Reserved

本书根据卢德里奇出版社 1998 年版译出

Authorized translation from the English language edition published by Routledge, a member of the Taylor & Francis Group

本书原版由 Taylor & Francis 出版集团旗下 Routledge 出版公司出版，并经其授权翻译出版。版权所有，侵权必究。

The Commercial Press is authorized to publish and distribute exclusively the Chinese (Simplified Characters) language edition. This edition is authorized for sale throughout Mainland of China. No part of the publication may be reproduced or distributed by any means, or stored in a database or retrieval system, without the prior written permission of the publisher.

本书中文简体翻译版授权由商务印书馆独家出版并在限在中国大陆地区销售。未经出版者书面许可，不得以任何方式复制或发行本书的任何部分。

Copies of this book sold without a Taylor & Francis sticker on the cover are unauthorized and illegal.

本书封面贴有 Taylor & Francis 公司防伪标签，无标签者不得销售。

FOR GEMMA LEIGH VENUTI

*C'è un amore più grande
di te e di me, me e voi nella specie,
acqua su acqua.*

原书题献

译者前言

《翻译之耻：走向差异伦理》是劳伦斯·韦努蒂教授继 1995 年出版《译者隐身：一部翻译史》(*The Translator's Invisibility: A History of Translation*) 之后，于 1998 年出版的有关翻译研究的第二部专著。在短短的三年之内，韦努蒂教授就推出两部对后来全球翻译理论界产生重大影响的作品。《译者隐身》已由张景华、蒋骁华于 2009 年译出中译本，而眼前的这部译著便是可视为其"姊妹篇"的《翻译之耻》的中译。

《译者隐身》运用历史考古学的方法，梳理了从 17 世纪至 20 世纪末的英美翻译史。在该著作中，韦努蒂发现"通顺"（fluency）译法超过了其他翻译策略，塑型由其他语言译入英语的外国文学经典。站在英美语言及文化的立场上，韦努蒂拷问在翻译行为发生的过程中，诸种本土价值观念被潜移默化地"铭刻"进了异域文本，进而将其遮蔽。他继而拈出一种能对抗（resistancy）通顺译的翻译理论与实践，旨在倡导在异域文本中传达出原作在语言与文化上的差异。韦努蒂选取欧美的各种翻译文本作为实例，详细阐述了翻译可以被视为研究和实践差异的场所，恢复并修正已被遗忘的翻译，从而建立起另外一种"异化翻译"的传统。

《翻译之耻》延续并深化了《译者隐身》对翻译的考察。韦努蒂开门见山直接提出问题：是什么使得翻译这个需要译者付出巨大劳动并对社会进步起着重要作用的智力工作一直处于边缘地位？他自问自答，翻译作为一种书写形式受尽了耻辱（scandals）：翻译遭到版权法的排挤，为学术界所轻视，并被出版商、政府、宗教组织所剥削利用。接下来他追问，究竟是什么造成了这诸种耻辱？韦努蒂站在社会文化这个宏大的立场上来审视翻译问题，分引言和八章就上述问题给出了回答。这八章分别是："异质性""著者身份""版权""文化身份的形成""文学教学""哲学""畅销书"以及"全球化"。这八章看似松散，实则紧密相连：在这些不同的社会以及文化领域中，翻译受尽了多种耻辱。韦努蒂操用不同的后结构理论、文化研究理论以及全球化理论，分别给出了鞭辟入里的分析。关于这些耻辱的成因，韦努蒂总结为两点：第一，是翻译界内部认识的不一致造成了被边缘化；第二，是翻译界以外各学科和社会力量的排斥与打压，造成了译者的无名地位。

引言明示该书的目的，即要通过质询翻译与使其边缘化的因素之间的关系来揭示诸种翻译之耻。在这里，韦努蒂阐明自己使用的是一系列的文化研究的手段，其目的就在于促进对当下翻译行为、译者地位的思考，用以更恰切地评价翻译文本所起到的社会功用，拓展翻译项目，并使翻译研究成为一项更为稳固的学术研究，从而为翻译赢得更大的文化权威与更为有利的法律地位。

第一章"异质性"从学理层面阐明翻译是一门广阔的学科领域，涉及语言学、多种外国语言、比较文学与人类学。在这些领域不可通约时，对翻译的误解便会产生。为了突破这些误解，韦努蒂引入"少数文学"的概念，并认为语言是一种合力，标准方言占据着主导，翻译要释放出"语言剩余"，这样就会颠覆标准方言。少数化翻译所带来的异质性话语，能彰显原语与目的语之间的语言文化差异。韦努蒂站在这一立场上，极力地批判了语言学翻译理论的诸种局限。

在第二章"著者身份"中，韦努蒂认为使得翻译处于边缘地位最重要的因素，可能是现行的著者身份观念。因为，通常情况下，原作是原创的、独立的文本，译作则被看作是原作的模仿，因而是派生性质的、非独立的文本。这一根深蒂固的观念限制了翻译的发展，阻碍其跨越不同的文化层级。韦努蒂使用路易的例子，说明翻译理应被认为是一种学术研究的形式。韦努蒂将这一边缘的因素追溯到这个层面，是极富洞见的。

第三章"版权"认为，版权法也是翻译之耻的根源之一。现行的版权法注重原创，贬低译作，无视译者的创造性付出，因而直接造成出版商（社）对译者的经济剥削。原作者的创作行为受限于写作目的、读者群、文化、历史等因素，译者创作译作，是截然不同于写作过程的，因而可视为独立的创作。如果原作者和出版社非要把持住作品不放，则这些作品就会毫无翻译价值。秉持着这一认识，韦努蒂认为原著出版后的五年，译者即可无偿使用原作。

第四章"文化身份的形成"认为，翻译总是归化行为，将异域文本铭刻进本土易于理解的语言与文化价值观，而且这一铭刻过程，则操控着翻译的生产、流通以及接受的环节。这产生出不同的文化及政治影响。这些影响中最重要的，也带来翻译之耻最为深刻原因的，就是文化身份的形成。翻译能释放出巨大能量，用以建构并再现异域文化。选译不同的异域文本，制定不同的翻译策略，能为异域文学、文化建立起独特的本土经典。因而，翻译可以塑造身份的形成，推动它的革新与变动。韦努蒂本章列举的例子，如古典学学者琼斯、日本小说的美国译者福勒、《圣经》的翻译，都精准地例证了前述观点。在本章的结尾，韦努蒂阐释了两种翻译伦理：化同伦理以及差异伦理。他认为后者能将异质性引入。这一差异伦理的提法，是这部著作的核心概念。

第五章"文学教学"认为，第二次世界大战以来，英语一直是译出最多的语言，同时又是译入最少的语言。这一格局的不对等维持了英美享有政治、经济与文化等多方面的霸权。这种统治地位，与翻译所处的边缘地位碰巧同时存在。韦努蒂首先考察课堂教学中翻译的状况，认为在文学及理论课堂中，翻译作品被大量使用，教师也通过大量译作来讲授外国文学、哲学的思想与观念，但同时极力回避所使用的材料是经过"翻译"的。这显然是对翻译的漠视。韦努蒂号召要正视翻译所起到的作用，因为译作中必定包含大量的语言剩余。讲授译作，就是要讲授译作中的语言剩余。所以选择译本时，要选择语言剩余丰富的译作来讲授，这样就可以使学生意识到翻译在文化身份、文化认同层面所起到的重要作用。

第六章"哲学"沿袭了第五章的思路，韦努蒂认为，哲学领域存在着与文学领域相似的无视、漠视翻译的状况。就此，韦努蒂仍然强调了剩余的概念。哲学作品的特点是概念稠密，译者不仅要寻求概念相应的对等词，更要保持译作对读者具有吸引力。译者的翻译过程，是一定要将剩余展现出来的。只有这样，才能凸显译文的地位，从而颠覆原作在译入语中的霸权，将哲学传播中翻译占据的重要地位归还给译作及译者。韦努蒂的结论自然就落在通过思考翻译，哲学不会走到尽头，不会沦为诗或者历史，但是哲学要敞开胸怀，去拥抱其他形式的思考与书写。

第七章"畅销书"认为，译作能在译入文化中成为畅销书，是由于译者对译作进行了"归化"修改。韦努蒂动用大量篇幅考察了卡米罗书系在美国的接受、编辑与翻译的过程，以此来详述大众的通俗审美观和精英审美观对翻译的影响。

第八章"全球化"认为，翻译正在独家揭秘几百年来构建国际事务的诸多不对称。在很多发展中国家，翻译是必须的、义务的，成为了殖民统治的必要手段。同理，跨国公司也通过翻译进行新形式的殖民。在这些表面现象之后，韦努蒂反而看到了深受其害的并非是发展中国家，而是发达国家，因为这不利于文化发展的多样化。因而，归化策略就不应该继续使用，应当采用抵抗的策略，以使在译入文化中居边缘地位的外来文化得以凸显，这样才能促进译入语文化的发展。韦努蒂以严复、林纾、鲁迅的翻译实践促进中国语言文化的现代性等多个例子来证明，带有异质性的翻译能有效促进译入语语言与文化的发展，并提出因地制宜伦理的观念。这为本书的结尾划上浓墨重彩的一笔。

综观《译者隐身》与《翻译之耻》这两部著作，韦努蒂教授在"翻译研究文化转向"的大学术背景下对翻译史采取多学科综合的研究方法，不但建立起颇具建设性的翻译思想和翻译理论建构思想，而且为当代译者的新形象及其生存状态的构建奠定了基础。这为欧美翻译理论界,甚至整个国际翻译理论界,发出了截然不同的声音,为当代翻译理论的发展注入了新的活力,并引发译家、译论家对翻译问题更深入的思考和研究,从而加速翻译研究从学术边缘走向中心的步伐。这是韦努蒂教授"一以贯之"之道。

韦努蒂的翻译研究,目的有二。一是有关翻译学科的构建。为此,他引进了诸多理论家的术语,搭建了自己独具特色的翻译理论体系:在《译者隐身》中有改变阅读译文方式的症候式阅读(symptomatic reading)、凸显译者主体性的"译者的隐身"(translator's invisibility)、话语策略与翻译伦理合一的异化归化翻译(foreignization and domestication)、作为异化翻译策略的"反常式忠实"(abusive translation)与"对抗式翻译"(resistancy);在《翻译之耻》中有让翻译蒙难的"翻译之耻"(the scandals of translation)、抵抗译入语文化的"少数化的翻译"(minoritizing translation)与"语言剩余"(remainder)、"文化身份的形成"(the formation of cultural identities)、考察翻译产生社会影响力的"存异与化同伦理"(ethics of difference and sameness)、"因地制宜伦理"(ethics of location)以及之后的批判的阐释型(hermeneutic model)与定于一尊的建构适合译者以及翻译研究的一种翻译文化(a translation culture)等等。二是他把这些术语当作"标准",并以此来衡量翻译产生的影响。在韦努蒂看来,翻译无论好坏,以能促进语言、文化的变革与更新为指归。这两条线索互相交织、互相影响,共同成就了韦努蒂的理论"大业"。

详审韦努蒂从异化翻译到因地制宜伦理的翻译理论研究,不难发现,他思考的根本问题,是如何对待语言和文化之间的差异性问题以及如何衡量藉由这些差异性所带来的社会、语言及文化变革的问题。他认为，翻译首先是文化问题，然后是社会问题，最后是伦理问题。他以此告诉我们，翻译在人类文明发展史中所取得的辉煌成就，是不能视而不见的。韦努蒂提倡的翻译伦理，预设了当下世界的不平等，他要刻意去揭示语言、文化之间的不平等性，所以要通过张扬"差异"来伸张正义。他一直思考着译者、译作的地位及身份、翻译在学术界的地位以及翻译与社会、翻译与文化、翻译与伦理的关系等诸多问题。

韦努蒂以自己的翻译研究和持续 30 多年的翻译实践告诉人们，翻译带来了巨大的语言、文化和社会变化。这就是翻译所烛照出的神韵。韦努蒂以此彰显自己对英美主流文化的抵抗。在韦努蒂为翻译及翻译学科鸣不平的声音之外，我们也感受到了韦努蒂在诚恳地期许一个没有翻译之耻、没有翻译悲情的乌托邦，他渴望一种可以让翻译稳定栖身的价值，一种属于翻译与译者自身的、健康的、良性发展的翻译文化。从他的翻译研究中，我们清晰地感受到，摆在翻译理论工作者面前的任务，不是对"能不能翻译"这一问题的反复追问，也不是对"如何翻译"进行应用型的研究，而是"应该"通过对已有的翻译事实如何展开充分的研究，以考察翻译所产生的社会、历史以及文化变革。这样，译者与译论者将不会感到耻辱，而会从容地从隐身的后台走向显身的前台。我们从韦努蒂的翻译研究来审视，翻译确实发挥了积极作用，的确一再促进着人类社会的共同进步。

目 录

引言 1

第一章 异质性 11
第二章 著者身份 49
第三章 版权 76
第四章 文化身份的形成 105
第五章 文学教学 136
第六章 哲学 164
第七章 畅销书 192
第八章 全球化 245

致 谢 294
参考书目 299
索 引 313
译后记 321

引 言

> 耻辱：非常不光彩的情境或事件。
>
> （《牛津英语词典》）

翻译的诸多耻辱（scandals）与文化、经济和政治因素相关。如今翻译为何处在学术研究、批评以及争论的边缘，特别是与英文相关的翻译中（当然也并不仅限于英文）？在这种境遇中，翻译的耻辱就显现了。任何对这些边缘领域的描述，很有可能成为枯燥谩骂冗文的危险，有成为难以置信的受害心理前提的危险，甚至翻译随后有沦为受害者的危险。翻译常被鄙视为一种写作形式（a form of writing），遭到版权法的排挤，为学术界所贬低，被出版社、政府以及宗教组织所盘剥利用。笔者认为，翻译之所以受到不公平的对待，部分原因是翻译敢于质疑当前的主流文化价值观并挑战学术机构的权威。翻译像历次既有的权威机构受到的挑战一样，激发起人们对翻译损害原文程度的重视，对监管出版行为的反思。这些机构利用翻译起到支持主流价值观和权威机构的作用。

本著作的目的首先是通过质询翻译与使其边缘化的因素之间的关系来揭示翻译之耻。要质询其中的关系，就要先从新兴学科即翻译研究开始。现如今的翻译研究和译者的训练受到语言学研究方法的影响，这种方法凭借经验获取数据，具有相当大的局限性。因为这样的研究方法能够形成自己的模式，学术界就不愿研究社会价值观对于翻译研究以及翻译的影响了。因此，学术研究要变得科学化，声称要客观、不受社会价值观影响，然而学术界却忽略了这样一个事实，翻译与其他文化惯例一样，能够影响甚至创造社会价值观。但结果不尽如人意，翻译研究沦为一种一般理论的构建，仅仅关注描述文本特点以及翻译策略。这些研究不仅让翻译在解释力上受限，而且主要服务于语言学专家，而非服务于译者、译作的读者或者其他人文学科的专家。最终，翻译遭受到学界的孤立，从而远离了当代的文化发展，远离了给予其重要性的诸多争论。

然而，迄今为止翻译受到的最大阻碍，来自翻译学科之外。现行的诸种著作权观念（prevalent concepts of authorship）贬低了翻译的地位，尤其是在文学及文学研究方面，而且这些观念居然认可了版权法对翻译不利的界定。这些法律不仅指国家司法权的具体法令，还包括重大的国际公约。翻译受到学术、宗教以及政治团体所形成的文化认同的沉重压迫，同时还受到外国文学［主要是一些"伟大著作"（Great Books），即西方文学中的经典作品］的教学法以及哲学学科，也即哲学观念与哲学传统研究的压制。然而，翻译在企业界和畅销书的国际出版界逐渐引人注目，并且在拥有话语霸权的欧美国家与亚非拉国家跨文化商业的不平等模式中渐次占据显耀地位。翻译为全球文化经济提供动力，促使跨国企业利用大语种（以英语为主）翻译的适销性（marketability），在所谓的发展中国家主宰印刷业与电子传媒业。此处的"发展中",仅指相对于世界范围的资本主义的一种落后状态。翻译令承载着这些分类和惯例的机构局促不安,因为翻译让人们关注到这些机构可疑的处境和影响,关注到冲突与排斥,这些冲突与排斥在使这些机构得以存在的同时,又使其丧失信誉。

翻译的诸种耻辱,也许在最不经意间就会呈现在我们面前。《信使》(*Courier*)是联合国教科文组织出版的旨在促进不同文化相互理解的月刊。其1990年的第四期登载了一篇有关墨西哥民族历史的文章,有西班牙语和英语两个版本。此文的英文版本绝佳,因为其在意识形态方面并没有倾向于前哥伦布时期的墨西哥人;而那时墨西哥人的口头文化的发展水平还是很低的,只是往事的记录(Mason 1994; cf. Hatim and Mason 1997: 153-159)而已。因此,西语版本中的"antiguos mexicanos"(ancient Mexicans,古代墨西哥人)被翻译成了"印第安人",与西班牙殖民者划清了界限;"sabios"(wise men,聪明人)被翻译成了"diviners"(占卜师),用以对抗欧洲的理性主义;"testimonias"(testimonies,证词)被翻译成了"written records"(书面记录),隐约地将文学传统凌驾于口头传统之上。西语中最常使用的"memoria"一词,即文化口传中一项重要的功能,在不同语境中被翻译成了"memory"(记忆)、"history"(历史)甚至是"knowledge of the past"(以往的知识)。下面的例句中,译文"编辑了"(edited)西语,通过简化句法与省略另一个关键术语(mitos, myths,神话)的方式,减少了土著文化的成分:

> Los mitos y leyendas, la tradición oral y el gran conjunto de inscripciones perpetuaron la memoria de tales aconteceres.

3 The memory of these events lives on in the thousands of inscriptions and the legends of oral tradition.

这些历史事件，因数千碑铭得以记录，因口头传说得以弥新。

正如梅森（Mason）所观察到的，人们在阅读译文时并不需要刻意关注译者在翻译过程中对原文做出的演绎（Mason 1994: 33）。具体的话语选择打上了歪曲土著居民意识形态的烙印。这些话语选择不仅力图营造出土著居民的从属地位，而且还要令这种从属地位看起来是自然或者明显的，对译者与杂志编辑来看也是如此；或者他们可能受到注重达意与易读性（easy readability）翻译策略的导引，以至于最熟悉的语言也最终成为最具偏见的语言，而且竟然发生得不知不觉。显而易见的是，全部依赖口笔译而运作的联合国教科文组织对翻译的思考不够深刻，因而不足以审核与其基本原则和目标相妥协的翻译文本。

尽管存在上述众多的特例，但是这里，翻译曝光的将是简单的揭发丑闻，同时又力图避免耸人听闻。因而，我提倡一种创造性的反思，尽管这种反思要通过思考被质疑的价值观和机构与翻译之间令人忧虑的关系得以实现。这里我要探究：一、翻译重新界定文学、法律著作权的诸种方式；二、翻译创造文化差异所接受诸种身份的方式；三、翻译需要不同的教授文学与研究哲学的途径；四、翻译将新的政策推荐给出版社及跨国公司的方法。在这一过程中，以多个个案的精研为基础，翻译将会呈现出新的面貌，定会催生出一套带有实践结果的理论观念。

以往的和当下的具体例子不仅对于阐明目前翻译所处的边缘状

态意义重大，而且在阐明翻译所能具有的意义与功能（如若对翻译的不同动机与效果给予更大的关注）方面也十分宝贵。翻译的产生有很多原因，有文学与商业方面的，有教育与技术方面的，还有宣传与外交方面的。然而，没有哪个译者或翻译机构的发起人，能希望控制或者意识到生产翻译的每个条件；也没有哪个翻译代理人能够预期到每次的结果，或是预期翻译的使用情况、效能与传递的价值观念。尽管如此，反而是这些条件与结果，为辨识涉及翻译和阅读翻译的利害关系提供了最具说服力的理由。

本著作共有八章，使用的是一系列文化研究的手段，目的在于促进对当下翻译的思考。本书涉及多种不同的语言、文化、时代、学科以及机构，以此描述并评价翻译文本的社会效用，力图拓展翻译项目的可能性，使翻译研究成为一项更为稳固的学术研究。同时，为译者，尤其是在美英这两个国家（当然不仅限于这两个国家），赢得更大的文化权威与更为有利的法律地位。

我期望为译者与翻译建立一种威信，这种威信不只是对有史以来翻译受到不公平待遇的一种抗议。这种权威并不建立在践踏现有作家威望的基础上，如一些小说家、诗人等文人的威望，也不会利用一些机构在政治上的权威。相反，翻译是跨文化的，不论是对原语还是目的语来说，翻译都带有译者自己的迥异风格，这种译者的身份对目的语来说是第二位的，是为不同的组织服务的。翻译仅有的作者的身份只能依赖于原作本身的需要。原作需要交流，需要共享，需要保持开放的姿态，尤其对原语读者群。因此，译者在翻译实践中唯一能获得的地位不是自我表达，而是各种因素的融合。这种融合的必然性来自于语言和文化的差异，只有通过翻译进行改写和重组才能缩小这种差异。翻译像其他的写作形式一样,通常是独力完成的,但翻译涉及众多知识领域,而且常常是意想不到的领域。

关注翻译所处的边缘地位是策略性的。它设想任何文化的边缘研究都能够阐明并修正中心。然而,就翻译与跨文化领域来说,这些边缘是多样的,同时涉及原语和目的语。它们体现为边缘文化的形式,深受国内以及全球文化研究的地位的局限,在与多种霸权语言(hegemonic languages)的关联中寻找自己的定位。这里的霸权语言,指的是作品所使用的当地标准语(standard dialect at home)和广义上的英语,因为英语仍然是被翻译得最多的语种。本书所做出的最重要的假设也许就是翻译最大的耻辱:在每次翻译行为以及每次将译作置于翻译文化的附属过程,不对等、不公正以及译文的统治和附属关系一直存在。译者与剥削外国作品和文化的机构有千丝万缕的关系。但是,也有个别译者完全听从自己并不受制于任何官僚体制。

美国翻译家诺曼·托马斯·迪·乔万尼(Norman Thomas di Giovanni)与阿根廷作家豪尔赫·路易斯·博尔赫斯(Jorge Luis Borges)在1967年至1972年间一直通力合作,将博尔赫斯的众多小说和诗歌译成英文出版。乔万尼扮演了博尔赫斯的文学代理人的角色,帮助他获得了如今在文学领域的地位(Rostagno 1997:117-120)。然而,乔万尼的译文富有侵略性,他大胆地改写西班牙原文,使其更贴近美国读者群:他对原文进行消化吸收,使其符合美国的文学经典,紧贴现今的标准用语,捋顺博尔赫斯散文中的突兀转换,避免抽象用词,转而采用具体的措辞(concrete diction),甚至还修改了博尔赫斯一些仅凭印象的错误引用(Howard 1997)。对于自己与博尔赫斯的共事,乔万尼评价道:"我把翻译他作品的过程比作清洁一幅画,清洁完以后,就能清晰地看到画中明亮的颜色和鲜明的轮廓,而之前是看不清这一切的。"(同上:49)。乔万尼认为自己提倡的是一种作者式的翻译方法(writerly approach to translation),反对"教授和伪学者们的吹毛求疵,通过显微镜看待写作,这样只会过度强调单个的用词与抽象词"(同上:44)。但是他自己又实施了一种话语霸权(discursive regime),压榨博尔赫斯的文学创作,离经叛道地创立自己的翻译规则,对如此有才智的作家实施了一种"反才智主义"(anti-intellecturalism)的翻译方法。四年后,博尔赫斯突然终止了两人的合作。

作者转而盘剥译者,但是鲜有人公开指责他们的译作。捷克小说家米兰·昆德拉就是个特例。他不仅仔细检查并纠正自己著作的多种外文版本,并且在自己的散文或序言中,以诙谐的语言评价自己最喜欢的译本。他的小说《玩笑》(*The Joke*,1967年)的英文版本,就是众所周知的例子。1969年,第一部英译本出版,这部译作改写、删除并且重组了很多章节,这震惊了昆德拉;第二个英译本于1982年出版,昆德拉评价其为"不能接受的"译本,因为他认为"这根本不是我的作品",而是"翻译的改写版本(为了迎合当时时代以及译入国的需要,最终也是为了迎合译者的需要)"(Kundera 1992:x)。

昆德拉质疑归化翻译是有充分理由的:归化翻译过于强力地同化外国文学原本,使其迎合本国主流价值观念,抹杀掉原本的"洋味感"(sense of foreignness),这种异域特征看起来也正是翻译一开始存在的原因(Kundera 1988:129-130)。然而,还有比通过另一种语言，也就是另一个时代和国家的口味将原文本的异域特征充分表达出来更好的方法吗？昆德拉对翻译的这种想法太天真了，因为作家都熟知他的这一追问只能以文体效果（stylistic effects）作答。他认为异域文本的意思通过翻译能够避免损耗，原作者的意图能够跨过语言和文化的鸿沟，纯粹地传达给读者。翻译是一种阐释，异域文本是部分可变的，这些缺憾可用译语的专属特性补全，因而不再带有神秘的洋味色彩，成为可以理解的本土文体。换句话说，只要有翻译，就必有归化在其中发生。好的译文能够在目的语中重现文化观念，对归化用法的使用负责，通常都会让读者遇到已经多少带上陌生化效应（defamiliarized）的本土词汇，使译文与原文的相遇变得引人入胜。

实际上，昆德拉想要控制法文和英文译者对他作品施加的阐释。但是这些阐释是由作者与译者的立场根本不同所带来的。对昆德拉来说，译作能否在法语和英语世界中受到广泛好评，是否能够获得更大的读者群，这些都不重要（他自己的著作已经通过翻译获得了可观的文化地位和丰厚的稿费）。他只希望评估译文与原文之间的关系，仿佛他对于原文的解读是最直接的，无需中介。对于卡夫卡作品的译文，昆德拉批评其用法语中的"marcher"（在英语中的意思相当于 walk）来翻译"gehen"（在英语中有 go 和 walk 两种解释），因为这一词汇引起的效果不是卡夫卡的本意（Kundera 1995：105）。但是，即便作者还在世，并且可以运用目的语言及文化进行写作，翻译也无法达到作者的理想状态。卡夫卡在法语中传达的仅仅是法语版的解释，不是更加忠实、与原德语一字不差的版本。作者即阐释者的这一事实，一定会让目的语的诸种价值观介入阐释。

昆德拉并不想认同翻译必须协调的诸种语言与文化差异。相反，他通过选择自己喜欢的译文,要凌驾于这种差异之上。因此,他出版了小说《玩笑》的第三个英文版本。这个版本是他拼凑出来的。他不仅整合了自己的英文和法文版本,还加上了之前的翻译版本中"较好的处理方式"和"忠实的翻译和优秀的整体框架"(Kundera 1992: x)。我们还无法弄清楚其他译者是否满意于昆德拉对他们译作所做的这些处理,因为这一版本的扉页上并没有列出他们的名字。

著作权法赋予了昆德拉对其作品的译作的专有权。这使得昆德拉侥幸逃脱擅自使用译作的维权问题。法律认可他的观点,认为作者应该是译作所有阐释的唯一仲裁者(sole arbiter)。这一决定的结果还意味着,作者做出的解释也可以是任意且专断的。昆德拉所谓的最终译本,其实就是在1967年捷克版本的基础之上修改的,译本删除了五十多个段落,这种做法使译本更容易让英美读者理解,去掉了一些有关捷克历史的部分,并改变了一些人物(Stanger 1997)。昆德拉为该书所作的序言中对这些改动只一笔带过。事实上,他在结尾处使用了误导性的标注,"完成于1965年12月5日",好像是他独立翻译了未删节的原作。很明显,即使作者就是译者,他也没能超越归化的译法,虽然这一译法是昆德拉在之前的英译本中极力反对的。

翻译提出的很明显的伦理问题,至今尚未得到解决。认清翻译的耻辱,就是在做出判断:它预设出识别并试图弥补翻译中不对等的伦理,还给出了如何更好地践行及研究翻译理论。有待解决的伦理问题能依据情况被理论化。这种设想是理想化的,是建立在具体的文化情境之上的。在具体文化情境中,异域文本被选译,或者其译作连同翻译行为将会成为研究的对象。我首先在这部专著里将这种伦理的责任表达出来,先将我作为一名美国文学方向的译者所面临的诸多选择呈现给大家。翻译的伦理问题在今后相关的文章中我还会再次涉及，尤其是在对翻译构建诸种身份、使代理人获得资格的能力进行分析之时。我所倡导的伦理立场（ethical stance）促使人们以更尊敬的态度去书写、阅读并评价译作，因为其跨越了语言与文化的诸种差异。

目前为止，翻译已涉及跨文化合作，我的目的是想进而扩大到全球范围内与此话题相关的内容：联系全球范围内的译者以及译文使用者，但是也要注意他们不同的地理分区，因为这会影响他们的诉求。个例越具体、越久远、越有地区性，问题就会越深入，建立起的理论概念也就会越深刻。这种批判性的案例往来，对学习跨文化交流的多维度来讲是至关重要的。因为翻译在使我们聚集又分离的文化实践中，显现出更大、更为重要的作用。

第一章　异质性

　　尽管翻译研究（translation studies）这一门学科的发展已被巴斯奈特与勒菲弗尔描述为20世纪80年代成功的范例（Bassnett and Lefevere 1992: xi），但是在学术界，翻译史以及翻译理论的研究仍处于闭塞状态。在诸多英语国家，美国翻译研究的状况也许最能证明这一点，因为在美国，仅有为数不多的几所学校设有译者培训与翻译研究的硕士点；在不少外语系，不管是文学翻译方向，还是应用翻译方向，翻译研究都一样得不到重视，因为这些外语系一贯重点扶持文学研究（包括文学史、文学理论以及文学批评），而非翻译研究（参见Park 1993）。然而在其他地方，尽管有少数翻译研究中心及翻译学科点在全球范围内兴起（参见Caminade and Pym 1995），翻译研究也仅能用"新兴的"（emergent）一词来描述，它还不是一门独立并拥有合法性的学科。翻译只是一门基于独特学科背景的跨学科领域，所跨学科领域包括：语言学、多种外国语言、比较文学与人类学。

这种支离状态或许表明翻译研究是向很多学科敞开的，是对严格学科界限思维方式的抵制。但是，它产生的效果却恰恰相反。事实上，翻译迄今仍未取得学术地位上的成果，其原因就在于翻译研究的周边围绕着一系列不完整的理论、方法论与教学法。这些理论、方法论与教学法无法与翻译通约（commensurate），且仍忍受着智力劳动的各自为政（目前也开始承认翻译是一种智力劳动）。时下流行的翻译研究方式可以被粗略地分为两类（这种分类并不带有强烈的概念暴力的色彩）：第一类是基于语言学的研究方向（linguistics-based orientation），旨在建构一门经验学科；第二类是基于美学的研究方向（aesthetics-based orientation），这种倾向强调影响翻译实践和研究的诸种文化与政治观念（参见 Baker 1996；另见 Robyns 1994:424-425）。

卢德里奇出版社最近发行的与翻译相关的书籍也反映出这种理论划分。在 20 世纪 90 年代早期，这些书籍分为两个领域出版，分别是"语言学及语言研究"丛书和"文学及文化研究"丛书，每一领域都有自己的组稿编辑、书目和目标读者。潜在市场似乎已被高度划分，因而卢德里奇减少了翻译研究丛书的出版。该丛书的主编也在那时离开了卢德里奇，去了多语种图书出版有限公司（Multilingual Matters Ltd），并与其策划了一套类似的翻译研究丛书。目前的情况是，卢德里奇机敏地让语言学编辑负责组稿，因为语言学编辑要开拓跨学科的项目，所以出版社以此来抵制对翻译研究领域的切分。然而，这家兼顾学术与商业的国际出版社一直都是独一无二的，因为翻译研究著作的读者群有限，主要来自学术圈，且大多数图书会被送进研究型图书馆。所以在英语界——在其他语言中更是如此——，翻译研究的著作一般都是由小出版社出版，或是商业出版社以及大学出版社。学科界限把翻译切分为狭窄的赞助群体，翻译很难在学术出版界引领新的研究趋势，同样也难于在学术讨论中占有一席之地。

当前的这种困境使翻译研究处境窘迫，从某种程度上来说，这一困境的产生源于翻译学科本身导致的边缘性。除个别情况外，学者们一直不愿寻求对翻译诸多方面的认同，也不愿花更多时间深入研究翻译造就的文化、政治以及体制问题（如要寻找例外情况，请参见Hatim and Mason 1997）。因此，对相匹敌的两个理论倾向的批判性评估，对这两种倾向发展与局限的描述，似乎已被提上议事日程。作为译者和翻译方向的学生，我仅把这两个倾向作为相关方，一方认为文化研究是非常多产的研究路数，但另一方仍不愿抛弃经验数据的存档与归档（没有这些，翻译研究还能与文化相关吗？）。我对翻译理论的兴趣主要在于这些因素对翻译方法性划分的影响，方法性划分是翻译研究的特点，并使翻译处于文化话语（cultural discourse）的边缘，既在学术界之内亦在之外。我最关心的问题是，理论家是否能让翻译引起更多受众的关注。这里"更多"的意思是指，要多于其他相匹敌的学科所牵涉的受众。受众问题实际上导引着我的翻译理论与实践，这种理论与实践是以不可化约的语言与文化的异质性为前提的。为了评估翻译研究的现状，更为了能够阐明对此研究的评估，我必须做一个类似声明的东西，说明我为何要翻译以及如何翻译。

书写少数文学

作为一名文学作品的美籍译者，我在策划并完成自己的翻译项目时，是有一套清晰的语言与文本性的理论假设的。也许至关重要的是，语言绝不是简单的为个人所用、受一套规则制约的交际工具，即便交际无疑是语言履行的职责之一。依据德勒兹与瓜塔里（1987）的主张，我更乐意将语言视为一种合力（collective force），一个由诸种语言变体构成的符号制度（semiotic regime）的集合。这些语言变体在多元的文化和社会惯例中分层而设，标准方言（standard dialect）占据着主导，但又随各种语言变体而变化，包括地域或群体方言、行话、旧词及标语、文体创新、临时词以及词汇出现过的所有义项。因此，任何语言的使用，都是诸种权力关系的场所，因为在任何历史时刻，语言都是由占据主导地位的标准方言支配其他地域方言变体。莱瑟科尔（1990）将之称为语言剩余（remainder）。语言剩余释放出的多种语言变体不仅胜过了任何交际行为，也阻碍了语言系统的规则构建。语言剩余将揭示标准方言的社会历史情境，展现"组成社会群体的多种矛盾与抗争回归语言内部"，接纳"对标准方言的期待"，通过这些方式，语言剩余会将标准方言颠覆掉（Lecercle 1990: 182）。

那么，文学文本绝不会仅以个人文风的形式表达作者的原意，而是要调动诸多形式，作者可能确实在其中注入了个人情感，但就这些形式的本质而言，它们将使意义的表达失去个性，变得不稳定。尽管文学可以被定义为一种专门用来释放语言剩余的写作方式，但文学文本在文体风格上是创新的，这种文本通过揭露标准方言、文学标准、主流文化和主要语言的诸种矛盾状况，使最显著的语言干预变为一种语言的融合。由于一般语言总是过去与现在语言形式的多样结合体，是一种"共时寓于历时的结构"（Lecercle 1990: 201-208），文学文本充其量只是"结构上的对立物或异质性因素与通用的模式及话语的共时统一体"（Jameson 1981: 141）。某些文学作品，让主要的语言屈从于语言常变量（constant variation），迫使主语言成为少数语言并使其非法化、失去地域特色，同时疏远主语言，来增强这种极端的异质性。对德勒兹与瓜塔里来说，这种文学文本组成了小众文学（minor literature，或译为"少数文学"），"其作者是操着自己母语的外国人"（1987：105）。在释放语言剩余的过程中，小众文学暗示出自身不同于主语言的地方。

正是这种异质的启发，引起了我在自己的翻译研究中对少数文学的兴趣。我喜好翻译那些在自己文化中占据少数身份的异域文本，一种不太符合本土标准的文本；我还喜好执笔于那些能够弱化美式英语中的标准方言和主流文化的文本。这种偏好部分源于广泛的民主政治日程：对全球范围内英语霸权的对抗。由于美国在政治经济方面占有优势，美语早已把其他国家的语言与文化降格为相对自身语言与文化的少数派。英语是世界范围被翻译得最多的语言，但同时又最少被其他语言翻译过来（Venuti 1995a:12—14），这种状况表明翻译行为是发生这些变化的潜在场所。

译者要想动摇英语的霸权地位，在选择和翻译异域文本时就必须有策略可循。所选的异域文本应当能纠正不平等的文化交流模式，重塑被标准语、文学经典或美国（或其他主要英语国家，如英国）固有的民族刻板形象排斥的外国文学。同时，翻译话语的发展要能利用美语的多样性（multiplicity）和多时性（polychrony）"征服主要语言，用主要语言描述仍不为人知的小众语言"（Deleuze and Guattari 1987:105）。文体新颖的异域文学使得英语译者开创了某种带有不同方言、语域和风格的社会方言，从而质疑看似和谐的标准英语。少数化的翻译（minoritizing translation）的目的不是"占据主要地位"，树立一种新标准，建立一个新经典，而是要通过丰富英语语种的变体来提升对文化差异的理解，促进文化创新："少数派是个体的生成"（同上：106，105）。

　　我偏好少数化的翻译也源于一个伦理方面的立场，即在任何翻译项目中都呈现着不对等的关系。从根本上说，翻译是带有种族中心主义色彩的，所以翻译不可能单纯是两个地位相当的语言之间的交流。大部分的文学翻译都产生于自己的文化，在本文化中选择异域文本进行翻译是为满足不同群体的喜好，翻译项目使这些喜好在本土文化中得以展现并为人们接受。翻译特有的功能就是同化，将异域文本用本土的理解方式表达，符合本土文化的兴趣。我赞同伯曼的观点（1992：4-5；参见他1995年的版本：93-94），他认为任何文学翻译都不能回避归化的方法，同时文学翻译将这种归化方法神秘地变为自如的言语行为。好的翻译就是去神秘化（demystifying）：使异域文本的异质性在目的语中显现出来。

　　选择形式和主题都偏离本土文学经典的文本，才能使文本的异质性凸显出来。凸显异质性的决定性因素是采用语言的变体，这一变体区别于本土语言并能揭示翻译就是翻译，与原文是截然不同的。好的翻译就是少数化的翻译：这种翻译通过培植具有异质性的话语，让标准方言和文学经典向异域文本敞开大门，接受不合自己标准的、处于边缘化的文本。这并不意味着将一种少数语言仅仅设想为一种方言，因为方言可能会使异域文本地方化（regionalizing）或少数民族化（ghettoizing），显示出异域文本因特殊的文化界别而受众狭小，即便某些异域文本与本土局势有可能提倡把社会焦点集中在很小的范围内。例如，在20世纪60、70年代的魁北克，经典欧洲喜剧被翻译成工人阶层的一种方言——若阿尔语（joual），从而在全国范围内开创了魁北克戏剧

（见 Brisset 1990）。这反而意味着，我们要凭借"具体的、意外的、自主的生成"大量使用少数族元素（Deleuze and Guattari 1987: 106）。这种翻译伦理的目的不太像是在翻译的同化过程中（但还要通过同化的方式）让文本自己呈现，更像是在阻碍翻译文本的同化过程。

既然少数化的翻译依赖于话语的异质性，那么它追求的便是一种实验主义（experimentalism）。这种实验主义可能会限定其受众，并与我曾概述过的民主日程相冲突。这种实验形式需要非常高的美学欣赏模式，是一种具有批判性质的超然态度，同时与文化精英的素质与教养相关，然而通俗审美观凸显了语言的交际功能。这种美学要求文学形式不需要读者具有任何特殊的文化专长就能轻易理解，而且应当是显而易见并足以引起读者感同身受的（Bourdieu 1984: 4-5, 32-33; Cawelti 1976; Radway 1984; Dudovitz 1990）。

然而，由于翻译对异域文本的处理方式迎合了大众，所以翻译不必具有民主作风。通俗审美观要求译作通顺，这种通顺的译作产生一种貌似真实的明晰性。这意味着译文要忠于目前的标准方言，同时要避免使用任何的方言、语域或者文风，因为这些方言、语域、文风会引发对单个词的关注，从而使读者先入为主。所以，流畅的翻译也许能够使异域文本获得更多的读者，哪怕这个文本受到自己文化的排斥，并且会重塑意义非凡的经典。但是这样的翻译同时强化了主要语言，支持了其对不同的语言和文化差异的排外，同时又掩饰了国内价值观的铭刻。通顺是同化性质的，它向本土读者真实地重现了反映自我准则和意识形态的文本，就好像这种呈现是与异域文本、文化的即刻相遇。

少数化翻译的异质性话语，通过彰显原语与目的语之间的语言文化差异来拒绝这种同化伦理。不需要过于保留异质性，这会让大众

17

读者完全不懂，如果语言剩余在通俗可读的翻译的重要节点中被释放，只会暂时打断读者的理解。此外，策略性地保留少数化元素可以让译文被广泛的读者理解，并且为翻译能够跨越文化障碍提供更大的可能性，即便这些异质性因素对不同的群体意味着不同的含义。少数化翻译的译者可以利用大众文化中约定俗成的语言，即莱瑟科尔所谓的"喜剧演员的顺口溜、广播播报员的行话和电台音乐节目主持人的妙语连珠"（Lecercle 1988：37），通过衔接完美的翻译使异域文本成为精英文学。这一策略使大众读者群对本土的大众传媒感到陌生，也会使精英读者群对异域文本的经典诠释产生陌生化效应。在现今的公共领域中，受经济利益驱使的电子交际方式已经将文化消费与文化探讨分化开来。这样一来，少数化的翻译就被认为介入了这种公共领域。尽管"文化大众已经分化为两种群体，一种是据理反对文化平民化的少数专家，一种是接受能力普通但不挑剔的多数文化消费者"（Habermas 1989：175），但翻译应当去创造一种破除文化分歧与层级的少数语言。这一目标极大地转变了阅读模式，迫使不同的读者群对翻译产生由衷的认同。这些读者虽各持不同的文化价值观，但长久来看，他们一定会认同翻译，即便这种认同不是情愿的。

少数化项目

最近我在有关 19 世纪意大利作家塔尔切蒂（1839—1869）的翻译中探索并验证了这些理论假设。一开始吸引我去研究他的原因就在于他的文学作品处于少数地位，不只在他那个时代处于少数地位,就是在现在仍是如此。塔尔切蒂是米兰波西米亚次文化的后裔(这一次文化称为"斯卡皮格里亚图拉",意大利语为 scapigliatura,源于 scapigliato,意为"散乱"),他试图使用标准的托斯卡纳方言书写边缘型的文学体裁以动摇这种标准方言。然而,当时在意大利占据主导地位的小说话语是感伤现实主义(sentimental realism),如阿列桑德罗·曼佐尼(Alesandro Manzoni)的历史小说《新婚》(*I promessi sposi*, 英译为 *The Betrothed*),可是塔尔切蒂对哥特式故事以及法国实验现实主义作家(如福楼拜与左拉)情有独钟(Venuti 1995a: 160-161)。塔尔切蒂对意大利式标准的反感,不仅体现在语言与文学方面,还与道德和政治相关:尽管曼佐尼假设了一种基督教的天命论(Christian providentialism),即在现状(*status quo*)面前,我们要提倡夫妻间的互爱与逆来顺受;但与之相反,塔尔切蒂震惊了意大利的资产阶级,他主张抛弃明智和正派的作风,以寻求梦境与癫狂的状态,追求暴力与越轨的性行为,同时蔑视社会惯例,幻想着在理想的世界里,我们能够揭露社会不公,并向这些不公发起挑战。塔尔切蒂得到了同时代人的欣赏,当时意大利刚统一不久,文化民族主义至上,他的作品很快就被列入民族文学经典。尽管他的作品很经典,但塔尔切蒂仍然是一个少数化的、不出名的作家:标准的文学史课本对他轻描淡写,甚至有时候提及起来也是不屑一顾的,而且如今在意大利激烈的文学探讨中,他的作品也没能占有一席之地。

我意识到,有关塔尔切蒂的翻译项目有可能会对英文产生少数化效应。他的作品能够游走于文化因素间,从而动摇占统治地位的本土价值观念。在我的译作《怪异小说集》(*Fantastic Tales*, 1992

年）中，我选译了他哥特风格的作品，这种哥特式的文风既有精英式的传统，也有大众性传统。哥特样式最早是英国中产阶级［其代表是安·拉德克利夫（Ann Radcliffe）］的文学，后来被众多著名作家所接受，包括霍夫曼（E.T.A Hoffmann）、埃德加·爱伦·坡、戴奥菲尔·戈蒂叶（Théophile Gautier）。中间还经历了一些作家的复兴，有些复兴［如尤多拉·韦尔蒂（Eudora Welty）和帕特里克·迈克格拉斯（Patrick McGrath）的作品］满足了高雅阶层对优雅文学形式的品位；其他复兴［如安妮·莱斯（Anne Rice）和斯蒂芬·金（Stephen King）］则引发了大众的支持。翻译塔尔切蒂的作品将会使这些传统与趋势重焕生机，同时也会在英语世界中引发对19世纪英译意大利小说的经典的质疑，即质疑被两大现实主义作家曼佐尼（Manzoni）与朱塞佩·维尔加（Giuseppe Verga）长期占据的经典地位。尽管意大利对哥特式文学来说是个反复出现的主题，但是《怪异小说集》标志着意大利语哥特式小说在英语世界的首次出现，也标志着意大利哥特式作家在英语世界的首次亮相。

　　塔尔切蒂还创作了很多其他作品，也都同样具有潜在的吸引力。1994年，我出版了他的小说 *Fosca* 的英译本，我将作品的书名译为《激情》(*Passion*)。这部小说试验性地将《包法利夫人》(*Madame Bovary*) 和《黛莱丝·拉甘》(*Thérèse Raquin*) 中影射的浪漫的情节剧与现实主义相结合。《激情》（即英文版本的 *Fosca*）承诺要向读者重现一种经典作品，集历史演义小说和异域言情小说于一身。然而，我在翻译意大利语的文本时，才知道塔尔切蒂的小说已经沦落为"搭卖品"(tie-in)，并有很多大众文学据此进行改编：如斯蒂芬·桑德海姆（Stephen Sondheim）与詹姆斯·拉派恩（James Lapine）1994

年的百老汇歌剧《激情》。突然间，这部原本主要吸引精英阶层的意大利经典，注定为更多人所熟知。

塔尔切蒂的作品最吸引我的地方在于其对翻译行为本身的影响：对于他的作品需要发展出一套翻译话语，这一翻译话语让英语的标准方言产生连续变异。一开始我判定，使用不同文化环境的不同历史时期出现的古词（archaism）有利于表现意大利语文本时间的久远。然而，所有的古词自然是源于英语的，这些古词在当今英语语境中仍发挥作用，所以它们会释放出具有区别意义的文学剩余用语。在《怪异小说集》中，我将意大利语文本朝英美文学中的哥特式传统归化，刻意在我的译文中效仿雪莱与爱伦·坡散文中的句法与词汇，同时我还尽力在他们的作品中寻找能够为我所用的词汇和短语。这并不是说我们要牺牲可读性和文学性来换取译文的准确，而是说任何翻译都会产生一种本土剩余（domestic remainder），这加强了本土语言与文学的效果，在这种情况下，我致力于关注这些效果对英语文学史中具体文体所产生的功效。在少数化翻译中，选择何种翻译策略取决于异域文本的年代、体裁和文风，而且与本土文学和读者群息息相关，加之翻译本身也是面向这些读者群的（参见翻译的"尊重"伦理，Berman 1995：92—94）。

我的译文实际上更贴近意大利文。我经常使用仿造翻译词（calque renderings）以保留古英语相应的形式。以下这段文字就很具有代表性，节选自塔尔切蒂的小说《死人的骨头》（意大利语为 *Un osso di morto*，英语为 *A Dead Man's Bone*）：

Nel 1855, domiciliatomi a Pavia, m'era allo studio del disegno inuna scuola privata di quella città; e dopo alcuni mesi di sogginorno aveva stretto relazione con certo Federico M. che era professore di patologia e di clinica per l'insegnamento universitario, e che morì di apoplessia fulminante pochi mesi dopo che lo aveva conosciuto. Era un uomo amantissimo delle scienze, della sua in particolare – aveva virtù e doti di mente non comuni – senonché, come tutti gli anatomisti ed i clinici in genere, era scettico profondamente e inguaribilmente – lo era per convinzione, né io potei mai indurlo alle mie credenze, per quanto mi vi adoprassi nelle discussioni appassionate e calorose che avevamo ogni giorno a questo riguardo.

(Tarchetti 1977: 65)

In 1855, having taken up residence at Pavia, I devoted myself to the study of drawing at a private school in that city; and several months into my sojourn, I developed a close friendship with a certain Federico M., a professor of pathology and clinical medicine who taught at the university and died of severe apoplexy a few months after I became acquainted with him. He was very fond of the sciences and of his own in particular — he was gifted with extraordinary mental powers — except that, like all anatomists and doctors generally, he was profoundly and incurably skeptical. He was so by conviction, nor could I ever induce him to accept my beliefs, no matter how much I endeavored in the impassioned, heated discussions we had every day on this point.

(Venuti 1992: 79)

第一章　异质性

　　1855 年，我在帕维亚刚寓居下来，就开始在城里的一家私人学校里研究起了绘画；在我逗留的几个月里，我和费德里科交往甚深，他是大学里的一名病理学及临床医学教授。我们认识几个月后，他因严重中风去世。他很喜欢各种科学知识，尤其喜欢自己的研究领域，且天分极高，但有一点，他跟所有解剖学家和医生一样，喜欢质疑别人到无可救药的程度。而且他还十分有理，我们每天都会针对这一点展开慷慨激昂的讨论，不论我多么地竭力，我都无法劝其接受我的想法。

该段的英语版本中使用了古词，部分原因是要使英译尽量贴近意大利语，贴近塔尔切蒂的悬垂句子结构和他同时代的措辞（如"soggiorna""apoplessia""indurlo"，我在英译中使用了三个仿造词，依次是"sojourn""apoplexy""induce him"）。以下例子中，我没有使用现当代的词汇，而是选用了古词：在翻译"né io potei mai"时，我使用了倒装句式"nor could I ever"，而没使用更为流畅的"and I could never"；在翻译"per quanto mi vi adoprasi"时，我选用了略为古雅的"no matter how much I endeavored"，而没有选用当今的口语词"no matter how hard I tried"。

　　《怪异小说集》中所使用的翻译话语，与当今通行的标准英语有明显的不同，但还不至于让当今大多数读者看不懂。读者的接受程度是显而易见的。我尽量在导言中就对读者提出一种预期，用以提醒读者译文中所使用的是少数化的翻译策略。然而，此书的书评清晰地证明了古词在人们的阅读体验中也能留下印象，这一印象的获得有赖于读者将塔尔切蒂的小说集与当时的背景相联系，同时间接地把文章中的古词同哥特风格时期的英语做比较，因而确立了这种古词的独特性。最重要的是，古词让读者把译作当作译作来阅读，而且读者在阅读体验中并没有被不情愿地打断。《村里的声音》一文注意到了"译作气氛的遣词"（Shulman 1992），《纽约客》则宣称，"译文提炼出了一种前所未闻的哥特式文风，结合了北方的阴沉与南方的明快"（1992：119）。

　　从书评中我们可以看出，翻译形式的实验会被文化精英敏锐地领会。他们即便不是某专业领域的学者，也都受过文学方面的教育。然而，《怪异小说集》也吸引了其他读者，包括喜欢广泛阅读哥特恐怖小说的人。《尼克菲尔》（*Necrofile*）是一部受欢迎的哥特式风格的杂志，一位评论家总结道，这个集子"并不那么深奥，因而对于普通读者毫无借鉴意义"，"内行的读者无疑会感激 1867 年的《布瓦尔》及 1869 年的《命运》这两篇作品的"。这位审稿人认为，恰恰是这两部小说让塔尔切蒂成为"19 世纪对悠久的志怪小说有显著贡献的人"（Stableford 1993：6）。

　　塔尔切蒂的小说《激情》倡导了一种更加异质的翻译话语，因为他把自己独特的浪漫主义推向异化的极致。这种做法使得小说既严肃又诙谐，既具参与性又具颠覆性。小说情节依托一段具有情色阴谋的三角恋而展开：叙事者乔治是一位军官，与朝气蓬勃的克莱拉有染，又病态般地迷恋其司令官的堂妹方思卡（Fosca），后者性情不定且弱不禁风，也无可救药地爱着乔治。小说的众多主题，如不正当恋情、疾病、女性的美好与丑恶（即资产阶级理想式的贤良女子与吸血鬼式的蛇蝎美人），所有这些浪漫又令人毛骨悚然的传统题材，再次

第一章　异质性

促使我将意大利语向 19 世纪的英国文学归化。我的方式就是模仿相似的小说，例如艾米莉·勃朗特（Emily Brontë）1847 年出版的《呼啸山庄》(*Wuthering Heights*)和爱尔兰作家布拉姆·史托克（Bram Stoker）1897 年出版的《德古拉》(*Dracula*)。

然而，为了与塔尔切蒂小说中情感的放纵相匹配，我自己创造了一系列丰富但意义更为深邃的古词，这些词对于大多当代美国读者来说都是可以理解的，这一做法无疑增强了译作的异质性。这一做法的理论根据在于，少数化翻译中翻译策略的运用根本上来说依赖于译者对异域文本的阐释。这种阐释与异域文本特有的文学特点相适应，同时受限于本土读者群的评判，且此评判是译者期望介入的、受读者期许和现有知识（如语言形式、文学传统与文化参照方面的知识）影响的，基于上述两点原因，这种阐释看起来总是具有两面性。

我设想译作的读者主要是美国人，因此陌生效果（effect of strangeness）还可以通过使用英式英语获得。我使用英式英语的拼写，例如"demeanour""enamoured""apologized""offence""ensure"等等，我甚至还使用英式发音，例如不采用美式的"an herb"而使用"a herb"。这种选词居然惹恼了出版社的文字编辑，他对此发出质疑："选用这个词，您是何用意？"（Venuti 1994：33，95，108，157，188，22）有些古词源于仿造词：例如，意大利语的"in tal guisa"翻译成了英文的"in such guise"（打扮成这样）；意大利语"voler far le beffe della mia sconfitta"在现代英语中应当翻译为"wanting to make fun of my defeat"（想要取笑我的失败），我译为"wanting to jest at my discomfiture"（欲嘲弄吾之受挫）；意大利语"addio"译为了"adieu"（法语，意为再见），而不是"goodbye"；

塔尔切蒂受卢梭影响使用"amor proprio",我则译为法语"amour propre"(Tarchetti 1971:140, 151, 148, 60; Venuti 1994:146, 157, 154, 60)。我在翻译过程中,还采用了19世纪英语典型的句法倒装,例如将"Mi basta di segnare qui alcune epoche"(英语的意思是"It was enough for me to note down a few periods of my life here")翻译为"Suffice it for me to record a few episodes"(记录下生活的片段,足矣)(Tarchetti 1971:122; Venuti 1994:128)。并且,我抓住了每一次机会将古词或古语嵌入译文,如把意大利语"abbandonato"(英语对应的词是"abandoned")译为"forsaken"(被遗弃的);意大利语"da cui"(英语对应词是"from which")译为"whence"(从彼地);意大利语"dirò quasi"(英语意为"I should almost say"),译为"I daresay"(吾猜);意大利语"fingere"(英语对应词为"deceive"),译为"dissemble"(掩饰);意大利语"fu indarno"(英语意为"it was useless"),译为"my efforts were unavailing"(吾之诸般努力皆成徒劳),译文直接使用了史托克《德古拉》中的句子(Tarchetti 1971:31, 90, 108, 134; Venuti 1994:31, 92, 109, 140)。

我在翻译过程中使用大量的古词,使得译作具有了历史感,从而表明了原文是19世纪的意大利语作品。然而,为了表现塔尔切蒂浪漫主义中近似嘲弄的元素,我混用了标准语和口语的当今用法,还有一些典型的美语,以增加翻译话语的异质性。有时候,同一个句子中会出现多个不同的词汇。我把意大利语"Egli non è altro che un barattiere, un cavaliere d'industria, una cattivo soggetto"(英语意思是"He is nothing more than a swindler, an adventurer, a bad person",汉语意为"他就是个骗子,一个爱冒险的人,一个坏人")翻译为"He is nothing but an embezzler, a con artist, a scapegrace"（汉语意为"他只是个挪用公款的人，一个行骗高手，一个恶棍"）。这一译法将现代美国口语（con artist，行骗高手）和英语古词（scapegrace，恶棍）很好地结合在了一起，"scapegrace"一词在瓦尔特·斯科特爵士（Sir Walter Scott）、威廉·萨克雷（William Thackeray）以及乔治·梅瑞狄斯（George Meredith）的小说中都有使用（Tarchetti 1971：106；Venuti 1994：110；OED）。这一翻译技巧使读者沉浸在一个年代久远又与当今社会息息相关的世界，但同时作者又会知道此文章是有些夸大的。

有几处我使用了一些不舒适的词汇，以提醒读者正在阅读的是译作而非原作。小说《激情》中关键的一幕有这样一段，乔治彻夜与欣喜若狂的方思卡待在一起，脆弱的她极度渴望乔治的爱：

Suonarono le due ore all'orologio.
— Come pass presto la notte; il tempo vola quando si è felici — diss'ella.

(Tarchetti 1971：82)

The clock struck two.
"How quickly the night passes; time flies when you're having fun," she said.

(Venuti 1994：83)

钟敲了两下。
她说："夜过得真快，欢愉嫌时短。"

"time flies when you're having fun"（欢愉嫌时短），这一谚语式的表述，实际上与意大利语原文的意思非常贴近（其字面意思就是"欢乐时，时间过得飞快"）。但在当代美语中，这一谚语很老套，通常带有反讽的意味，所以使用这个谚语便有了多重效果。一方面，这是带有方思卡个性的用词，她很喜欢简明扼要地传达爱情，并且还喜好在谈话中使用反语；另一方面，在含有古词的语境中突然出现当代的表述方式，会打破叙事的现实主义幻象，会打断读者对情节的感同身受，这样便会引发读者对阅读本身的关注。一旦读者意识到这一点，他们就会渐渐认识到，正在阅读的文本并不是塔尔切蒂的意大利语原文，而是英语译本。

在描写乔治内心独白的段落中，创生上述效果的另一契机出现了。这段文字中描述了乔治的极端心理状态，他很理性地分析道："Perché non mirare agli ultimi limiti?"（英文意思为"Why not aim for the utmost bounds?"汉语意思为"我为什么没走极端呢？"）。我把这句话翻译为"Why not shoot for the outer limits?"（译者译：为什么没超越外部的界限呢？）(Tarchetti 1971: 81; Venuti 1994: 18)。这句话的译文十分贴近意大利原文，却释放出美语的剩余：这一剩余暗指空间旅行。说得更具体些，指的是 20 世纪 60 年代科幻主题的电视连续剧《外部空间》(*The Outer Limits*)。这一用法还打断了正在全神贯注阅读的读者，突出了读者所处的本土文化，将可能会被误认为是古代文学词汇引入一种现今的流行话语。但这种暗示同时能够被用来阐释对文本深层次的理解：因为该词表明了乔治浪漫主义的空想性格，是符合人物特点的。

我译文中话语的异质性不仅与英语的标准方言不同，还与长期占

28

据英美小说主导地位的现实主义不同。使用异质性话语的结果是，读者不同，接受程度也不同。精英读者熟知语言的形式实验，所以翻译异质性话语在他们当中更受欢迎，这点与我在大学英美文学教师的同事的反馈中得到的结论一样。对于大众读者来说，他们的反应则有赖于对塔尔切蒂作品的喜爱程度。南加州一位读书协会的会员主动来信，评价出版社出了"一本可爱的书"，他赞赏本书，尤其表达了对"方思卡死亡使人不寒而栗"这一描述的欣赏（Heinbockel 1995）。对于其他一般读者而言，同情性认同（sympathetic identification）则来之不易，因而他们需要更为流畅的译文以便产生认同。《科克斯书评》（*Kirkus Reviews*）对《激情》的称赞十分恰当。它带来一次惊心动魄的经历，书评人写道："塔尔切蒂的小说引人入胜，它拥有一切魔幻的东西：痴迷、欺骗、性事、死亡和激情"，"不情愿的爱人与不赞同的读者都被方思卡的魔力所魅惑"（*Kirkus Reviews* 1994）。然而，我的译作被打上了"有时生硬，偶尔出现不和谐语句"的标签。

非小说类文学作家芭芭拉·格理祖蒂·哈里森（Barbara Grizzuti Harrison）为《纽约时报》撰写该小说的书评，她对塔尔切蒂原文的叙事手法多有质疑，并就此进行了更深层次的探讨。这引发了一场对我的少数化翻译项目的批判。哈里森首先质疑的就是意大利语原作。译文中夸张的风流韵事引发了参与式的共鸣，这与她对文本的预期不符。但有趣的是，这也将她对民族刻板形象（ethnic stereotype）的追求暴露无遗，这等同于对意大利原文的极致追求：

> 这真是一部奇怪的书！也许你会想，这部意大利小说《激情》会套牢你的情感。然而，它既会也不会。尽管这部小说的

素材是血腥、无法抑制的性爱与死亡,但它无法从内心深处影响我们。它类似一种文学与知识的风暴,而且小说还提出一个(对增加悬念毫无意义的)谜团:男主人公是真实存在的吗?

(Harrison 1994:8)

对于哈里森来说,任何怀疑现实主义的小说本身就带有疑点:它要求来自批评界的客观反馈,这种反馈将小说归为精英文化(文学与知识的风暴)并且抢先获得了参与的快乐。

尽管这样,她还遇到了佶屈聱牙的译作:

我不得不问,《激情》中所呈现的某些问题是否与译者劳伦斯·韦努蒂的翻译方法有关,因为他使用了当代的陈词滥调,而没有使用20世纪的口语体,这不足以服人。可以肯定的是,19世纪意大利浪漫主义作家不会使用"兄弟姐妹"("siblings",这是个可恶的字眼儿)。此外,他们不会使用"懦夫"("funk")这个词,一位行事冲动的奔放女性也不会在销魂的夜晚说"欢愉嫌时短"。

(同上)

我所追求的夸张效果与这位评论人的评论不谋而合。我在导言中解释了为何使用这一翻译策略,然而她拒绝接受:我在导言中已阐明使用套语、口语词的意图是"不足以服人"的,这种用法是不同于模仿人物形象中夸张的浪漫主义的古代语境的。哈里森的排斥表现出对翻译形式实验的极度不耐烦,因为形式实验的方式将语言的交际功能复杂化了。通俗审美观喜欢文学表现中的现实主义幻象,因为这样可以抹去艺术与生活间的界限,她所偏好的翻译是能即刻理解的,看起来清晰、未经翻译的,或者根本无翻译痕迹的,以营造出一种所读文本即为原作的错觉。这样一来,她坚持认为"funk"这样的英语古词应当删掉,因为意大利浪漫主义作家并没有在原作中使用古词。英语的翻译版本("the funk wherein I fell")的中文意为:何事上我变得愚笨)应当设法对应——或者正好等同于——意大利语原文(l'abbandono in cui ero caduto),这种想法在我看来太天真了。事实上,我译文中大部分词汇是不会被意大利浪漫主义作家使用的,因为他们不是用英语而是用意大利语进行创作的。英语方言即为当代标准方言,是最为人熟知的、因而也是最可以让译者隐身的语言。哈里森倾向于流畅的译文,认为要给予英语方言以优待,以将翻译这一过程隐藏起来。这足以证明,在译作中通俗审美观强化了主要语言,强化了占据主导地位的叙事形式(现实主义),甚至还强化了流行的民族刻板形象(意大利民族是热情洋溢的)。

然而,我的项目是少数化翻译,而且《激情》这部小说确实渗透到了不同的文化群体。这主要是因为我们偶然地把这部作品与大众形式的艺术(当今著名作曲家创作的百老汇音乐剧)一起搭售。出版社充分利用两者之间的联系:用桑德海姆(Sondheim)与拉派恩(Lapine)这两个名字为译作命名;为小说设计了极富吸引力的封面以表现其艺术性,且将此封面用于海报和广告宣传。评论人看了音乐剧后才注意到了译本,且常常在各种评论中提及这部音乐剧。剧院有演出时,该书就在大厅里售卖,这种售卖持续了近一年。出版的头四个月,小说印刷了6500册;两年间的销量就达到了 4000 册。这部译作虽未成为畅销书，但就一部处在边缘地位、又从未受英语读者关注的意大利小说而言，销量已经相当不错了。

无疑，与音乐剧相比，搭售让译作获益更大。但由于音乐剧在美国剧场中本身也是少数化项目，搭售这一销售方式同时也限制了译作的销量。但音乐剧的改编过程与译文的产生过程惊人地相似。桑德海姆与拉派恩二人不仅从小说中，也从导演埃托尔·斯科拉（Ettore Scola）改编的电影《激情的爱》（*Passione d'amore*，1981 年）中受益，还吸收了很多意大利精英的文化素材，将其改编为美国大众喜闻乐见的文化形式。同理，我则得益于一部仅为学者专家所知的小说，用通行的文学样式、准则以及典故改造原文，吸收大众流行的题材，将其变为精英所喜欢的文学形式。

与译作情况近似，音乐剧也招致了不同的声音。有些评论家认为这一音乐剧过分迎合了百老汇音乐剧式的壮观场景与感伤情调。所以《纽约时报》便抱怨桑德海姆与拉派恩二人的杰作虽然"使观众一下子进入超验时刻，但最终不能给人带来精神境界的提升，也没能将思维置于浮躁之上"（Richards 1994：B1）。有些评论家甚至还发出非难，认为该音乐剧为百老汇作出了极大让步，因而没能体现出作品反讽的深意。《纽约客》评论道："正如音乐剧所佯装的那样，表面上不考虑是否卖座，实则在商业上作出了妥协，因此该剧在尾声之时宣称了爱情的胜利"（Lahr 1994：92）。桑德海姆与拉派恩改编的《激情》让音乐形式屈从于多种变化来取悦不同的观众，所以它必然获得不同的反馈。这些反馈迎合了译本并且阻碍其成为畅销书。

最后，我要申明的是，我提出少数化翻译的目的是出于文化方面的考虑，而并非商业考虑，这样才能在主要语言中创造出一种小众文学，而且我自认已完成了这一目标。

语言学的诸种局限

20世纪60年代，语言学的翻译流派开始出现，至今仍是一种流行的趋势，并影响了世界范围内的翻译研究与翻译实践，但我自己所秉持的翻译理论与我的翻译实践，也使我对语言学的翻译流派产生了质疑。这种语言学的研究方法是基于篇章语言学与语用学理论的，其理论起点与对语言和文本性的设想截然相反。这些设想往往在解释力方面不作为，在某些情况下又受其规范原则（normative principles）的压制。作为译者，我的立场不同于其他人：语言学所构建的翻译研究模式相对保守，从而会限制翻译在文化创新与社会变革方面所起到的作用。虽然如此，我并不是要建议抛弃这种研究方式，而是提倡要从不同的理论与实践的视角去重新审视这一研究方式。当然，这种新视角在适当的时候也会被重新审视。

语言学翻译理论的关键设想是，语言是个人根据一套法则所使用的交际工具。那么，翻译就是以格赖斯对话（Gricean conversation）模型为理论基础的。在这一模型中，译者与异域文本根据四个准则与本土读者进行沟通：信息"量"、"质量"或忠实度、"相关性"或语境的一致性、"行为"或清晰度，从而实现译者与异域文本的对话（Grice 1989:26-27; Hatim and Mason 1990:62-65, 95-100; Baker 1992:225-254; Neubert and Shreve 1992:75-84）。

饶有趣味的是，格赖斯认为语言远不仅仅是合作性的交流，他还认为人们在对话中通常会"忽视"这四种准则，而且这四原则会被谈话人的会话含义（implicature，例如反讽）所"利用"（Grice 1989：30-31；Lecercle 1990：43）。在翻译的情形中，语言学的翻译理论家们一直将会话含义理解为一种异域文本的特点，这种特点可以揭示出异域文化与本土文化的差异，通常体现为本土读者对异域知识的缺口。这一缺口要靠译者给予某种程度上的弥补。然而，交际（甚至补偿）不能准确描述译者的补救办法。这种补救办法倒很像腹语术（ventriloquism），一种符合本土理解力与利益的对异域文本的改写（rewriting）。正如一位评论家对这种补救办法的描述那样，如果翻译是连贯并合乎情理的，"文本就应当包含能正确传达会话含义的信息"（Thomson 1982：30）。

但问题不在于译者（我也包括在内）常规的这种重写，而在于翻译被理解的方式。交际四原则以及会话含义都不能解释翻译所释放的剩余；相反，它们抑制了翻译剩余的产生。因为本土的语言形式是集体共同创造的、多变的，同时这些形式连同其功能又是在不同文化群体与习俗中沉积下来的，所以异域文本为了使译文在本土文化中"连贯并合乎情理"，会采用这种将达意作为首要目的（且违背了四准则中的质量准则）的语言形式。如果根据格赖斯的会话含义来说，翻译就是一个利用本土语言共同体准则的过程（Baker 1992：238），那么语言剩余所揭示的事实就是这些准则在任何语言共同体中都是不同的，并且即便导言中已经集中描述了翻译话语，翻译话语依旧能够划分出不同的读者群。为了弥补异域文本的会话含义，译者在译文的正文部分可以采取添加脚注或是补充材料的方式。但不论使用上述哪一种方式，都需要遵循不同的"量"的准则，以便于不同的读者群理解：因为加脚注是学术界惯常使用的方式，所以给译文添加脚注会把本土读者群限制在文化精英的范围。

语言剩余也同样威胁到了其他的格赖斯准则。它打破了真实准则，或者说打破了翻译所产生的"虚拟真实"（Neubert and Shreve 1992：79），因为语言剩余所包含的变量会引出自相矛盾的真实，或者打破现实的幻象。此外，既然语言剩余具有异质性，译作会违背语境，且很可能产生歧义与模糊性，那么任何译作都有可能在方言、法则、语域与文体间进行转换。这些方面都是破坏相关性和礼貌准则的。在阻止产生语言剩余的过程中，基于格赖斯对话理论的翻译理论就导致出现通顺的翻译策略。这些策略使得异域文本的归化不被觉察，同时又强化了占据主导地位的本土价值观，尤其是所使用的主要方言、标准方言，当然还有可能包括嵌入译作以表达异域文本会话含义的其他文化话语（例如文学经典、民族刻板形象、精英审美或通俗审美观）。

语言学的翻译研究方法可能会阻碍我为少数化的翻译所构想的伦理及政治议程的进行。格赖斯的合作原则设想出一种理想言语情境（speech situation）。在这一情境中，所有对话者都地位平等且不受文化差异与社会阶层的制约。然而，语言剩余，也即在语言不通顺时采用语言变体的可能性，意味着译者在处理不对等的关系，他们对本土文化的考虑总是多于异域文化，而且通常只为某一类读者群考虑而非所有读者群。正如一位语言学译论家所洞察到的，在对话到翻译的转换中，合作原则本身就是矛盾的、排他的："格赖斯的四准则似乎直接反映出了英语世界熟知的重要观念，例如真诚、简洁和相关"

（Baker 1992:237）。

此外，对话四原则成为文学翻译的理论基础，它要求译者在选择异域文本和运用翻译话语时，不能使本土读者的期待受挫。因而美国文学翻译家会倾向于维护本土和异域文学现有的经典，同时培养同质性话语（homogeneous discourse），并排斥与此话语不同的文本，如不合规范的以及处于边缘的话语。然而，美国文学翻译家如若要矫正英语的全球霸权，质疑美国的诸种文化与政治价值观，唤起异域文本的异质性，就一定不能遵循合作原则，而应当具有挑战性，而且也一定不能仅仅遵循交流原则，而更应该具有挑衅性。格赖斯平和的四原则推崇一种强化当下精英与大众阅读模式的翻译。与之相反，德勒兹与瓜塔里的语言竞赛论观点，则推崇另一种翻译形式：通过跨越文化精英与大众间文化的边界来修正语言和翻译的模式。

广义上来讲，语言学的翻译研究途径在文学翻译方面的诸多局限是显而易见的，这些局限不仅体现在文学方面，还体现在不同类型、不同人文学科领域、文学和非文学的文本类型、纸质版其至数字版方面。实施少数化翻译策略的译者，通过文体创新的方式自发地释放本土语言剩余，是不会遵循合作原则的；而多数化的读者（majoritarian reader）亦不会遵循合作原则，因为多数化读者会抵制话语的异质性。这种话语异质性使阅读经验的参与性降低，与原作更加疏远。换句话说，这种异质性存在的目的是能在精英与通俗审美观之间起到调节作用。格赖斯的翻译模型对异质性抱有一种希望，如果读者是自愿面对这一异质性的挑战且对此是有心理准备的，那么读者对现实的理解、他们的期待和偏好是可以被质疑的，同时也不会影响文本的连贯（Baker 1992:249）。可惜的是，我翻译塔尔切蒂作品《激情》所收获的毁誉参半的反馈，表明即使这种质疑是清晰理性的，也会遇到不合作的读者：芭芭拉·格理祖蒂·哈里森拒绝放下现实主义的期望，因而认为我的译文不连贯。可是，《激情》译本的出版表现出少数化翻译仍然能够延伸至不同的文化群体，因为少数化的翻译所使用的异质性话语能够支持流通于不同读者群中的连贯的多元化观念。当下时兴的语言学翻译研究方法，不仅缺乏使文学翻译概念化和执行这种翻译的理论假设，也缺乏分析它们的方法工具。

格赖斯的四准则很可能更契合于实用翻译与技术翻译的理论化研究。实际上，受合同或雇佣环境的制约，科技、商业、法律、外交文件方面的译者注定会遵从这四原则，因为他们所翻译的文本最重视交际意义。技术文献（例如科学研究、产品保证书、出生证明、和平协定）的翻译，通常只发生在某些特定场合，其读者群是相关领域的专业人士，所使用的标准化术语必须精准，这样才能避免其在自然语言（natural language）中一直发生变化。上述文本中所有的会话含义较为常规，这些常规含义几乎不能由谈话中的藐视行为所产生。那么，我为翻译文学作品所构建的伦理，必须经过调整才能用于翻译不同情况下的技术文本：好的翻译必须遵从该文本所服务的领域、学科或常规做法。这纯粹是以功能为标准的，这最终将会迫使评价译本时，一定要考量社会效应，可能的话还要考量所服务的经济与政治集团的利益（例如，译者愿意为劳工使用出问题的跨国公司翻译指导手册、广告或是劳动合同吗？）。

然而，在技术翻译领域，违背格赖斯准则的情况也会发生。在翻译广告时，译者可能认为令本土读者对异域文本的期待受挫的译法有效，这种译法不使用占据统治地位的民族刻板形象，以便赋予某产品本土独有的吸引力。这一不使用民族刻板形象的译法目的很明显，其目的是增强广告在异域文化中的效果。然而这种手法运用于翻译中，对不同的读者群，其反响也会多种多样。

举一个例子来说明。1988年，英国和意大利都在播放意大利菲亚特 Tipo 的汽车广告。两国播放的广告使用了相同的民族刻板形象，"英国绅士的高冷与自束"，但在风格的演绎上完全相反（Giaccardi 1995: 188）。广告是用英语拍的，字幕是意大利语，广告中的主人公是一位高贵自若的英国绅士，他坐在出租车后排座椅上安静地读着报纸，无意间瞟到一位漂亮女士驾驶着菲亚特汽车，他立刻催促出租车司机跟上这位女士，不用理会交通法规（同上: 165，174）。这则广告在意大利版本中使这种刻板形象更加清晰，夸张了与刻板形象相反的行为，那位男子在看到漂亮女士驾车后，情绪突然激动起来。英语标题中的"Taxi Driver"，也改为英国具体的时间和地点"Londra, Settembre 1988"（伦敦，1988年9月），而且这位绅士相对内敛的反应——"lovely"（可爱）——在翻译成意大利语时，则改为了情感色彩较浓的"Splendida!"（真靓！）（同上: 189）。

由于远离了两国深入人心的刻板形象，这则广告得以被接受。然而，只有英语版广告可以被满意地解释为一次成功的反讽，一个格赖斯的会话含义，因此也是合作对话的一种形式，它保持了刻板形象的原封不动，部分原因是让广告中的英国绅士操一口"剑桥"口音。这一阶级符号对英国观众来说一看皆知。换句话说，"根据传统方案，犯规本身呈现了出来。"（同上: 190）。意大利的广告似乎缺少合作性，其效果也缺乏预见性，尤其是对于受过教育并懂得英文的意大利观众来说更是如此：这种方式表明，要关注刻板形象的习俗，因为翻译版的广告极尽夸张之能事，因此，"lovely"的语气不能与英语配音同步。

外交与法律口译也常会违背格赖斯四原则中的忠实准则。在为地缘政治协商做口译时，译者倾向去掉具有讽刺意味的暗语，这种会话含义会在协商者之间造成一种敌意，并阻碍双方交流。同样，在法庭口译中，译者会纠正语法错误，避免重复说话人的犹豫和口误，并且会去掉所属文化的客套话。所有这些做法的目的都是提高本土的可理解性，增强相关性，甚至提起听众的同情（Morris 1995）。在这些个案中，译者不仅违背了某些会话准则，而且还提出了一个问题，就是当翻译与故弄玄虚、归化或掩饰相对之时，翻译实践能否被准确地称为交际行为。显然，译者违反四原则的诸种翻译行为将带来伦理与政治含义，不仅表现为译者对所要服务的领域是有用的，而且还体现为译者关心更大的问题，如和平的国际关系和公正的司法行为。

科学模型

语言学的翻译研究方法最令人担忧的趋势就是其对科学模型（scientific model）的推崇。由于语言被定义为一套系统的、不受文化与社会变化影响的规则，翻译便作为一套系统的、不受文化与社会因素制约的行为而进入研究领域。这样一来，翻译理论便成为对两个理想目标的共时描述：描述译者转换异域文本的语言实践，例如仿造词或"补偿"（compensation, Harvey 1995）；描述某些翻译受到推崇的典型境况（Neubert and Shreve 1992: 34, 84–88）。然而，语言学的研究方法不包括对剩余理论的研究,而是纯粹地研究社会与历史变化的翻译实践和境况。这使得文学和技术方面的译者都对这些翻译实践所反映的文化意义以及其所带来的效果和价值感到无所适从。

例如,凯斯·哈维对补偿的综合研究,到目前为止仍是涉及方面最广却又最细微的,这一研究旨在构造一套可以描述翻译实践(主要是翻译教学实践)的概念(Harvey 1995:66,77)。哈维描述道,译者会在本土译本中的同一个地方或其他地方添加与异域文本相同或相似的特点,以补偿异域文本的某些特点。因而,我在翻译塔尔切蒂《激情》时,将意大利语 "il tempo vola quando si è felici" 转换为英语 "time flies when you're having fun"(意为 "time flies when one is happy",汉语意为"欢愉嫌时短"),所用的手段恰恰是哈维所主张的"广义"补偿法("generalized" compensation),"当目标文本中的文体特征有助于将异域文本归化以便于目标读者理解,并旨在读者中产生较多、较好的效果,同时这些效果又与原文本的语言损耗无关。在这样的情况下,我们可以使用这种补偿法"(同上:84)。在翻译口头语时,我经常补偿的是人物的惯用语以及文化上的常用语。然而,我所使用的口语词,释放出了本土的语言剩余项,这些剩余项营造了多种效果(不是所有的效果都能预期到),尽管这些效果一定取决于读者的积极性:口语词汇不仅能增强人物的一致性,还能打破现实主义幻象,同时引发人们对我译作翻译地位的关注。为了营造这些效果,我翻译的基本原理既是站在伦理角度又是站在政治角度的,并且还都立足于本土,从当今美国文化着手。因而,这一理论指导着对19世纪意大利语文本进行文体效果的补偿,但又不仅仅用于这一个例子。

在哈维自己的一个译例中,补偿手法类似地采用了一个本土剩余项。这个余项实际上改变了所译异域文本的意义。法国连环漫画《阿斯泰里克斯》(Asterix)的英译,删除了西班牙女佣"对法语的误用",但明显就删除的部分进行了补偿,安排女佣的雇主和他的朋友讨论红酒的鉴赏,讨论塞缪尔·约翰逊(Samuel Johnson)提倡的启蒙时期的人文主义(Harvey 1995: 69-71)。这里的补偿让西班牙工人阶层的移民免受讽刺之苦,同时通过增加译本特点将话锋转向法国资产阶级,这些文本特点直指本土相对较为精英的读者群(这样一来也说明,辨识文化暗语需要读者受过一定教育)。英语译本所释放的余项能够反映英法间的民族与国家的对立状况。

任何补偿都比在翻译中提供对等的文本特点具有优势,这一点哈维似乎是认可的。他在与格特(Gutt)的谈话中说道,"效果,最终是读者阅读动机的结果,甚至是决定着不同文化语境中读者反馈的文化惯例的结果,而不是由特殊文本的内在特性决定的"(同上:73)。但哈维认为,"补偿必要的风格特点、文本特色和效果是极为重要的",因为"社会与文化惯例间的不协调所带来的问题更大,超过了补偿所带来的问题,当然这种不协调会使补偿的概念太宽泛,不易在教学环节中使用,也不太具有理论价值"(同上:71, 69)。然而,由于没有语言剩余理论的支撑,描述框架(descriptive frameworks)不能根据不同读者的动机与文化习俗来解释文本固有特征是如何产生出不同的效果的。所以,为了解释我在《激情》一书中使用的补偿手法是如何划分本土读者的,就需要运用文化价值的一种社会理论,例如布尔迪厄的理论。

重要的一点是,译者应当能够提供作为理论基石的阐释,以便在不同的文本实践、补偿形式甚至是在不同的翻译项目中做出选择,无论译者是否首先承接了以上项目。否则，文本实践（textual practice）的描述框架有可能助长的是一种机械的、没有反省力的翻译。这种翻译不会有任何价值可言，或者说它只会关注其实用性和所产生的经济利益，而非其文化与政治价值。德勒兹与瓜塔里说道："科学模型将语言作为研究的对象，这种模型具有政治色彩，其中语言被同质化、中心化、标准化了，变成了一种具有权力的语言（a language of power），一种主语言或一种占据主导地位的语言"（Deleuze and Guattari 1987: 101）。然而，科学模型通过压制语言的异质性，使译者难以理解或评估自己翻译实践所认可的、所排斥的东西，同时也使其难以理解和评估翻译实践所能建立起的社会关系。

翻译研究中还长期存在着一种类似的压制，这种压制状况旨在提出更大的文化问题。如若就其展开研究，则必须坚持严格的经验研究法（empirical approach）。20世纪70年代，吉登·图里首创了自己的理论，并在其后的众多文章与个案研究中进行了完善。他的理论被公认为建立在科学之上，避免了对现实的翻译实践规定性的描述（参见 Shreve 1996）。图里的理论起点是断定"翻译是目标文化的事实"（Toury 1995: 29），在本土文化中异域文本被选择从而被翻译，这种本土的文化和话语策略是能够将翻译行为进行到底的。在上述这种情形下，图里在翻译时强调限制译者行为的"规范"（同上：53），强调多元价值观。这些价值观决定着翻译行为，同时其本身也是通过翻译塑造的，或者可以更泛化地说，是通过引进异域文本形态和主题所塑造的。图里对翻译中要让异域文本"忠实"（adequacy）的观点不以为意，因为他认为，在异域文本与本土文本之间总是会出现"替换词"（shifts），并且在任何情况下，用词忠实甚至是贴合"原语"，都要使用习以为常的固有的本土规范（Toury 1995：56-57，74，84）。由此可以看出，图里的工作致力于描述和解释翻译在本土的"可接受性"，以及多样的替换词是如何在特定的历史时刻实现与本土价值观的对等的（同上：61，86）。

图里的工作无疑具有历史重要性。与图里志趣相投的理论家还有佐哈尔（Itamar Even-Zohar）、勒菲弗尔（André Lefevere）与朗贝尔（José Lambert）。图里和他们一样，通过界定研究对象，即在文化规范与资源的"多元系统"（polysystem）中穿梭的目标文本，将翻译研究建构成了一门显学（如要参看有关文化规范与资源的述评，请见 Gentzler 1993：第五章）。而今，图里以目标语为重的译论，已被那些用自己术语诠释翻译的学者或译者所接受。由于这些译论使得翻译在语言和文化术语方面为人理解，他的概念和方法实际上成为一个基本的准则（虽然有些也并非是他的原创）。在研究翻译之时，尽管你知道所有的翻译不过是受本土文化局限的阐释，你也不可避免地对异域文本与本土文本进行比较，寻找它们之间的替代词，推断使用了哪些文化规范。尽管图里没有参看莱瑟科尔的语言剩余概念，但翻译转换的建构可能围绕着这一概念：这种转换与在异域文本中铭刻本土的价值观念相关。

然而，大约 20 年后，图里言论的局限性越来越清晰地显现出来。科学诉求开始在理论方面显得经验不足，或者说看起来不合逻辑。图里认为他必须将翻译研究建立在科学模型之上，以便将翻译研究打造成一门具有合法性的学科。"只有在经验科学有适宜的描写性分支学科时，它才能够实现理论的完整与自足。"图里写道，"翻译研究者只有在对主题选择或呈现研究结果不作价值评判，和（或）拒绝从推荐

'适当'的翻译中得出任何结论时,翻译研究学者的工作才能够是'描写的'"(Toury 1995:1,2)。然而,图里在这里克制着他的学科兴趣。他致力于将翻译研究纳入学术圈,这从根本上推动着他的学术研究。以目标语为重的译论,不仅对翻译研究是必要的,而且还与整个科学大厦的建构有关,在这一方面,图里并未将译者而是将学者设定为读者,并且期望他的理论能够胜过那些不以科学为基础的翻译理论。

翻译理论或其他任何文化理论,都不可避免地要进行价值评判。对这一点的认识是图里所缺乏的。即便在设计和执行研究计划的层面,学术阐释也满载着所处文化环境的价值评判。在图里鼓励规范描述的怀疑论时,他似乎也意识到了这一点:

> 要学习受规范约束的行为(norm-governed behaviour)时,必须牢记一点,在规范本身和对规范的语言描述间不存在必要的同一性。对于过程的语言描述,反映出我们意识到诸种规范的存在,也意识到这些规范各自的重要性。然而,这些规范也暗含了其他的利害关系,尤其是想要控制某种行为,如要制定规范而不仅仅是解释规范。规范的描述很可能有失公允,故不可全信。
>
> (Toury 1995:55)

此段引文的语境显示出图里牢记着翻译规范的描述,这些规范是由遵循(或违背)它们的译者所定的。上述引文的最后一句不能适用于翻译学者制定统领翻译的规则,这一点是毫无缘由的(或者图里就是想将翻译研究概念化,从而控制翻译研究者的行为)。理论建构也是阐释，这种建构与该领域之前的建构相关（有可能也会相对），也与界定文化的价值观念的层级相关。

感知到价值观塑造翻译这一能力，意味着一定程度上的吹毛求疵，未必意味着一种同感认知。例如，图里说道，他在将莎士比亚致一位青年男子的十四行诗译成希伯来语时，把收信人改译为一位女子。图里就此变化解释说，译文是20世纪初翻译的，其部分受众是虔诚的犹太人，在他们的价值观中两位男士的爱情是被禁止的（Toury 1995：118）。图里在译文中并没有表现出对同性恋的反感，他的此番言论也没有表达出反感，反而可能对这种同性关系（两位男士之间的爱情）的描述表示了赞同。此外，由于图里将译者的选择作为了自愿接受审查（同上，着重号为作者本人所加）的一种"妥协"，他提倡规范的建构倾向于自由主义这一观点便不言自明。如果图里认同译者应当遵从保守主义，他可能早就将翻译称为是对道德礼节的自愿表述了。

翻译研究应不受价值约束，坚持这一观点使翻译学科不再接受自我批评，既不会承认和考察与其他相关学科的依赖关系，也不会思索翻译研究可能带来的更大的文化影响。图里描述性研究的方法，起始于对比分析原语和译入语文本，旨在阐明语言之间的转换，并辨识出促成这些转换的目标语规范，这一方法仍必须诉诸文化理论，才能评估数据的重要性并分析诸种规范。规范首先是语言学的或者文学的，但它们也会包括一系列的本土价值观念、信仰、社会表征。这三者在服务于具体集团利益时会带有意识形态的约束力。这些规范也处于社会制度中，正是在这些制度中，译作才得以产生，才能被列入文化与政治议程。

过去 20 年间,对科学的诉求有效地将翻译研究与各种理论话语隔绝,而正是这些理论话语才有可能使学者们从他们的数据中得出深刻的结论,同时认识到自己文化环境的局限。经验描述倡导者(如佐哈尔和图里)的研究根植于俄国形式主义与结构主义语言学,忽略了多种理论的发展(如多种心理分析理论、女性主义、马克思主义与后结构主义)给文学与文化研究带来的诸多变化。上述所有理论话语在人文阐释方面,都坚持将事实与价值观区分开来,尽管这十分艰难。没有这些理论的支持,翻译研究者想开始思考翻译的伦理问题,或思考政治运动中翻译所扮演的角色,则难于登天。这些问题如今看来要比粗略划分狭窄的学科界限重要得多。由于科学模型的研究方式阻碍对学术趋势和讨论的接触,而这些趋势和讨论又能最直接地激发对文化的思考,所以这种研究方式可能使翻译研究永远处于边缘位置。

我的建议是,无论是基于语言学的还是基于多元系统理论的经验研究,都应当通过语言剩余概念与社会历史思考得以自适和增补。这种思考是这一建议对译者与翻译研究者提出的要求。因为语言是方言、语域、文体以及不同层级话语的连续体,同时语言又是以不同速度与方式来发展自身的,毫无疑问,我们要做出选择,到底是该遵循语言学所提取的语言常量(constants),还是应当不断地发展这些语言的变体?翻译与其他语言使用情况类似,它是种伴随着排外的选择,也是对互相竞争的语言干预,而且译者将承担不同的任务,其中有些任务要求坚持使用主语言,其他任务则需要少数化的颠覆翻译(subversion)。只要由文本语言学、语用学以及多元系统理论所设计的描述框架能被借鉴到语言异质性理论中,参与理论本身在文化与政治价值观念中的含义,那么这些理论在培养译者与分析译作时就是有用的。因此，梅（May）凭借格赖斯的对话理论来分析俄国小说的英语译文，揭示出译者是如何做到不补译异域文本的言外之意，并且最后在叙事中删除了一段自省的语言（May 1994: 151-152）。但是，梅对这一删节做出了解释，将译文置于英美翻译传统，在这一传统里，流畅的翻译策略占据主导地位，从而导致"对叙事文本以及原语译语文化态度的冲突"，还导致"译者与叙事者之间为控制文本语言而发起的冲突"（同上: 59）。

在寻找经验研究和我称之为文化物质导向（此导向可能是由语言剩余所致）之间的共同基础时，质疑翻译理论与实践能够通过研究经验数据（如文本痕迹）得以理解与提升这一想法，似乎是非常重要的。文本特征要产生一些深刻的见解，那么其处理就仍要建立在特殊理论假设的基础上，因为没有这种处理，文本特征也不能"证明"什么，并且这些假设也需经受持续的检查与修正。纽波特（Neubert）和施莱夫（Shreve）号召以经验研究方法研究翻译（虽然实际上他们坚持与之对立的方法），他们的号召不会推出经由观测真实的翻译实践所证实的推断，但能从篇章语言学及语用学的理想主义概念中生发出推论，而这种推论组成了纽波特和施莱夫的指导原则，即把波格然德（Beaugrande）、德莱斯勒（Dressler, 1981）的篇章语言学理论以及格赖斯的理论应用于翻译。同理，图里认为翻译研究应当冷静地推断出"行为的规则"以及可预测的"法则"，这一想法使得他的描述所反映的价值观模糊不清，并且可能会阻碍翻译实验主义的研究与实践。最终，通过这些研究方法所得出的推论所能起到的作用，就是证实语言与文本性的多种假设。这些假设是以简释繁的、保守的，尤其是从那些美国文学译者的角度来说。

研究翻译中的语言剩余，不需要放弃对反复出现的文本实践与具体情况的经验描述。不论在何种工作环境，译者都会面临伦理与政治的困境，而语言剩余提供了一种声明与澄清伦理与政治困境的方式。这是一种兼具文本性与社会性的方式。我们的目标应当是研究和训练，以培养出能阅读译作的读者和有批判意识的译者，而并不是培养出倾向于使用语言规范，将语言异质性排除在外的译者。

第二章　著者身份

当今翻译处于边缘地位，出现这一状况最重要的因素可能就是翻译冒犯了现行的著者身份观念（concept of authorship）。然而，一般说来，原作被定义为是原创性的、能实现自我表达的独立文本，而由于译作被看作是对原作的模仿，它被认为是派生的，是不能表达自我的非独立文本。在著作权概念占有统治地位的情况下，翻译产生了对译作非真实性的恐慌，害怕会曲解、玷污原作。译者必须关注异域文本的各种语言与文化的构成因素，但译作可能会引起一种担忧，担心异域的译者不是原作者，译文是派生的并且是完全依赖于既有材料的。（在众多文化中）英语文化的翻译实践旨在反映自身文化，至少自 17 世纪约翰·德莱顿（John Dryden）时期就是这样。这也部分缓和了翻译的担忧（Venuti 1995a；Berman 1985）。翻译实践压制了原作中的诸多语言与文化差异，将原作向目标文化中占主导地位的价值观归化，从而使翻译这一事实被消除，使得译作清晰可辨，看起来像是未经翻译的。经过这种归化过程的译作逾越了原作,成为了对异域作者意图的表达。

　　翻译也是对现行学术观念的反抗,这一学术观念是依赖于原作的著作权观念的。鉴于这一学术观念要查明构成作品原创性的作者意图,那么翻译不仅与这一意图背离,而且还替代了其他意图:翻译听命于不同的语言和文化,旨在向不同的受众言说。翻译并非是对原作一种正确的、不偏不倚的理解,恐怕会引发一些错误、业余与投机取巧的行为。这是一种对原创作品的妄用。在这种情况下,若译者关注的是原作语言与文化的要素,翻译则会产生一种恐慌,那就是作者的意图不可能把控这些要素的意义以及社会功能。在这些恐慌的重压下,翻译长期被文学研究忽略。甚至在现今的学术界,如潮的后结构思维不断地质疑以原作者为导向的文学理论与文学批评,即便这样,翻译被忽略的情况仍无较大改观。现代学术,不论是人文主义的还是后结构主义的,都会假定翻译不能提供对异域文本的真正理解,也不能为异域或本土文学做出有价值的贡献。

　　这种假定,在学术著作的出版、科研机构的人员任用以及职称评定方面,已经造成多种明显的影响。翻译几乎不会被视为一种文学研究形式,与原作相较,译作目前还未在特定领域或文学研究中获得准入资格,故而很少成为文学研究的对象。虽然很多顶级学者的科研与教学完全建立在译作之上,但是译作在他们眼里也还是会被忽略,这是不争的事实。

　　即便大家没有轻易遗忘翻译,它也有可能被广泛地降格为一种语言校对,尤其在外语系学者眼中,他们压制翻译过程中释放的本土语言剩余,从而拒绝承认翻译在目标文化中起到传递文学价值的作用。因此，先前享有美誉的译作，虽为原作者或原作带来众多本土受众，若这些译作夹杂很多用词与句法错误，往往又不会被读者接受。美国翻译家海伦·洛-波特（Helen Lowe-Porter）翻译了托马斯·曼（Thomas Mann）的小说，译作在本世纪50年代获得了"佳作"的美誉。由于海伦杰出的翻译，在当今英语读者眼中，托马斯·曼成为一位重要的德国作家（《时代文学增刊》，1951年）。但是后来，海伦因"语言不好"，接二连三地遭到英国德语文学专家的攻击，这些专家发现了译作中"严重的瑕疵"（Luke 1970; Buck 1995）。海伦的错误以及"对原作的再阐释不准确"，最终被认为是对德语原作可耻的降格（Buck 1995; Luke 1995）。

然而，在这看似习以为常的观点背后，隐藏着更大的耻辱，那就是对原语及原语文学的盲目崇拜。由于这种观点认为任何译作都是不可接受的，所以这种极端的崇拜毫无理性可言。确实，翻译中的错误理应被纠正，但是这些错误并没有减少译作的可读性、交际性以及愉悦性。外语圈恐惧翻译，是因为翻译似乎威胁到了机械的外语学习（这种外语学习的全部任务就是在寻找翻译错误）。还有更多余的猜测，外语界害怕翻译会减少或者终止这种机械的外语学习。可是，如果没有外语教学，译者群体就不会形成，译作也不可能存在，更无法被研究。

学术界对外语及外国文学的崇拜同样也是虚假的。这种学术崇拜受自我保护的激发，对文本本身并不重视，现如今带有阐释的文本却在学术专家中较为流行。在专家们坚持不懈地校对语言的准确性和正确性之时，他们所期盼的阐释就是每一部译作都能够起到交流的作用。约翰·伍兹（John Woods）最近也出版了托马斯·曼的小说《豪门世家》(*Buddenbrooks*)的译作。译作中有一处句法错误被挑了出来，这一罪名不仅仅是"没有理解原作"，更是毁坏了原作"the hot day of life"与"the cool night of death"之间的对仗（这一手法为浪漫主义传统所支持）（参看 Luke 1995 与 Venuti 1995b 的交流）。

外国文学学术经典文本被非专家翻译时，外语学术界紧密团结，采取一种不能越俎代庖的态度。外语界的专家将谬误与不准确的地方更正过来，让译文更加贴近学术标准和学术阐释，排除了异域文本可能存在的其他版本和其他可能的受众：例如，纯文学的译作可能会忽视创造文学的等效，以便能感染更多有着不同价值观的读者。海伦翻译托马斯·曼的中篇小说《魂断威尼斯》(*Death in Venice*)时遭到非难，理由是海伦对年迈作家奥森巴赫（Aschenbach）与美少年塔奇奥（Tadzio）之间关系的感知是错误的。若说这部译作重新安排二人的同性恋情以适应 20 世纪 30 年代美国受众更严苛的道德，也未尝不可（Buck 1995）。例如，在非常重要的一节中，托马斯·曼在提及奥森巴赫对美少年的"沉迷"（der Rausch）时所使用的德语是含糊不明的——"der Rausch ihm zu teuer war"，然而，海伦的英语使用了"幻觉"（illusion，又作幻象）一词以作替代。该词带有责难的意味：他的幻觉对他来说太珍贵了（Mann 1960：494；Mann 1936：414）。

拒绝将翻译传递的文化价值观纳入考虑的范围，这一点反映出核心学术机构的精英主义，学术机构最终会选择性地赋予一些学科参与学术讨论的资格，这也是这些学术机构发挥作用的方法。如果说这些发现是有破坏性的，主要是由于它们制造出了一个悖论：翻译揭示出外语专家不愿思考语言文化的转换所带来的诸多差异，这种想法首先是由外语学习引起的，同时这也是外语学习要去改善的部分。这些外语专家轻视翻译，并在外语学习中植入一种沙文主义态度，这种态度则会忽视语言教学所必须依赖的文化环境。

为了深查翻译所遭受到的这些耻辱，我要考察一种文学形式——"伪翻译"（pseudotranslation）。伪翻译是原创，但其作者选择将其以译作形式来呈现。因为伪翻译"是一种将新鲜事物（novelties）引介至另一文化的便捷方式"，所以伪翻译可以揭示真实译作的地位及其多样的影响，同时伪翻译还会提前显现主流价值观的变化，以显示其局限性（Toury 1995：41）。这些新鲜事物极有可能是文学形式与文学主题，对于本土文化来说，这些形式与主题是新的，目前也是处于边缘地位的，这样，伪翻译的译者便利用广为接受的翻译实践，以配合有可能遭到排斥或删改的文化素材。外语与异域文学已在伪翻译的作品中占据重要地位，并且已在本土文化中成就经典地位，而这时，这些新鲜事物可能也包含着著作权和学术的新观念。由于伪翻译涉嫌隐匿著作权，所以不论在任何时期伪翻译都不可避免地会引发对作者定义的再思考。这一再思，要么导致对主流观念的保守性强化，要么导致对新文学风尚的不安的修正。

著作权词源考

1895 年，法国作家皮埃尔·路易（Pierre Louÿs）制造过一场文学骗局，他出版了名为《比利提斯之歌》（*Les Chansons de Bilitis*）的散文诗集，这无疑是有史以来最为神秘的伪翻译事件。路易的这部法语作品译自比利提斯的古希腊诗歌，据说比利提斯与萨福是同时代的女性。然而,大多数读者都清楚,比利提斯的诗歌未能流传下来。事实上,无论是在公元前 6 世纪还是其他古老的年代,比利提斯这个人似乎也不存在。在 1898 年路易致一位法国学者的信中,他写道:"《比利提斯之歌》中除了那些仿自不同作者的七八首散文诗以外,其他的全都不足为信"(Louÿs 1990 : 318)。这一事件不同寻常,因为它消除了主流文化价值观的神秘感,不仅启发了学术界对古希腊文学经典尤其是对萨福诗歌的接受,还对著作权观念以及仍流行于今的历史上的学术成就起到了启发的作用。一方面,《比利提斯之歌》暴露出著作权的不同境况,并以此来质疑对原创性的诉求;另一方面,它还暴露出影响学术行为的各种价值观,以此来质疑对历史事实的诉求。这一事件在几个层面上都是违规的,有些层面逃出了路易的掌控。这正是我要在本章中谈到的。我认为,最重要的是,这一骗局的威力主要来自于模仿译作(有时会成为译作)。

  路易故意将自己打上译家而非作家的标签,这样他就将读者的注意力引向生成译作的文化素材。当然,这种做法赋予了比利提斯这一人物的真实性,但也暗示了路易不是真正的作家。最早给予作品好评的大多数书评人,要么知晓该诗集是虚构的,要么自己领会到了这一点。这些人往往认为路易的作品是衍生品。《巴黎回声报》(Echo de Paris)就认为《比利提斯之歌》是一个"有趣的模仿"(Clive 1978:111)。尽管这部作品用情感丰富的诗歌语言改编,但书评人在明确了路易的著作权之后,也认为这一散文诗集是学术作品而非自我表达。《法兰西信使》杂志(Mercure de France)这样写道:"学术,也就是技术信息的重构,在这里并未冒犯,因为皮埃尔·路易先生完全就是个诗人：他的学术形式限制了情感又包含了情感"（Mauclair 1895：105）。路易事件使得翻译、著作权与学术的界限变得模糊。一旦读者意识到《比利提斯之歌》是编造出来的，意识到路易的诗集是仿自很多文学以及学术材料，著作权便会被重新定义为历史研究。这种历史研究体现为文学模仿，其中还包含了翻译的成分。

路易在一开始出版诗集时，计划给诗集做精细的学术注释，以便让读者看出诗集中资料的出处。他的这一做法，已经清楚地揭示了他想要使著作权问题陷入混乱。其中一个注释这样写道，"这一差劲的田园诗的变体来源于《古希腊诗集》（Greek Anthology）中的赫迪拉斯（Hedylus）"（Louÿs 1990：218）。因此，这里描述的法译本实际上是路易对赫迪拉斯诗作的模仿，而不是对比利提斯田园诗的翻译，而这一翻译又恰巧带有明显地模仿赫迪拉斯的痕迹。这一注释旨在建立比利提斯在文学史上的地位，并将她的诗作划入古典文学的学术经典，所以这一注释在某种程度上支持了这一骗局。比利提斯被含蓄地描述为一位重要的诗人，值得为后人，如赫迪拉斯（活跃于公元前3世纪）这样水平较低的诗人模仿。路易在他的传记体散文中对比利提斯指手画脚，因为路易注意到另外一位希腊诗人菲洛德穆（Philodemus）曾两次剽窃了她的诗作（同上：35）。对任何知道该小说的作者来说，这些评论引发了极为复杂的带有讽刺意味的反响：一方面，评论显示路易的原作者身份取决于写作出这样一部衍生性的作品，也即一部改编或局部翻译的作品；另一方面，评论暗中指出，他是诗作的原创者，只不过诗作遭到了后世古典诗人的模仿，或换句话说，他本人就是古典诗人。诸多伪归因（pseudo-attributions）使得路易替换了赫迪拉斯以及菲洛德穆作为《古希腊诗集》诗人的角色。这里,原作者的身份涉及与一位经典诗人的竞争,一场在诗作上谁更胜一筹的游戏,在这场游戏中,另一位诗人的作品通过改写、翻译或剽窃而被模仿。

此外,这一著作权的建构是大男子主义的。男性主导的社会存在于维系并传递着父权社会力量的同性社交欲求与结构之中,路易举例说明了这其中的联系(Sedgwick 1985:第一章)。他凭借与其他男性诗人的竞争成为自己作品真正的作者,他争强好胜,他们竞争的角斗场是对女性性行为的表现。路易的小说几乎都是专门详述了比利提斯的性经验。比利提斯的生命分为三个时期,每个时期对应一个具体场景和一种具体的性行为,路易在她自传的前言中明确地指出这一点,在诗歌里也更含蓄地表达了这一点。在第一个时期中,比利提斯在土耳其的潘菲利亚地区度过了早熟的少女时代,她跨骑在树枝上以获得自慰的快感,一个羊倌强奸了她,使她怀孕生下了一名女婴,后来被她抛弃。后她旅行至爱琴海东北部的密特立里岛,在那里萨福勾引了她,之后比利提斯陷入一系列同性恋情,其中包括和一个姑娘相恋十年,后遭此姑娘抛弃。最后,她来到塞浦路斯,成了当地知名的交际花。她把自己献给了阿佛洛狄忒,直到年长色衰才放弃卖淫。

在组成这一纪传叙述的单篇中,路易在把女性描写为男性性行为对象方面,与很多古典诗人形成对抗。比利提斯的《塞浦路斯岛上的警句诗》中有一篇诗作题为"谈话",这首诗部分翻译了两位希腊诗人的诗作,一位是菲洛德穆,一位是无名氏,诗作描写了他和一个妓女的讨价还价(《古希腊诗集》,V. 46,101)。路易选编了赫迪拉

第二章　著者身份

斯的诗，诗中描写了一个少女在梦中遭到了强奸：

Oinos kai proposeis katekoimisan Aglaoniken
ai doliai. kai eros edus o Nikagoreo.
Es para Kypridi tauta murois eti panta mudonta
keintai. parthenion ugra laphura pathon.
sandal. kai malakai. maston endumata. mitrai.
upnou kai skulmon ton tote marturia.

(Paton 1956)

Wine and toasts sent Aglaonice to sleep,
both crafty, plus the sweet love of Nicagoras.
She laid before Kypris this scent still dripping all over,
the moist spoils of virgin desire.
Her sandals and the soft band that wrapped her breasts
are proof of her sleep and his violence then.

推杯换盏，安格莱纳斯昏昏欲睡，
尼卡格拉斯狡猾的魅惑，是对她深切的喜爱。
她对阿芙洛狄特诉说着，芳香充斥着整间屋子，
处女的欲望在潮湿的氛围中。
她的酥胸被柔软的带子裹着，
凉鞋和柔软的带子证明着他的侵犯是在她昏昏欲睡时。

57

路易的法语译文,题为"Le Sommeil interrompu"(《中断的睡眠》),记录下了她生命中遭到羊倌强奸的关键时刻:

Toute seule je m'étais endormie, comme une perdrix dans la bruyère. Le vent léger, le bruit des eaux, la douceur de la nuit m'avaient retenue là.

Je me suis endormie, imprudente, et je me suis réveillée en criant, et j'ai lutté, et j'ai pleuré; mais déjà il était trop tard. Et que peuvent les mains d'une enfant?

Il ne me quitta pas. Au contraire, plus tendrement dans ses bras, il me serra contre lui et je ne vis plus au monde ni la terre ni les arbres mais seulement la lueur de ses yeux.

À toi, Kypris victorieuse, je consacre ces offrandes encore mouillées de rosée, vestiges des douleurs de la vierge, témoin de mon sommeil et de ma résistance.

(Louÿs 1990 : 74)

37　All alone I was falling asleep, like a partridge in the heather. The light wind, the sound of the waters, the sweetness of the night were holding me there.

我自己在家睡觉,犹如一只鹧鸪在欧石南(一种杜鹃花科的植物,生长于北欧或地中海地区,花朵呈淡紫红色)丛中睡着。清风拂过,水面上泛起涟漪,多么寂静美好的夜晚!

第二章　著者身份

I fell asleep, imprudent, and awoke with a cry, and struggled, and wept; but already it was too late. Besides, what can a child's hands do?

我睡着了，突然被弄醒，我挣扎着，哭泣着；但是为时已晚。况且，一个孩子能做什么呢？

He did not leave me. On the contrary, his arms clasped me more tenderly against himself and I saw nothing in the world, neither earth nor trees, but only the gleam in his eyes.

之后他没有离开。相反，他温柔地拥抱着我，我当时除他之外什么都看不到，只能看到他眼睛里闪烁的爱意。

To you, victorious Kypris, I consecrate these offerings still wet with dew, vestiges of the virgin's sorrows, witness to my sleep and my resistance.

胜利的阿佛洛狄忒，我将我的奉献奉为神圣，犹带露珠，这种奉献是我失去贞洁的证据，见证着我入睡并反抗的瞬间。

路易夸大了女性的性感撩人，同时也夸大了女性对男性的屈从；而在这两个方面，赫迪拉斯的文学与路易是有很大偏差的。也许路易在作品中做出的最重要的变化，就是从第三人称到第一人称

59

的转换。赫迪拉斯的诗歌表明,尼卡哥拉斯(Nicagoras)的"酒和面包"是欺骗人的,他想让阿格拉奥尼斯(Aglaonice)吃完喝完就入睡,从而不能反抗他的暴力。就此而言,他的诗歌质疑了尼卡哥拉斯的动机。与此不同的是,路易的诗作显示阿格拉奥尼斯的自责:比利提斯暗示道,阿格拉奥尼斯像只鹧鸪,男人自然而然会去追求她,所以她独自在旷野中睡着,完全是自己太轻浮。比利提斯把自己归于象征着父权体制的男性性欲工具,她意识到了自己的欲望,但也意识到了受到男性侵占时的无助。路易删除了赫迪拉斯诗作中对男人所谓"暴力"的清晰描写,转而着墨于女性开始时"抵抗",但最终让男人得逞的情节。这是路易特意对比利提斯的这种默许进行的强调。比利提斯把自己描述得像婴儿般柔弱,被羊倌死死抱住,并被他的目光所蛊惑。路易派生的作者身份,同时又有大男子主义特点;这一身份是通过修订赫迪拉斯的男性性暴力形象而建立的,修订这一形象的方式包括去掉故弄玄虚的内容,还包括将这一形象归于那位在事实上肯定它的女诗人——赫迪拉斯。翻译的虚构再次让人注意路易作者身份的状况,尽管他可能并未预料到这一结果:为了营造一种他翻译了真正的古典诗的表象,他采取了加注的形式,这不仅能够显示材料的出处,同时还能揭示出他建构大男子主义著者身份的意图。

我们观察到,路易将自己的读者主要想象成爱好文学、放浪不羁的男性。这一独特的群体拒绝接受资产阶级的艺术观与道德观,藉此我们的阅读能够更深一步地挖掘出新的意义。路易在 1895 年给他哥哥乔治斯的一封信中吐露了心声,"我非常想拥有女性读者群"。但是,这似乎不太可能,因为"女性体会到的只能是一些污言秽语",太尊重女性了,以致看起来反而很虚伪。"我真的相信,如果比利提斯的序言把她自己描绘成一个邪恶的怪物,没有哪位我认识的夫人会承认读过这部书"（Louÿs 1990：314）。两者间的文学竞争确立了路易的作者身份。这一竞争先于其他男性作家而开展，如一些熟人，安德烈·纪德和斯特芳·马拉美，他们了解这一骗局同时赞扬他的作品。这一竞争也波及诸多法国经典化诗人，如波德莱尔。他的作品《恶之花》（*Les Fleurs du mal*，1856）将萨福与诗中的女同性恋联系起来，这些诗作激怒了政府的审查员，最有名的是"莱斯博斯岛"和两个"受诅咒的女性"（参见 DeJean 1989：271-273），然而《巴黎的忧郁》（*Le Spleen de Paris*，1869）是散文诗式的，蕴含多种风格类型，包括叙事的、抒情诗的、戏剧式的。可是，路易将波德莱尔式散文诗的篇幅减少到四节，从而改善了这种多形态的风格，同时他对性爱的描写也胜过波德莱尔。这不仅是因为这些诗文避免了任何道德评判，更是因为这些诗行描述了一种色情文学形式，能够起到挑逗男性读者的作用。亨利·德·雷尼尔（Henri de Régnier）在《法国信使》中发表的一篇文章，表达了对路易作品的感激之情，他写道："读比利提斯使我陷入色情的狂喜，哪怕牺牲好丈夫的名声我都不在意。"（Louÿs 1990：329）

《比利提斯之歌》表达了男性读者的性欲，也表达了路易自己的性欲；他对性欲的表达方式既无什么创意，也非自我产生，而由文化所致。此作品中的自传因素证实了这一点。路易在 1894 年完成了作品的大部分内容，当时他去了阿尔及利亚一小段时期，与十六岁的梅丽姆（Meryem）私通。梅丽姆与阿丽（Ali）是一对同性恋，在第一版的献词中她的名字是以首字母缩写出现的。梅丽姆是乌列奈尔部落（Oulad Naïl tribe）的一员，在该部落的传统中，年轻女孩都要通过卖淫来赚取嫁妆（参见 Clive 1978：102-106）。他们经由纪德结识，路易将自己对梅丽姆的描写寄给了纪德，其中写道："她是位美裔印度人,有的时候又是圣母玛利亚,又是提尔人的妓女,她的珠宝和古墓中的一样。"(Clive 1978: 106)。

路易对梅丽姆的欲望来自于多样的文化符码(cultural codes):此欲望对异族人的浪漫的着迷,这一异族人兼具波西米亚、古代和东方的风情。路易致纪德的信基于对北非女性的刻板印象,既有种族主义特点,又有大男子主义色彩。正如爱德华·萨义德所说,"在旅行家和小说家如福楼拜和路易的作品中,东方女性通常是男性权力幻象的产物,她们有无限的性欲,她们很傻,最要紧的是她们全都心甘情愿。"(Said 1978: 207-208)。路易与梅丽姆的这段经历,在一些诗歌中有所体现,但这一经历也使得他在自己的学术领域中贯穿着东方主题。他在比利提斯自传中,给比利提斯安排了一位希腊父亲和一位腓尼基人母亲。比利提斯注解道,名为《珠宝》的那首诗,对现实轻描淡写:"在如今,全套的珠宝能够被乌列奈尔部落完好无损地保存下来,这很不简单。"(Louÿs 1990: 223)。如果说路易在《比利提斯之歌》中部分地描写了一般的异性恋的性欲,不如说是描写了路易自己对梅丽姆的欲望,然而这种欲望也是对他所阅读的古希腊文学的显现。1894年,路易在给哥哥乔治斯的信中写道:"我写了二十个故事,绝大部分都受到我在阿尔及利亚那段旅行的启发,在那里的一个月,我庆幸每日都能与整套的希腊诗选为伍。"(同上:311)。

对学术的诸种偏见

路易使翻译行为和著者身份的区别变得模糊,他的骗局不可避免地质疑了以史实来界定作者独创性的学术界。《比利提斯之歌》就是一种对学术翻译细致的滑稽模仿，在这种学术翻译中，路易不仅借由希腊诗人的手法创作了经典文本，还通过一位名为"G. Heim"的德国教授创作了现代版本，这位德国教授的名字巧妙地运用了德语中"秘密""神秘"一词的谐音（geheim）。对于诗歌本身，路易对细节的处理也十分具有学术性。例如，作品中有很多与古希腊文化相关的词汇，如"Héraïos"在希腊历法中所指的月份是供奉赫拉的；"métôpion"是原产埃及的一种香料；还有他将多里安方言中的萨福（Sappho）写作了"Psappha"，使用了古老的拼法（Louÿs 1990: 33, 88, 133, 145）。正如若昂·德让（Joan DeJean）所指出的，比利提斯的自传"是在萨福著者身份的夹缝中生存的。路易将比利提斯与萨法（Psappha）的生活交织在一起，并将比利提斯写成了诗人萨福最喜欢的女性之一娜西蒂卡（Mnasidika）的对手"（DeJean 1989: 277）。

在路易的信件中，他承认了自己的目的是要揭穿现行的学术观念。他将作品寄给一位古典学者，就是为了骗过他的眼睛。当该学者回复道，这些诗"对我来说并不陌生"，路易将这一"诓骗"归咎于学术界存在的一种假设：历史性的研究能够直接提供事实，甚至能完全地辨识出古老的文化（Louÿs 1990: 320）。他认为该学者的推理是不合逻辑的三段论："我作为一名考古学家和雅典人，我必须了解关于希腊的一切。而比利提斯是一位希腊作家。因此我一定了解比利提斯"（同上，着重号为路易所加）。因此，路易表明，学术与历史性创作息息相关，他自己的假性翻译也是如此，然而这一历史性的创作能够超越史实，因为学术共享着学术机构作为"考古学家"所独享的文化著作权。

同时，路易表明，翻译应当是历史性学术的一种形式，是能为现代读者提供古典文本的学术创作。但是，这种翻译又不像大多数的学术著作，这种翻译不会强调自己作为文学创作的地位，也不会强调自己由于时代问题与古典文本的不同。路易对他哥哥是这样描述这一文学项目的："我避免写出落伍的文字，同时也不会把时间浪费在创作逼真的文字上，这种古老的逼真是不可能实现的。"（Louÿs 1990：311）路易期望自己的读者能够意识到，他的诗作不是古代诗歌的呈现，而是古代诗歌的现代演绎。他的读者对此也表示附和：《吉尔·布拉斯》（*Gil Blas*）的一位书评人用不太确定的口吻评论道，"如果说这是一部真正的翻译，那么它一定是意译，因为这些诗作既展现出了希腊元素，又浸染着一丝现代风情"（Clive 1978：111）。路易的骗局澄清，学术著作和翻译都必然会造成时代的错乱，尽管这些代表过去的作品是植根于学术研究的，但由于现今的文化价值观促使了这些作品的出现，所以这些诗作再现过往，可能会拥有"一种不可能的可能性"（une impossible vraisemblance）。

一个意外事件的发生使这一切戏剧般地变化了。1896 年，一位有影响力的古典学学者乌尔里希·冯·维拉莫维茨–莫伦多夫（Ulrich von Wilamowitz-Moellendorf），发表了有关《比利提斯之歌》极端负面的书评。维拉莫维茨看穿了路易的把戏。他提到，路易努力创造诗作真实性的表象，这一点体现出他的博学，"在某种意义上来说，路易也是位古典学学者"（Wilamowitz 1913：69），并且他发现其中的一些选段很明显是对古典文学的模仿，"比利提斯最后的整部书几乎都能够被翻译为希腊风格的短诗"（同上：68）。但是，维拉莫维茨还指出了路易在事实和年代上的错误：

第二章 著者身份

wenn er so viel tut, um im Detail antik zu scheinen, so fordert er die Kritik des Sachkenners heraus, der ihm dann doch sagen muß, daß es im Altertum in Asien keine Kamele gab, daß Hasen keine Opfertiere sind, daß "Lippen rot wie Kupfer, Nase blauschwarz wie Eisen, Augen Schwarz wie Silber", drei ganz unantike Vergleiche sind. 41

(Wilamowitz 1913：64)

by striving so hard to appear ancient in each detail, he challenges the critique of the expert who feels compelled to tell him that ancient Asia knew no camels, that rabbits are no sacrificial animals, that "lips red as copper, the nose blue-black as iron, eyes black as silver" are entirely unancient comparisons.

路易在每个细节都十分努力地想要表现出远古的痕迹，专家认为告诉路易远古时期亚洲的情况是理所应当的，如远古时期的亚洲没有骆驼，兔子也不是祭祀用的动物，"嘴唇紫得像铜，鼻子青得像铁，眼睛黑得像银"的排比也不是古用法，路易却质疑这些专家的评论。

对维拉莫维茨来说，只有学术行为才能够探究史实，并且是通过一种富有想象力的鉴定来探究，带有作者本身的"个性"。该文也仅表达了这一"个性"：

So wird emsige Beobachtung mancherlei ermitteln; aber in der Lyrik

65

vollends ist die Individualität die Hauptsache, und sie läßt sich auf diesem Wege nimmermehr zurückgewinnen. In solchen Fällen kann das beste nur durch nachschaffende poetische Intuition geleistet werden: Walchers Macht beruht darauf, daß er die Gottesgabe dieser Phantasie besaß.

(Wilamowitz 1913:70)

industrious observation will unearth a lot; but in poetry individuality is what ultimately matters, and it can never be retrieved by [Louÿs's] method. In such cases the best accomplishments can only be achieved through imitative poetic intuition: Welcker's power rests on his divine gift of this imagination.

不懈的探究能够挖掘出很多资料；但是在诗歌中，个性是最为重要的，并且（路易的）任何方法都不能重现这种个性。在这种情况下，想要达到最好的效果，只能模仿这种诗性直觉：威尔克的文学力量就依赖于这一神圣的想象力。

在这一具有启发意义的引文中，维拉莫维茨暗示出了细致调查（不懈的探究）的必要性。但他也承认，学术研究依赖于学者的"诗性直觉"是可以超越历史纪录的。很明显，正是"神圣"全知使得这种直觉不仅只是现代的创作。这一全知能够让学者在想要重现古代原作者的意图之时，超越历史时刻。因为路易诗作中太多细节很明显是现代的，而且是面向现代读者的，所以路易的作品缺乏这种超越性。维拉莫维茨称这些细节为"乏味的片段……，为了给大众留下深刻印象，或多或少可以看出有翻译的痕迹"（Wilamowitz 1913：69）。

然而路易的把戏大大地越界，这使得维拉莫维茨揭露出现代价值观是贯穿于学术著作的。一开始，在提到19世纪早期的语言学者弗里德里希·戈特利布·威尔克（Friedrich Gottlieb Welcker）之时，这一点就很明显了。维拉莫维茨对路易的评论是基于德国传统对萨福学术著作的认可，而且可以说，很明显地是基于威尔克认为萨福不是同性恋者的想法。维拉莫维茨声称："我笃信，威尔克把萨福从主流社会的偏见中解救了出来"；她是一位"高尚的女性、高贵的夫人和崇高的母亲"（Wilamowitz 1913：71，73）。然而，威尔克对萨福的解读是出于考虑这样一种意外的时刻：正如德让认定的，"法国复辟时期正值德国民族主义势力的上升期，威尔克在男性的体格美、军国主义和爱国主义之间假定了一种基本的联系"（DeJean 1989：205）。威尔克所认为的萨福有别于德国人的臆想：萨福在"民族主义的公民道德方面"起到重要作用，并且在倡导婚前禁欲和培育"新公民"方面也有示范作用（同上：218，219）。

大约80年后，从维拉莫维茨的书评中可知，民族主义不仅存在于对萨福同性恋身份的极力否认（他的大部分书评都与这个问题有关），而且还存在于他自己的一些明显偏见。他对同性恋的憎恶与德国文化优越的信念直接相关："在德国，同情比利提斯性取向的那些圈子，通常显示出他们自己缺乏教养"（Wilamowitz 1913:68）。维拉莫维茨对"比利提斯"这一名字做了一个脚注，不料这个脚注里的东方主义激起了反犹太主义的行为：

Offenbar ist das der syrische Name der Aphrodite, den ich meist Beltis geschrieben finde. Von den Semiten hat der Verfasser jenen unberechtigten Respect, der wissenschaftlich längst überwunden immer noch hie und da grassiert. Er läßt sie in Pamphylien sich mit den Hellenen mischen, fabelt von *rhthmes difficiles de la tradition sémitique* und versichert, daß die Sprache seiner Bilitis eine Masse phoenikischer Vocabeln enthalte. Lauter Undinge. Aber Mr. Louys hat auch die aphroditegleiche Schönheit Seines Romanes aus Galilaea stammen lassen und zu ihren Ehren erotische Stücke des Alten Testamentes herangezogen. Er wird wohl für die Semiten eine angeborene Vorliebe haben.

(Wilamowitz 1913: 64)

Apparently this is the Syrian name of Aphrodite, which for the most part I have found written as Beltis. The author shows the Semites that inappropriate respect which, although it has scientifically been overcome for a long time, still flourishes here and there. He has them mix themselves with the Hellenes in Pamphylia, tells fables about the *rhythmes difficiles de la tradition sémitique*, and assures us that the language of his Bilitis contains numerous Phoenician words. All nonsense. But Mr. Louys also has the Aphrodite-like beauty of his novel [*Aphrodite*, published in 1896] originate in Galilee and in her honor has referred to erotic pieces of the Old Testament. He must have an innate preference for the Semites.

显然，比利提斯在叙利亚语中的含义是阿佛洛狄忒，大部分情况下写作"Beltis"。作者呈现给闪米特人的是一种不恰当的尊重，尽管这种尊重已经在很长一段时期被科学地回避了，但是这种尊重依然很盛行。他把闪米特人和潘菲利亚的古希腊人混为一谈，诉说着有关《闪语传统中艰深困难的韵律》的寓言，并使读者确信比利提斯的语言包含着大量的腓尼基语。这都是胡扯。但是路易先生将自己的小说《阿佛洛狄忒》（出版于1896年）植根于加利利地区，使其富有阿佛洛狄忒般的美感，并且路易的诗文参考了《旧约》中的色情部分。他一定是对闪米特人有着天生的喜好。

路易对古希腊文化的再现方式，质疑了德国对萨福诗歌接受过程中所透露出的民族主义和种族主义价值观，所以路易的骗局严重威胁了古典学学术。维拉莫维茨为了重新确立威尔克描写的纯洁的萨福形象，不得不回顾《比利提斯之歌》，以对抗萨福再无信誉法国形象的减损（参见 Calder 1985: 86-87）。他哀叹道，"萨福形象的塑造不可能在除德国以外的地区取得成功"（Wilamowitz 1913: 71）。路易准备好了去嘲弄学术的苛责。他回应这段书评的方式便是将维拉莫维茨卷入这一骗局：附加在1898年版本之后的虚构参考书目将这一德语版本的成书信息写为"冯·维拉莫维茨-莫伦多夫教授，哥廷根学者，哥廷根，1896年"，这也正是这位德国语文学家发表抨击的时间和地点（Louÿs 1990: 194）。

再定义翻译

路易的骗局促进了现今对翻译、作者身份和学术身份的再思。翻译可以被视为作者身份的一种形式,但是作者身份如今被重新定义为衍生性的而非自我创造性的。作者身份不是独特的(*suigeneis*);写作依赖于既有的文化素材,写作内容也是经过了作者的选择,并按照优先性排列,根据特殊的价值观重新编写(或精心制作)的。《比利提斯之歌》第二版发行的前夜,路易在给哥哥的信中清晰地阐明了这一点:

> Je crois justement que l'originalité du livre vient de ce que la question pudeur n'est jamais posée. En particulier, je crois que la seconde partie semblera très nouvelle. Jusqu'ici, les lesbiennes étaient toujour représentées comme des femmes fatales (Balzac, Musset, Baudelaire, Rops) ou vicieuses (Zola, Mendès et auprès d'eux cent autres moindres). Même Mlle de Maupin, qui n'a rien de satanique, n'est pourtant pas une femme ordinaire. C'est la première fois [...] qu'on écrit une idylle sur ce sujet-là.
>
> (Louÿs 1990:317)

> I believe that the originality of the book derives precisely from the fact that the modesty question is never posed. In particular, I believe the second part will appear very new. Until now, lesbians have always been represented as femmes fatales (Balzac, Musset,

Baudelaire, Rops) or vicious (Zola, Mendès and another hundred lesser writers). Even Mlle. de Maupin, who is not at all satanic, is nonetheless not an ordinary woman. This is the first time [...] that an idyll has been written on this topic.

　　我认为书的独创性恰恰衍生于从未提出过谦虚问题的这一事实。特别是，我认为第二部分会十分新颖。直到现在，女同性恋也是常被当作女妖精（在巴尔扎克、缪塞、波德莱尔、罗普斯等人的笔下）或者邪恶的人（左拉、曼德斯和其他不少于百人的作家也这样认为）。甚至连一点也不邪恶的德莫平小姐，也不是一位普通的女人。这是田园诗第一次涉及这一主题。

路易认为他的衍生作品使得自己成为了原创作者，但是恰恰从这个意义上讲，他的文本改变了现今女同性恋的再现形式，并且将其投射到一种新的样式（田园诗）。从这一点上来看，区分翻译和创作，主要看对原作模仿的近似程度：翻译受限于模仿的目的，相对来说，创作则是自由地培植其所吸收文化素材的一种更加多样的联系。

　　翻译也可以被视为学术研究的一种。翻译和学术研究都依赖于对古代或异域文本的历史性研究，但是这两者在对文本的再现方面都不会完全适合于作者的意图。相反，这两者都能适用于能够弥补作者意图的当今的本土价值观：实际上，他们为特定的文化群体再造了一种文本。这一文化群体已经有别于初始的那个群体了。因此，马拉美写信给路易说：

Un charme si exquis de ce livre, à la lecture, est de se rendre compte que le grec idéal, qu'on croit entendre derrière, est précisément le texte lu en votre langue.

(Louÿs 1990: 331)

One of the exquisite charms of reading this book is to realize that the Greek ideal, which one seems to hear behind it, is precisely the text read in your language.

阅读本书的精妙绝伦之处，便是读者能够在母语环境下精确地感受到希腊典范，虽然看起来像是在读罢这部书之后才能感觉到的。

马拉美觉察到了这一虚构性，但仍津津有味地将路易的诗作当成译作来读。从这一点来看，区分翻译与学术研究，最主要的是看作品是否是述行性的（performative）：翻译必须履行或实现某一语言的再现，然而，相对而言，学术灵活性大，只能在注释中体现这一再现。

路易的"伪翻译"无疑将诸多新事物引入了法国文化，不仅包括对女性性行为露骨的描写，还包括更多对翻译、著作权和学术著作自我意识的定义。并且，这些新事物产生了出乎意料的结果。尽管《比利提斯之歌》被认为是表达了作者和男性读者富有大男子主义和异性恋色彩的欲望，但是，路易对比利提斯同性恋的形象描写也激励了娜塔莉·克利福德·巴尼（Natalie Clifford Barney）和蕾尼·维维安（Renée Vivien）书写女同性恋题材的作品，还启发维维安用法文翻译了萨福诗歌。上述女同性恋作者的构建，依赖于深刻的同感认同，正如与男性读者产生的认同一样，这种同感认同是对路易文字产生的认同，也包括性挑逗。巴尼在1901年写给路易的信中提到，"没有哪一个情人像比利提斯这样让我意乱情迷，给予我更多的柔情爱意"（Louÿs 1990：333）。巴尼第一部涉及女同性恋的书籍便是1902年的《五则短篇希腊对白》（*Five Little Greek Dialogues*），她宣告了自己作者身份的衍生性本质：这一作品几乎是《比利提斯》的姊妹篇，并且献给路易的落款是"来自未来社会的年轻姑娘"。这一落款也出现在路易自己的作品中（DeJean 1989：280）。巴尼的作者权依靠与路易的竞争性对抗，这一对抗点就体现为对女性性行为的再现。她一边分享着路易塑造的比利提斯的性别身份，一边对这一身份进行重估，她用一种女同性恋乌托邦思想代替了男权主义的偷窥心态。

维维安1903年有关萨福的译作，也类似地反映出路易这一把戏所引发的对翻译重新界定的文体。正如巴尼一样，维维安也在《比利提斯之歌》中看到了自己的性行为，还看到了"我的想法和存在分不开的书籍"（Louÿs 1990：333）。维维安沿袭路易的手法，将萨福写成女同性恋，反对德国语文学传统坚持认为希腊诗人都很纯洁的看法（DeJean 1989：249-250）。维维安精心计划的版本，表明她对待翻译的态度是与作者权相关的。这一态度暗示着她自己作者权的本质是衍生性的，也暗示着她的作品是依赖于本土文化材料的。同时，维维安认为她自己的历史性学术研究，是服务于当今性价值观的。她不仅提供了希腊语文本，也提供了接近散文的版本，这一全本是用韵文翻译的自由体，并且常常是由语言碎片发展为诗歌的。诗句呈椭圆形排列，与传统诗歌形式的优美诗歌分庭抗礼，这种诗歌形式强调了维维安故意依赖于法国文学对萨福同性恋的表现：

> Tu nous brûles.
> Mes lèvres ont soif de ton baise amer,
> Et la sombre ardeur qu'en vain tu dissimules
> Déchire mon âme et ravage ma chair:
> Eros, tu nous brûles...
>
> （Vivien 1986:161）

> You burn us.
> My lips are thirty for your bitter kisses,
> And the dark ardor that you hide in vain
> Tears my soul and ravages my flesh:
> Eros, you burn us...

> 你将我点燃。
> 我的唇渴望着你疯狂的亲吻。
> 你无法掩饰自己的狂热
> 你撕裂着我的灵魂、掠夺着我的肉体：
> 性欲，将你我点燃……

维维安译本的作者性不是通过她对萨福的认同实现的，而是通过对抗法语前辈的方式实现的：她同时利用并重新审视了法国长久以来对萨福的思考。这一思考可追溯到权威作家波德莱尔，他曾说："法国对萨福的思考，就像一位厌女症患者，从来不会关心女同性恋的生活"（DeJean 1989: 285）。路易在《比利提斯之歌》中使用了拼凑的方法，这是一种翻译和模仿的结合。通过这一作品，维维安使得女同性恋读者群也能够接触到萨福诗歌，而又不会将法语版本反映女同性恋群体的性价值观这一事实公之于众。

由于翻译的影响是不可预料的，并且存在潜在的矛盾性，翻译的影响取决于诸多不同的文化和社会因素，有时会扰乱学术经典，同时也很可能会面对压制。然而，这一不可预测性使得被翻译的文本会像原著一样，赢得学术界的同等关注。由于译作研究迫使学者去面对大众对异域作品接受程度的历史性变化，翻译研究也就成为真正意义上的一种历史学术研究的形式。翻译既对异域文本忠实，又要拥护本土文化。翻译提醒我们，没有一种固定的理解能够适用于所有的文化群体，甚至是建构于带有明显僵化的学术色彩的社会秩序之上的理解，也经常是地方性的，而且是依情况而定的。在这种环境下，由于翻译跨越了诸多制度的边界，所以翻译是受辱的：翻译不仅要求在语言、文化和学科之间进行学术研究，而且强迫学者考虑学术圈之外的人群。例如，需要阅读英语译本的读者已经占绝大部分，因为外语研究在减少，而英语已经在全球占据主导地位。现如今，翻译研究包含了一个研究领域，而这一领域旨在专门地、不舒适地揭露英语学术以及英语语言诸多的局限性。

第三章　版权

版权法是一种法律规范和法律惯例，控制着知识作品的拥有权，为翻译划定了一个狭小的空间。版权的发展历史自18世纪开始，揭开了趋向于保护版权不受侵犯、保证作品流通的运动，这一运动还包括赋予将原著翻译成其他语种的权利（Kaplan 1967；Rose 1993）。现行的版权法是国际条约，既适用于本国国民也适用于外国人，全世界的作者对自己作品的译本享有专有权。这种专有权将一直持续到作者去世后50年。如果译本是为委托人所作，或者是建立在委托（work-for-hire）的基础上，委托人则享有译本的专有权（如若查询英美的情况，请参见《1988年版权、外观设计和专利法案》第48条2[1]，11[1]和[2]，16[1][e]，21[3][a][i]，及《美国法典》第17编101，106[2]，201[a]和[b]，1976年；另：1993年本特利[Bently]的著作中给出了详细描述）。尽管实际的出版合同条款千差万别，但是在原则上，关于译者对译本的掌控，版权法有着相当严格的限制。

从译者和翻译的角度看，这些限制造成了一些令人担忧的结果，既有经济方面的，又有文化方面的。版权法规定译者的权利是从属于作者的，允许作者缩减译者在译文出版方面所获得的利润。1990年美国笔会中心做了一项调查，调查显示美国大部分的翻译作品都是基于委托关系的，译者只获得固定稿酬，既无版税，也无附属的版权销售所得（例如，定期发行，平装本的出版许可，或是电影制作公司的购买）；在相对较少的情况下，合同给予译者这一收入的一部分，精装书所获版税1%到5%的收入，附属的版权销售所获10%到50%的收入（Keeley 1990）。英国译者也面临相似的合同条款（Glenny 1983），尽管利润分配不平等，在公共借阅权（Pubic Lending Right）的授借权费用的分配中也看得出来：作者分得70%的利润，而译者只能分得30%的利润。

版权法无疑促成了这种不利的经济状况，所以它削弱了译者醉心于翻译项目的动力。如今许多文学杂志用英文发表，证实译者实际上愿意为翻译投入精力：译者经常未经合同允许，就给这些文学杂志投一些翻译稿件，如外国诗歌、小说和纪实文学作品的翻译，而且通常报酬很低，或是没有报酬，主要依靠译者对外国文本和文学的热爱。然而，这种专有翻译权是隶属于原作者的，这意味着作者（或是作为他们代理人的出版社）通常是翻译作品的发起者，并且努力出售版权，以便为这些翻译作品创造外语市场。同时，作者也会直接接触外语的出版社，后者再付给译者稿酬。版权法阻止译者获得与出版社讨价还价以便改变这种状况的权力。当然，如果译者是屡次被出版社委托、译文能获得大众认可的少数人物，则另当别论。但即使是在这种情况下，到了真正出版的时候，译者照样处于从属地位。威廉·韦弗（William Weaver）是20世纪50年代重要的翻译家，主攻意大利小说的英译，出版过60多部长篇译作，所有作品均源自出版社的委托（1994年9月24日的电话采访）。现今的版权法确保翻译项目由出版社而非译者发起。

所以，不论是在国内还是在国外，出版社都塑造着文化的发展。出版社要为他们的投资寻找最大效益，所以更倾向于出版那些能够在国外出版而文化独特性又不太明显的本土作品，以免译本不受欢迎。他们这种出版的决策瞄准了国外市场，目的是为了译本能够卖座。戈德斯坦（Goldstein）曾有过这样一个假设："如果法语和德语作品只由英语作品的出版社出版，他便会选择出版以前被翻译过的、吸引法语和德语读者的书籍"（Goldstein 1983：227）。由此类推，购买翻译版权的出版社可能会更关注容易被本土文化接受的、符合流行趋势和品位的外国作品，较少涉及一些特殊领域的书籍，以此避免尝试出版新领域所造成的潜在损失。比如某一译作成为畅销书，那么这部书便会激发出同一类型外语作品的译作。在翁贝托·艾柯（Umberto Eco）的小说《玫瑰之名》（*The Name of the Rose*）取得巨大成功之后不久，美国的出版社便急切地寻求其他与艾柯作品相似的历史小说（McDowell 1983），争取这些作品的翻译版权。自20世纪80年代开始，由于电影和戏剧的改编拥有更广泛的读者认同并且十分卖座，人们便越来越倾向于翻译作为搭售品的外国作品。出版社因而不仅能够决定与异域文化的交流模式，还能够决定在本土文化中译者参与的翻译实践的波及范围。

法律制度本身的目标和行动存在着基本矛盾，且法律制度还在保护上述状况，但翻译使得这种法律制度受到质疑。版权法会削弱译者投入翻译的积极性，偏离了其"传统的目标"：鼓励并且奖赏创意型的翻译行为（Bently 1993:495）。如今版权法削弱了翻译、翻译项目与翻译方法中的创新性，此外，外国作品创新性翻译的流通可以激发各类文学，但版权法削弱了这种文学的创新性。这一问题在美英尤其严重；整个二战期间，美英译作的数量一直保持在低位。

版权法的历史表明，早期的译者不像当今译者，有这么多的法律限制。相反，长达几个世纪的著作权的发展，虽然有时候带有矛盾性，但有利于翻译的发展。在被翻译的作品中，译者的版权不仅仅得到认可，而且要比原作者或者委托方的版权还要受到关注，这些决策业已形成。并且，极富讽刺意味的是，在许多被证明对保护作者版权具有决定性作用的案例中，包含了其他对翻译的定义，这些定义反而对译者更有利。

这些过去的选择在质疑当今翻译的合法地位之时十分有用，它们澄清了单一作者权的历时发展与浪漫主义著作权概念的偶合，甚至依赖于这种否定译者的著作权概念。但是，这些选择使得一种不同于以往的著作权概念开始形成。在这种概念下，译者被视为一种形式的作者，并且其原创性被认为能够包容不同的写作实践。在这里，我想呈现的是一种著作权谱系，这种谱系辩驳了法律的文化假设，旨在建立一种进一步维护译者和翻译实践权益的法律形式。

当今状况

当今的版权法给翻译做出的界定并不一致。一方面，作者是区别于译者并且地位高于译者的。这是由于版权法是为作者、为创作基础作品形式的制作人而设定的，版权法既保护此种作品形式，也保护与所表达的想法和信息相对的表达方式。作者的版权，不仅包括作品本身的复制和印刷，还包括衍生作品或者改编版本。这一类别很明确地包括戏剧版本、电影版本、删节本和乐曲等其他衍生作品，当然也包括翻译作品。然而，另一方面，尽管衍生作品的著作权不排除对基础作品作者权利的保护，但是衍生作品的著作权更是为出版社而设定的［CDPA 1988, 章节为 1(1)(a), 16(1)(e), 21(3)(a)(i); 17 US Code, section 102(a) and (b), 103(a), 106(2)(1976)］。这里，译者已经被视为作者：根据当代评论的观点，由于翻译创造了一种在不同的语言和文学中表达异域文本的新方式，译者可以被称为是在创作一部译作［参见 Skone James et al. 1991: 3-34 和 Chisum and Jacobs 1992: 4C(1)(c)］。然而，由于语言和文学媒介的区别并没有以任何方式限制翻译作品中外国作者的权利，那么这种区别明显不是实质意义上的，所以并没有为译者构建真正意义上的作者独创性。在处理衍生作品之时，版权法与自身关键的原则相矛盾：著作权由独创性的表达组成，而且法律只是保护形式而非保护想法（这种矛盾也在其他的管辖权限中存在：有关加拿大的情况，参见 Braithwaite 1982: 204；法国的情况，参见 Derrida 1985: 196-199）。现今的法律规定的衍生作品的作者，既可以说是又可以说不是作家。

这一矛盾表明，版权法在保护其他权利的同时，一定损害了如翻译这样的衍生作品的权利。我想说的是，这些其他的权利，包括著作权的个人主义观念，在文学学术界一直是一个重要的设想。据这一基本的浪漫主义的观念，作者能够在作品中自由地表达自己的思想和感受，因而被视作一种原创的、清晰的自我再现，而且不受有可能干扰作者身份和独创性的、跨个人的决定因素（如语言、文化、社会）的影响（关于这一观念的文学史的沿革，请参见 Woodmansee 1984, Saunders 1992, and Rose 1993）。翻译永远只是一个次一级的表达：只有异域文本才是原创性的、真实的，是忠于作者心理或作者意图的。翻译则永远是仿制的、非真实的，或就是错误的。尽管文学形式上的变化是由诸如翻译这样的作品造成的，但因为版权法假定文学形式是作者自身区别于他人的个性表达，所以版权法一应保护衍生作品作者的独创权利。

美国有一件与文学翻译相关的案例，可以让我们清晰地看出这一点：格罗夫出版有限公司诉绿叶出版公司案（第247卷，第518页，纽约东区，1965年）。这一事例的决议在原创性的定义和著作权的准则上扯皮。格罗夫（Grove Press, Inc）要求对绿叶（Greenleaf Publishing Co.）实行禁令，因为绿叶未经授权就出版了1954年伯纳德·弗雷希特曼（Bernard Frechtman）翻译的《小偷日记》。这一版本是让·热奈《小偷日记》（*Journal du Voleur*）的英语译本。法庭发现绿叶的出版行为侵犯了热奈的法文著作权：

> 很明显，绿叶不仅仅抄袭了译者弗雷希特曼的语言，也抄袭了让·热奈原文中传记故事的内容与措辞。这种创作包括小说的整个情节、场景、人物和对话，还有出版物的版式和模式。绿叶抄袭了两方面内容：一是词汇，二是故事情节。

（524-525）

尽管这一决议将热奈的作者身份和法语原文的具体形式组织（"版式和模式"）联系了起来，但是对这种形式的理解不合逻辑而且使人困惑。文学要素（"情节、场景、人物和对话"）被提到了，但是版权法负责"让·热奈原文中传记故事的内容与措辞"。在想法被表达出来之前，表达的媒介就已经消失了。该例中的"词汇"是英文，不是法语，这些词语是被弗雷希特曼而不是让·热奈"创造"或选择出来的。然而，因为这个故事是由法国作家根据自己生平撰写的，可以说这些词语编织出了一个"原创""故事"。法官对热奈作品的确切类型并不确定，所以，法官将这一作品既描述为自传又描述为"小说"。因为作者身份的判断标准最终并不在于形式，而在于主题或语义。法官认定，弗雷希特曼的翻译再现了法语文本和作者意图。

浪漫主义作者身份的概念因而略去了复制作品和基于原作的衍生作品之间的区别。版权法甚至为作者列出这两种截然不同的行为。由于译者生产的是基础作品形式和内容的复制品，所以未经授权的翻译侵犯了作者的版权法。翻译不被认作是一种独立的文本，翻译干扰翻译文化独有的语言和文学差异，这些差异附加在异域文本之上，使得其在别种文化中变得易于理解，同时这些差异也不是异域作者提出或选择的。异域作者的独创性被认为能超越这些差异，所以译作才能被视为与异域文本一致的（identical）。版权法所保护的恰恰是作者身份的概念，它并非是铭刻在物质形式上的，而是非物质的、一种上帝般的个人主义的本质，不具文化特征，但具有多样形式和媒介。

法律上对这一概念更为明确的表述是作者的精神权利（droit moral）或者人格权利（rights of personality）。这两种权利在19世纪的法国、德国和斯堪的纳维亚地区的辖区逐渐发展起来,通过1928年《伯尔尼文学和艺术作品保护公约》(Berne Convention for the protection of Literary and Artistic Works)的罗马修订版获得国际认同(参见 Saunders 1992:第三章)。在精神权利这一概念下,作者和作品之间的同一性被表述为道德主义的术语,文学作品由此而被看作是作者本身的化身。1934年,一篇罗马修订版的评论描述了这一概念背后的法律思考:

> 在经济性以及历来发展的权利之外,我们知晓作者在作品中施以一种崇高的自主权,如果这种自主权被破坏了,作者也会受到伤害。因为出版会导致作者的创面扩大,所以出版现象被认为可以使作者的个性得以持续因而会使作者受到更多伤害。
>
> (Saunders 1992:31)

精神权利给予作者多样的人格权利,包括被认定为作者、管理第一出版物,以及反对可能损害作者名声歪曲评论的权利。1948年《伯尔尼公约》的布鲁塞尔修订版中的精神权利部分,包括反对歪曲的评论,像翻译这样的衍生作品能够根据这一权利提起法律诉讼并令人信服。原则上,法律对反对歪曲作品的行为予以保护。这种保护使得作者在译者的翻译过程中,对每个细节都拥有巨大的权力,这使得作者可以对自己的作品在异域语言中的完整性保持住自己的见解。

有意思的是,尽管英国法律承认作者的"精神权利",但是英国的法律是唯一将翻译不得歪曲原作品的权利排除在外的法律[CDPA 1988, section 80(2)(a)(i)]。难道是因为翻译被认为能不歪曲地传达异域作者的个性，所以翻译不在这件案例的考虑范围内？还是因为人们假设另一种作者的个性，即呈现在翻译之中的译者个性，不会受到干涉，这种个性在处理国内出版社和国外作者关系时需要法律保护？本特利认为，"立法机构使得大众广泛地排斥翻译，以便认清要判定翻译质量的好坏是十分困难的，并且是主观的"（Bently 1993：514）。

不论理论给予这种排斥什么样的解释，精神权利也在进一步限制着译者的权利，这一点十分清晰。然而这没有解决存在于当今翻译法律定义中的矛盾。版权法认为，翻译足以通过译者改变异域文本的形式而使译作受到版权法的保护。然而使异域作者坚持译作要对原文忠实这一精神权利，将会否定译者的作者身份的基础。（译者和译作的出版社的）经济劣势十分清晰：正如本特利所述，"要取得作者的认同，将会给予原作者第二次机会，以便在衍生作者做出巨大投入的情况下讨价还价"（Bently 1993：513）。

再者，这种矛盾并不只是在不同级别的国内外的司法机构版权法案件中出现，也在保护智力成果方面达成统一的国际条约中出现。《伯尔尼公约》并没有承认译作中译者的版权，直到1971年巴黎修订版才认可这一权利，然而对翻译的新认识并没有改变原作者能够处置衍生作品的特权。相关段落提到："翻译、改编、音乐剧和对其他文艺形式的变形，应当像原作一样受到保护，不应存有偏见，而认为是原作的复制"[2（3）]。这里重复"原作"，提起人们注意国际版权法中作者身份定义的变化。翻译具有与原作相同的自治权（autonomy），这一观念通过区分译者和作者得以加强。但是很明显，译者具有受法律保护的这种独创性与异域作者不同，异域作者仍享有"翻译自己作品和批准别人翻译自己作品的特权"（article 8）。联合国教科文组织提议提高译者的地位，在内罗毕的全体大会（1976年11月22日）上被采纳，实际上这一提议重申了《伯尔尼公约》的措辞，当然也继续承认译者从属于原作者（article II. 3）。

原作者身份的矛盾发展

翻译模糊的法律地位可以回溯到为作者建立立法权之前。在英国都铎王朝和斯图亚特王朝时期，拥有出版权利的版权并不为作者所有，而是归出版同业公会（Stationers' Company）的印刷商或者是书店老板所有。出版同业公会是由王朝为调控出版界、审查出版书籍是否符合宗教和政治统治所建立的（Patterson 1968：第四章）机构。公会永远享有独有的版权。但是，公会事实上也承认作者的物权：作者许可印刷作品将会获得报酬，同时作者也应允许修正自己的作品。在公会登记处至少有一个条目（日期为1611年12月9日）显示，公会也要承认作者的翻译权：

塞缪尔·迈克汉。在给典狱长劳恩斯老爷手稿的附件中，有一本名叫《神圣争论（上），不可和解的罗马》的书，其作者为神学博士约瑟夫·霍尔。

该书籍手稿中有一条款，将以你方作者的英语印刷，请让人将该条款翻译出来。

（Arber 1875-94：473）

但是除了这种少数情况外，在当时的文学和出版界，翻译和原作者身份之间的界限并不总是清晰的。作者身份是对其他文本（包括国内外文本）的创新性用法（参见 Greene 1982），译者和作者都将自己的出版权移交给公会。举一个知名的例子，托马斯·怀亚特爵士（Sir Thomas Wyatt）的十四行诗模仿了彼特拉克等人的意大利诗歌，并在一些地方采取了翻译的手法。但是，在他 1557 年第一次出版《托特尔杂集》(*Tottel's Miscellany*)之时，怀亚特被认为是作者而非译者。

原作者身份的浪漫主义概念，在版权法发展史上较为晚出，尽管这一概念首次在英语中出现是在文学论文集中，如 1759 年爱德华·杨的《有关创作的一些猜想》(Edward Young, *Conjectures on Original Composition*)。但是，这一概念的提法直到 19 世纪中期才在版权法中盛行起来（参见 Ginsburg 1990: 1873-88）。在 1854 年英国上议院裁定的杰弗瑞斯诉布西案（*Jeffreys v. Boosey*, 4HLC 815, 869; 10 Eng. Rep. 681）中，审判员通过援引表达方式和表达思想之间的不同回应了这一诉讼，说版权法"十分无常，转瞬即逝，是精神上的抽象概念"，因而试图使这一概念不能成立。他起初辩论道，"这一要求不是针对思想的，而是针对语言的调用的，并且这一调用身份显赫，耐力持久。"然而，正如作者的外貌不同，作品与作品也是不同的，因而审判员所谓的"身份"，实际上是精神上的抽象概念。这一点不久就会变得十分清晰：

> 不仅每个人的大脑都是独特的以便选择合适的词汇，而且在日常生活中对同一事件的不同表达也是不一样的。因而，对阁下您的问题的回答也不会是一模一样的。每个人的遣词造句

也是独特的，正如他们的面孔各具特色。

（同上）

尽管版权法在表达的媒介中取得了合法地位，但是这一媒介的特点是对作者个性的清晰再现，是大脑智慧性和独特性的展现。像个性这样的抽象概念不管多么重大，无疑都会使形式消散，其结果是作者版权法的范围可以延伸到"词语顺序"的任何变化。因此，这一时期见证了法庭上作者个性的盛行，同时也见证了制度法规给予作者准备衍生作品（如翻译）的权利。尽管第一部保护作者权利的《安妮法》（Statute of Anne）起草于1710年，但是直到1852年，英国法律才赋予作者独有的翻译自己作品的权利（《版权法》，15 & 16 Vict., c.12），而美国的法律直到1870年才赋予作者以上权利（《7月8日法案》，ch. 230, s. 86, 16 Stat. 198）。

由于另一个有争议的作者身份概念在19世纪中期之前就已盛行，所以法律部分地承认著作权花了很长的时间。根据这一概念，版权是为作者而设，原因并不是作品代表个性，而是作品是劳动的结晶，不是因为作品表达思想和情感才提出版权这一概念，而是因为它需要时间和精力的灌溉，既需要脑力又需要体力。1769年，在米拉诉泰勒案（*Millar v. Taylor*, 4 Burr. 2303；98 Eng. Rep. 201；KB）中，一位审判员声称，"作者应当从自己独创性和付出的劳动中获得经济利益"。这一事件成为了作者权建立的里程碑。版权法在不成文法中也是存在的：作者享有作品的永久权利。这一决议认为，著作权是一种自然权利，与约翰·洛克私有财产的理论一脉相承。洛克在《政府论（下）》（1690年）中主张：

> 每人对他自己的人身享有一种所有权,除他以外任何人都没有这种权利。他的身体所从事的劳动和他的双手所进行的工作,我们可以说,是正当地属于他的。所以只要他使任何东西脱离自然所提供的和那个东西所处的状态,他就已经掺进他的劳动,在这上面参加他自己所有的某些东西,因而使它成为他的财产。
>
> (Locke 1960: 305-306)

这一段落说明,作为一种劳动投入的作者身份概念,具有个人主义色彩,如浪漫主义对个性的坚持一样:作者完全是独立于自然、独立于他人的;创作是对天然材料的自然挪用。作者身份和劳力的决定性特征都是非物质的,这恰与个性一样:作者的劳动在自然作品上有自然的权利,权利和作品都超越了特殊的文化决断力或者社会约束。当然,作者的版权需要法律保护,这种保护形成于多种案件,由众多法规制定而成。这一事实表明,个人与个人作品之间的关系并不是自然的,但是在法律上形成于变化的文化和社会状况。在米拉诉泰勒案中,这些文化和社会状况包括:图书出版业依托版权法的运转、作者身份概念的改变、作者将版权转交给公会以及洛克私有财产的自由理论。"作者权利仅仅是存在于国家利益、知识产权的普通法权利和贯穿于18世纪的商业竞争的复杂关系之间的一条线"(Stewart 1991:15;关于《安妮法》的社会状况,请见 Rose 1993:第三章和 Saunders 1992:第二章)。作者权利的物质状况被洛克所说的占有性的个人主义否定了,正如被浪漫主义个人表达的理论否定一样。

作为劳动的作者身份的概念十分有意思,不是因为其自身的自由假设，而是因为版权法范围扩大了，能够解决当今许多的派生作品所带来的问题。紧随《安妮法》的案例定义了作者权利，这些案例认为翻译是独立的作品，不侵犯相关作品的原作者的作品。其中一个重要的例子便是博内特诉柴特伍德案［*Burnett v. Chetwood*, 2 Mer. 441; 35 Eng. Rep: 1008 (1720)］。托马斯·博内特的遗产执行者想要状告被告人在未经授权的情况下就出版了博内特1692年的拉丁语作品《考古学说》(*Archeologia Philosophica*)的英语译文。这部作品是一部神学专著，其中包括夏娃和毒蛇之间的对话，该对话在被翻译时冒犯了作者（关于这些事件的评价，请参见Rose 1993: 49-51）。法庭批准了原告的诉讼，尽管决议并没有实施《安妮法》保护博内特的著作权，也没有含蓄地承认他的精神权利以保护他的名声。法官对父权家长制审查制的形成过程不感兴趣，对解释版权法方面更没有兴趣：

> 大法官说，尽管翻译与原作的再版可能不同，尽管译者为作品付出了心血，而且没有法案禁止这一行为，但这部书含有奇怪的观念。这些观念是作者想要在拉丁语中隐藏的，因为用拉丁语表述不会有什么不雅之处，博学者却能够更好地评判作品。法官认为对印刷和出版这部作品的英译本应颁发禁止令；法官还说，他看了看，法庭拥有对所有书籍的监督权，而且可能限制印刷或者出版任何反思宗教或道德的书籍。

这项决议以支持"作者意图"而告终，但实际上，该决议包括对翻译的法律定义，该定义实将翻译排除在作者的版权之外。大法官支持被告人的陈述，作者身份是由写作过程中投入的劳动所组成的，同时大法官在"再版原著"和翻译原著之间做出了清晰的区分，因而他认为译者就是作者，而不是模仿者。在米拉诉泰勒案中，法官们所做的区分更加清晰。尽管这些法官认为作者享有永久的版权，但有人认为"模仿、翻译和删节版是全然不同的；而且从产权角度来看，这些版本都可以被视为新作品"。然而，有人则认为购买书籍的版权"可以改善、模仿并翻译书籍，或反对书中的观点；但是没有权利出版与原作一模一样的作品"（98 Eng. Rep. 203，205）。在版权法的早期历史中，作者仅有再版书籍的权利，更不用说有创作基于原作的衍生作品的权利。事实上，翻译并不是衍生性的，而是原创性的，或者说是"新的"，因为翻译是译者创造性的劳动。我们从怀亚特诉巴纳德案（1814）得知，"如果说翻译是原创性的……那么，就不能与其他作品区分开来了"，所以，翻译的版权应当由译者或由译者的委托方拥有，除非这部译作是抄袭，也就是说它并非原创（3 Ves. & B. 77；35 Eng. Rep. 408；Ch.）。独创性被认为是一种精确的语言选择和语言排列，不管这些语言是否有意模仿其他作品。

这样，作为劳动力投入的作者身份概念，就使得作者更被强调作为著作权基础的形式，而且这种对形式的强调也支持了翻译过程中译者的权利。在博内特诉柴特伍德案中，被告的辩护者发现，目前《安妮法》旨在促进创新并且加大对知识的宣传，但它保护的仅仅是作者作品的形式，而不是内容（"意义"），因此，译者对所承载作品内容形式的创造，把翻译排除在作者版权的范围之外。辩护人总结道，翻译"看起来应当受到鼓励，而不是受到该法令的禁止"（1009）。这里的设定由两部分组成：一方面，相关作品中的思想被视为人尽皆知的有关出版的公共知识，所以作者只拥有原创的表达方式；另一方面，译者创作作品形式的劳动力（form-creating labor）——即作者具有自己风格和表达方式的"语言技能"——使得传播这些思想的译作归译者所有（同上）。类似的设定引发了唐纳德森诉贝克特（*Donaldson v. Beckett*, 1774）案的决议。这一关键性的案例支持了《安妮法》，但是撤销了在米拉诉泰勒案中所赋予作者的永久权利，用卡姆登大法官的话来说，恰恰因为"科学和学问就本质而言是公共权利，就像空气和水一样自由，一样普遍存在"（Parks 1975: 53）。对卡姆登来说，不论权利植根于作者的思想还是形式，任何永久的权利都会阻碍衍生作品的流通。他指出，如果著作权是从属于"情感或是语言"的，"没有人能够翻译或者节略这些作品"，因为这最终是与法案的目的相违背的（同上: 52）。

这一思路在斯托诉托马斯案［*Stowe v. Thomas*, 23 Fed. Cas. 201 (No.13514) (CCEDPa 1853)］这一美国案例中得到极端的呈现。有人未经授权便将斯托夫人1852年出版的《汤姆叔叔的小屋》翻译成了德语。法院认为这一行为并未侵犯斯托夫人在英语文本中享有的著作权。在之前所举的例子博内特诉柴特伍德案和米拉诉泰勒案中，法官承认翻译中的果断干预："因为好的译文和原创作品相比需要更多的学识、天资和见识"，所以"用不同的语言表达相同的想法所呈现的不可能是相同的表现形式"（208）。由于赋予斯托夫人对译文的管理权会干预她自己思想的传播，所以法官把斯托夫人的权利限定为自己小说的语言，因此否认了宪法所保护的作者权作为一种"促进科学进步和实用艺术发展"的法律手段（美国宪法，第一章，第八节，第八条，1790年）。决议试图促进寓于衍生作品的文化创新性——然而这些作品在质量上参差不齐，这一决议将违反版权法的行为严格定义为未经授权的再版：

> 斯托夫人的书籍出版后，作者才华和想象力的多种创造成为了如荷马和塞万提斯一样的社会财富。她所有的设想及创作可能被模仿者、剧作家和蹩脚诗人所利用或滥用。现在她作品的版权法还是存在的；印刷、再版和出售这部作品的专有权也在，那些侵犯她权利的个人或者盗版者，因未经本人授权就印刷、出版、向别国输出或者贩卖"其作品的复制品"而有罪。翻译，用不太正式的措辞解释，便是她的想法和观念的抄本或是复制品，但是没道理说这部译作是其作品的复制品。
>
> （208）

斯托诉托马斯案实则给予译者在译作方面独一无二的著作权，这一权利是不同于作者在相关作品中的著作权的。原则上，这意味着译者能够控制翻译过程中的每一个阶段，从选择何种异域文本进行翻译，到采用哪种翻译策略，再到授权出版译作，译者都能参与其中。

然而斯托诉托马斯案却从未获得先例的权威性（authority of a precedent）；在版权法的历史上，这一案例是奇怪的。在版权法凭借译者重组作品形式的劳动力认为译者就是作者的时期，著作权的浪漫主义概念开始统领了法律，这使得翻译现今屈居于一个模糊的法律地位。这一发展在英国的拜恩诉统计学报社案（*Byrne v. Statist Co.*, 1 KB 622, 1914）中可见一斑，这一案例有时候被援引以承认译者权利，事实上却将译者的权利划定在狭小的范围内。

法院认为一份报纸没有经过作者允许就出版了作品译本，那就侵犯了译者的著作权。法官认同原告的辩护，根据近期创设的法案，译者拥有译作的版权：

> 根据1911年版权法第一条第一款，翻译是"原创的文学作品"。它之所以是"原创的"，是因为译作并不仅仅是另一个作者作品的复制品。想法的原创性不是必要的；如果作品本质上是包含新的技能和劳动力的新事物，那么就是具有足够原创性的。在这个意义上来说，翻译就是"原创"作品，而且还是"文学"作品……原告是作品的"作者"，因此也拥有版权。

尽管有利于译者的概念看起来已经起了作用——作为劳动投入的著作权，作为形式的原创性，——它们都是得到1911年的版权法才正式认可的。也正是这一法案的通过把"出版、再版、使用或出版作品的任一翻译版本"留给了作者，该法案把翻译界定为了"仅仅是复制品"[1&2 Geo. 5, c. 46, 1(2)(b)]。在拜恩诉统计学报社案中，事实上译者和侵犯版权的报纸都从异域作者手中购买了翻译的版权；然而，这份报纸忽略了寻找译者并获得他对再版译作的允许。这一案例无疑将译者认定为作者，但是在这一译作中，任何人的版权都不能取代或者以任何方式限制异域作者的版权。因此，这项法案暗中将作者身份定义为比劳动更为无形的东西，是超越形式变化的东西，一种否定译者工作的抽象概念：异域作者的想法、意图或个性。

译者著作权的形式基础

　　版权法的历史也许确实包括其他有利于译者的翻译定义。但是，这些定义恰恰缺乏法律权威性。这说明这些定义需要从质疑浪漫主义概念下的作者身份、证明在法律改革方面的价值这两方面，进行大量的再思。这一再思必须围绕着版权法的基础概念，起始于对定义作者身份形式的理解。

　　之前的多个案例将语言和文学形式设想为透明的沟通方式。意义是一种嵌在语言中不变的本质，不是词语关系之间不稳定的、随语境变化的结果。因此重现在案例中的有关外衣的隐喻：作者据说是用语言这一外衣表达含义；译者通过改变语言的外衣在不同文本间进行沟通。在版权法中，形式这一概念首次出现在博内特诉柴特伍德案，然而，在这一案例中，这一概念同时也受到了质问。被告辩称，翻译"能够被称为另一部书"，因为

> 译者对所表达的含义进行修饰，并且用自己的风格和措辞表达这一含义，至少呈现出和原文不一样的表达形式和逻辑形式（*forma dat esse rei*）。

（1009）

　　亚里士多德形而上学思想盛行于中世纪经院哲学，从中得出了拉丁语的公理：通过细译（close rendering），"形式使事物存在"。辩护人显然是援引了这一形而上学的理论来为翻译建立对于原文的相对

自主权：翻译被视为形式的创作（form-creating），因此，翻译作为独立于相关作品的对象而存在，即使翻译是建立在相关作品之上的。然而这一公理也表明，翻译有效地在另一种语言中"创作"了异域文本，译者所创作的不同形式使得具有不同含义的其他文本出现了。即便逻辑形式和文本形式不能轻易地与内容分离，但形式上的变化一定会导致内容的变化。因此，译者的新"风格和表达"一定会产出新的"意义"。

该决议本身支持对形式的这种理解，因为它证明了当博内特的拉丁语论著被译成英文时，其含义就改变了。原告宣称，此译本混杂了错误和拙劣的模仿，"意义和措辞都是错误使用，而且还用荒谬可笑的方式呈现出来"（1009）。大法官看到了翻译所带来的社会方面的变化:《考古学说》中"怪异的概念"，在拉丁语的表达中是"学术性的"，并且是无害的，但在英译本中是"庸俗的"，且有潜在的社会危害性。这两个文本含义的不同，决定于作者为不同受众进行了不同形式的创作。给予这些受众的参考，证明了作者身份不是个人性的，而是集体性的：作品的形式不是只具有作者"自己风格和表达"的原创，实际上是与某一特定社会群体的合作，在作品中作者会考虑到该群体的文化观念的特点。

这一作者权的集体概念，既适用于翻译，也适用于相关作品。拜恩诉统计学报社案讨论的文本，是巴西一位州长给州议会做的葡语发言，还有原告在伦敦的一份有影响力的报纸——《金融时报》上作为一条"广告"发布的英文版本（624）。这些文本所写作的不同社会情况，确保了文本会采取不同形式向读者传达不同的意义。州长的发言作为"该州在大会上处理经济问题的讯号",是政治性的,然而拜恩的译文是商业性的,是为了给潜在的投资者提供信息(623)。每一个文本的社会功能镶嵌在其形式中,这一点在作者为特定受众运用的特定语言中体现得最为明显,但也体现在每位作者挑选的文学和修辞结构中,以在不同文化背景中起到达意的作用。著作权的集体本质内涵,在法官的陈述中变得十分清晰,这一陈述表达了拜恩对自己译文的精细描述:

> 他将发言削减了三分之一。他删减了一些不太重要的部分,将文章适当分段,并且还给各段落拟了合适的标题。他还告诉我,《金融时报》稿件的文字上标准很高,但他的文章符合这一高标准的要求。
>
> (624)

拜恩的译文要想起到预期的商业作用,就不仅要求这一译文能够传达和政府报告相同的经济信息,还要求这一经济信息被本土文化价值观所吸收,并且根据英语中新的文体标准重新改写,根据新的新闻版式进行编辑("段落"和"标题"),还要根据英语投资者的针对性进行改译(删除"不太重要的部分")。

拜恩诉统计学报社案表明,作品的形式不仅是合作性的、与读者建立相关联系的,更是衍生性的,并不是来源于作者个性或者原生态的作品产出的劳动,而是源于之前就已存在的文化素材。巴西州长的演讲的风格是政治演说,拜恩的译文是商业新闻的文体。文体风格优先于写作文本,同时还决定了文本的意义,然而,这些文体风格是精细复杂的，是适用于特殊的目的和情况的。作品受版权法保护的文体风格不是源于自身的，而是具有独特性的衍生物：文化中已经存在的素材的精准选择与安排，不仅包括词汇、句法和语音这些生成某种语言的要素，还包括在该语言多样的文化语境中（如文学、修辞、政治、商业等）逐渐形成的结构和主题。正是基于这些之前带有文化编码（culturally coded）的经加工的或非天然形成的素材，作者才能创作出由特殊的文化群体决定的作品形式。

集体的翻译著作权仍与相关作品的著作权存在显著不同。尽管在某种程度上每部作品都挪用自其他作品，但是翻译同时挪用自两个作品，一是异域文本，另一个是本土文化素材。翻译和异域文本之间的关系是模仿性与解释性的，这种关系受制于经典的准确性以及据历史和文化变化的解释方法；然而，翻译和本土文化之间的关系是模仿性与交流性的，这种关系受制于对文化素材的模仿，这种模仿是为了使具体的历史和文化受众得以理解。在翻译过程中，对异域文本的解释，以及使受众易于接受的方面，都是决定翻译的共同因素，虽然在某个给定的译本中，某个因素可能会胜过另一个：预期的读者可能会塑造译者的解释，或者译者的解释也会决定读者群会是哪一些。

当代的译作，不像戏剧或影视改编等派生形式，必然会与相关作品建立更为紧密的联系，其部分原因出自浪漫主义概念的作者身份。这一观念的主导灌输给了译者和出版社一种观念，尊重阻止创新性翻译方法发展的异域文本，并认为这种创新性方法在自己的译本中是歪曲的或是错误的。如今，小说的戏剧或者电影的改编版本可能与原小说中的情节、人物刻画和对话不太一样，但是人们期待该小说的翻译应当模仿这些形式要素，不能有任何修改或删除。

虽然如此，翻译和异域文本的相似度并不能暗示两种作品是相同的，也不能暗示翻译不是著作权的独立表现形式。如果著作权是合作性的，如果一部作品既与文化语境相符，又产生于这一文化语境，那么翻译和异域文本就是不同的项目，因为它们涉及不同的意图和背景。异域小说在自己所在的文学中的重要性与该译本在另一种语言和文学环境的重要性永远不可能一样。这也许能够解释为什么畅销书一旦被翻译到国外，并不能获得在国内一样的成功。

更重要的是，重要性方面的变化不能被异域文本和译本出现的相同作者姓名限制或取代。对异域文本的读者来说，那个名字所展现的是不同的身份，是与异域语言和文化传统紧密结合的，而不是译文提供的被归化的身份。举一个极端但是很明了的例子。宗教激进主义分子要求处死英国作家萨尔曼·拉什迪（Salman Rushdie），因为他们认为他 1988 年的小说《撒旦的诗篇》（*The Satanic Verses*）是对《古兰经》的亵渎，其名字萨尔曼·拉什迪在意义上不同，这一名字不仅依赖于读者看到作者名字后所赋予这　文本的文化价值观，也依赖于作品所发行的语言地区。与拉什迪这一名字相联系的身份，可能会根据他署名的作品是英语还是阿拉伯语版本而变化。

版权法在确定多种关系方面是失败的，这些关系是决定翻译的重要因素，因为版权法是受个人主义观念的著作权所统领的，不管这一观念是洛克式的还是浪漫主义式的，不管是植根于劳动力还是个性。这些概念削弱了形式是衍生作品的法律地位，同时又掩盖了相关作品本身也是衍生性的。作者身份的集合概念为形式提供了一个精确的定义，以区分译作和它所翻译的异域文本：作品形式合作性和衍生性的两个维度导致语言和文化上的不同。这种不同可以作为译者宣称拥有自己版权的基础，也可以作为限制异域作者翻译权的论证基础。

补救方法

然而，现今的著作权缺少概念性的工具来实施这种限制。英国和美国的行为准则（在所有的国家准则中）是为"联合作品"（joint work）做准备的，然而这里假定的作者身份实际上不是集体的，而是个人的，那么，这一概念就仰仗了长期占领文学批评的有机整体的观念（参见 Venuti 1985-86）。因而，联合创作的作品被认为是天衣无缝的整体："每位作者"的"稿件"都"不是独树一格"的，也不是"汇成不可分割、相互依赖的统一体"[CDPA 1988, section 10（1）; 17 US Code, section 101, 201(a)]。这更像在处理翻译这样衍生作品形式的案例中，译者和异域作者的稿件是能够被区分开的：译作模仿异域文本的语言和文学价值观，但是这一模仿投射在不同的语言中，与一种不同的文化传统产生了新的关系。因此，译者所创作的作品形式部分替代了原作者的形式，而且大都符合原作者的形式。异域小说家可以说是构建了翻译版本中的人物形象，但是这些人物形象的本质是通过对话或者描写展现出来的，并不可避免地会被译入语和其文化价值观所改变，在翻译的过程中也会被所释放的本土语言剩余所改变。模糊稿件的概念仍然依赖于个人的假设，语言和文学形式使得单个人的透明沟通得以实现，这是相对于被文化素材和社会语境共同决定的沟通而言的。

联合作品的定义对翻译这样的衍生作品是特别不友好的，因为翻译规定了一种"意图"，用以与作者"此时作品已经完成"这一观点相吻合（HR Rep. No.1476, 94th Cong., 2nd Sess. 103,120; cf. Jaszi 1994:40, 50-55，论"书系合作"）。这一假设是，作品是由两个人共同创作的，并且是在一个明确的时间段内。然而，这一假设并没有将翻译项目的现状考虑进去。根据现今的翻译实践，出版异域文本和出版其译作之间很可能需要很多年，除非这一异域作品是由前国际畅销书作者所撰写的，因而会立刻引起了全球出版社的兴趣。翻译项目的发展需要复杂程度不同的众多工作，但是所有的工作都很耗时：这些工作始于本土出版社选择何种文本来翻译，还包括与异域作者和出版社协商版权问题，也包括寻找译者、修改翻译的任务。因而，译作的出版被认为是一个集体项目，涉及不同级别、众多机构的共同努力。当然异域作者的参与也是必不可少的，但有可能最终作者的参与被限制在译作的基础，也即异域文本的写作之内。对将翻译视作联合作品的反对声音，不仅是异域作品和译者写作的时间不同，更是缺少了共同的意向。异域作者所传递的语言和文化群体，不包括译作的读者。译者所面向的本土群体需要在翻译的语言和文化下的可理解性，这种需要超过了异域作者在异域文本中的意图。

近期的案例和评论显示，翻译被认为是对异域作品的一种"正当使用"（fair use）。异域文本可免除异域作者对衍生作品独享的著作权。当受版权保护的作品用于"批评的、评论的、新闻报道、教导（包括用于课堂用途的多种复制品）、学术或研究用途"[17 US Code, section 107；关于相应的"公平交易"的英国概念，请参见 CDPA 1988, sections 29(1), 30(1) and (2)]之时，使用受版权保护的作品已被定义为是正当的。许多种类的翻译，不论是文学还是技术上的，都用于那样的用途，在文学作品的案例中，翻译经常被视作对异域文本的解释，被视作一种批评或者评述，这决定着在本土读者眼中翻译的意义。

支持翻译合理使用的案例，是建立在1994年坎贝尔诉阿卡夫玫瑰音乐公司案（Campbell v. Acuff Rose Music, Inc）基础上的。在该案例中，美国最高法院认为，"两名船员"乐队（2 Live Crew）的饶舌歌《漂亮女人》（Pretty Woman）滑稽地模仿了罗伊·奥比森（Roy Orbison）的摇滚民谣《噢，漂亮女人》（Oh, Pretty Woman）。这可以算作是对摇滚民谣的合理使用（114 S. Ct. 1164；这一决议在1994年的格林豪斯案中被讨论）。法庭声称，"正如表面上不是很幽默的批评形式一样"，模仿（parody）"解释了早期的作品，在这一过程中也创造了新的作品，以此创造了社会价值"（1171）。像翻译这样的模仿形式，涉及相关作品的模仿性改写，然而翻译和异域作品之间的模仿性关系有时候可能是戏仿的（parodic）。以博内特诉柴特伍德案为例，案中的英语翻译被描述成博内特拉丁文论文的"荒谬可笑的"版本。更为普遍的是，翻译能够被看作是法官提及的一种"表面上不是很幽默的批评形式"，还是一种对异域文本的评判，这一评判通过巧妙的模仿生效。

然而，对翻译合理使用的同意，可能会动摇这些额外的因素，这些因素一定会被认为是排除了异域作者单一的著作权的。近期的案例澄清了这些因素中最重要的是"用途的目的和特点，包括这一用法是否具有商业性质"，"使用受版权保护的作品的比例"，和"这一使用方式在潜在的市场所产生的效力或是受版权法保护的作品的价值"〔17 US Code, section 107(1), (3), and (4)〕。

翻译是用不同的语言为不同的文化进行创作，并不限制异域文本在其本土语言和文化中潜在的市场。实际上，将作品翻译成许多其他语言，向世界展示其价值，能够提高其作品在国内的文学和商业价值。译者不会利用过多的异域文本，以维持作品的合理使用。如今，翻译应当完整地表现异域文本；如果一部译作改变或者删除了文本的某些部分，那么，这部作品将不再会被视作翻译，而被认为是另一种衍生性的形式，如改编本或者删节本。更重要的是，涉及翻译的这种特殊的写作形式，使得复制作品和模仿作品之间产生巨大差异。翻译不是重复意义上的复制，完全照字面翻译；相反，翻译是源于异域文本的模仿关系，并且寻找目的语中的相似度。尽管现代的翻译需要模仿整个的异域文本，但是这些作品的语言和文化特征之间的区别，已足以使得译作成为有自主权的作品了。

在合理使用的条款之下，最终决定未经授权的翻译是侵权行为的因素，是译者用来保护受版权法保护的作品的。的确，译者选择并翻译异域作品的目的是文化性的甚或是"教育性的"。翻译并不只是提高人文主义和技术领域的多样的知识，它还能在学科和专业领域产生决定性的影响。翻译能够为政治议程服务，或阻碍或促进文化与社会变化（关于这些议程的实例，请参见 Cronin 1996 and Simon 1996）。然而，与此同时，译者受显要的商业价值所激发，因为译者的目的是从自己的译作中获利。版权法正是为保护这一特别利益，因而才能激励出有文化功能和教育功能作品的生产。但是这一公平使用作品的条款，极为矛盾地假设衍生作品（例如译作）的作者，不应与其他作者享有同等的商业待遇，因而使这一设计受挫。

在翻译项目中，能校准利益竞争最有效的方式，就是真正考虑到译者、出版社和作者之间实际的交易关系，还有不可避免的文化变化。到目前为止，最重要考量的是时间。如果作者或出版社不在作品刚出版时就售卖作品的翻译权利，那么，任何有关此作品的翻译项目都有可能起源于翻译文化，并且需要很多年才能完成。在这段时期，翻译文化中缺少价值的作品，通过译者或者出版社的努力变得有价值，尤其是通过能够使本土文化群体接受的并且为译作定位、建立市场的翻译和出版策略。因而，译作是在文化发展特殊时期的产物。当本土出现新的趋势和文化群体，就会冲击翻译的市场，使得出版社停止再版，如果不再投资生产这部作品的新译作，那么，原来的作品就会失去文化价值与商业价值。

这些考虑表明，我们需要同时对异域作者和译者版权进行限制。要对异域作者在译作中行使权利的期限进行限制，例如五年。这样就会增强人们翻译的动机，从而鼓励译者和本土出版社。如果作品五年之内并没有被翻译，那么第一个翻译这部书的人或第一个出版译作的出版社，不应当像现今法律要求的那样不能获得译作的版权，译者或出版社应当享有译作的版权。然而，考虑到翻译会带有时代性并且会划分读者群，译者的权利应当持续下去，不会持续到版权法的全部有效期，也应当持续到出版社大都不再愿意出版。这些限制会激发出版社推广和发行更多的译作，而不用承受因版权问题付给原作者报酬的额外负担。发起符合本土文化价值观的翻译项目，会激发译者去努力学习外语和外国文化的专门知识并应用于实践，不用担心来自于异域作者的法律赔偿，也不用担心本土出版社由于无知或节约成本而拒绝出版译作。拒绝出版的这一规定，会激发翻译和出版的创新，因为它需要本土读者群更为细致的反应。这一读者群已经存在于异域作品，或者可能为异域作品而创造（这一提议类似于 1852 年的英国版权法案所提出的异域作者的翻译权期限为三年，但是这一提议又远远超过了这一条例，于是这一限制在 1911 年又被撤销了；详见 Bently 1993：501–505，对法律变更的讨论）。

现今的版权法并没有为译者的作者身份划定空间，这种译者的作者身份是与原作者平等的，或是以任何方式限制原作者的专有权的。然而它承认，保证这样的限制是有物质基础的。这里对作者身份的集合概念的概述，将译者置于一个与相关作品的原作者相等的地位。根据这一概念，版权法会植根于精准的形式特点（formal features）。这些特点表明，创作异域文本和翻译的过程是类似的，而且这些过程在不同的语言和文化语境中有着充分的自主性，这使得这些作品能够被看作是独立的。如果译者没有意识到作者身份的集合本质（collective nature），就仍会继续被那些即便不是剥削但也是不合理的合同所压榨。知识产权的个人主义观念看起来是伪善虚情假意的，却被作者和出版商利用起来为自己的巧取豪夺披上了法律外衣。并且，全球出版商会继续支持跨文化交流的不平等模式，这种跨文化交流模式在后二战时期一直伴随着经济政治的发展。这就是翻译的全球影响力。翻译在协调文化差异方面具有战略性和不可替代性的价值，所以亟须阐明与改善翻译的法律地位。

第四章　文化身份的形成[1]

　　翻译常常遭到怀疑，其原因就在于它不可避免地要归化异域文本。这种归化行为表现为，异域文本铭刻上了本土特定群体所易于理解的诸种语言与文化价值观念的痕迹。这一痕迹铭刻的过程，操控着翻译的生产、流通以及接受的每一个环节。这首先体现在选译哪些异域文本，因而总不选译与本土利益相适应的那些异域文本与文学。其次，是翻译最有力的体现环节，即制定何种翻译策略，以便用本土方言和话语方式来重写异域文本。在这一过程中，某些本土价值观念总会被其他价值观所排斥。再次，在不同的制度背景和社会环境下，译作出版、评论与讲授的形式是多样化的，因而才产生出不同的文化及政治影响。这又使得该问题进一步复杂化。

---

[1] 译者按：本章的汉译，参考了查正贤译《翻译与文化身份的塑造》，见许宝强、袁伟选编《语言与翻译的政治》，中央编译出版社，2000年9月，第358—382页。译者在此向查正贤老师及校对人刘健芝老师致谢。另：查正贤所译的单篇文章，与译者此处所译的第四章，在文字上有所不同，显然，韦努蒂将单篇论文收入专著时做了相应的调整。

到目前为止，这些影响中最重要的，也是带来翻译之耻最为深刻原因的，就是文化身份的形成（the formation of cultural identities）。翻译释放出巨大的能量，用以构建并再现异域文化。选译不同的异域文本，制定不同的翻译策略，就能为异域文学建立起独特的本土经典。这些是遵从本土美学价值观念的经典，因而能揭示与异域语言里潮流相悖的诸种排斥与接纳、中心与边缘。选译何种文本，使得异域文学的文本脱出了历史语境，使其从重要性得以彰显的异域文学传统中被移除。这样一来，异域文本通常被重写，以符合本土文学中当下的风格与主题，更加符合历史话翻译话语的多种不足之处，而这种翻译话语也能在本土传统中恢复早期的风格与主题。

翻译能够缓慢制造出异域文化的刻板形象，而把那些看上去无助于服务本土日程的诸种价值观、争论与分歧都排斥出去。翻译也可能对特定民族、种族以及民族群体表现出尊重或蔑视，从而塑造出不同的刻板形象。这显示出对文化差异的尊重，或对基于我族中心主义、种族歧视或爱国主义的仇恨。最终，通过建立起外交的文化基础，翻译将在地缘政治关系中，起到强化国家间的联盟、敌对和霸权的作用。

然而，翻译通常是为特定的文化群体所设定的，它所推动的塑形身份的过程是一把双刃剑，拥有另一层功效。翻译构建出异域文本、异域文化的本土再现，同时还构建出一个本土主体（domestic subject），这是一个可以理解的立场，一个具有意识形态的立场，并渗透着特定本土社群的行为准则及经典、利益和日程。译作在教会、政府机关以及学校里流通使用，有力地维持或修正着译入语的价值等级。精心选择异域文本与翻译策略，可以改变和强化本土文化中的文学经典、概念范式、研究方法、分析技能以及商业做法。一本译作的影响是保守还是逾越常规，不仅取决于译者所运用的翻译策略，还与接受过程中的很多因素相关，包括出版印刷的版式设计和封面设计、宣传样书、评论者的意见、译本如何在各种文化与社会机构中被使用，以及如何被阅读与讲授等等。通过参与本土主体的定位，赋予它们特定的阅读时间，使它们符合特定的文化价值观念与文化群体，强化或者超越体制的界限，所有这些因素，共同调节着任何翻译所能带来的冲击。

下面我要精研几个过去和现在不同时期的翻译项目，以便说明上述论点。下述每一个项目都清晰地揭示出翻译形成身份的过程及其诸种效果。这一做法旨在考察翻译如何塑造特定的文化身份并如何使这些身份维持一定程度上的连贯性与同质性，而它又如何在任何历史时刻为文化的抗争、革新、变动，创造各种各样的可能性。这是因为，尽管翻译解决的是异域文本中语言与文化的差异，但它对于培育或者压制本土文化中的异质性，也同样行之有效。

翻译塑造身份的力量，总能让文化与政治机构陷入困局，原因就在于它能揭露出所处社会权威的不稳固性。再现真相不是建基于权威文本与机构管理的一致价值观，而是建基于使文本得以翻译、出版以及接受的偶然性。依赖译本的任何机构的权威，都更易丁受耻辱所困，因为某种程度上的不可预期的效果，超过了这个机构对该文本所能起到正常阐释所控制的范围，例如对经典性的评判（Kermode 1983）。在广泛的读者群中，无论该读者群是不是学术群体，译作都拓展了对异域文本的可能使用，其所带来的结果，要么是破坏性的，要么是偶发性的。

107

异域文化的再现

1962年，古典学学者约翰·琼斯（John Jones）发表了一项研究，质疑了对希腊悲剧的主流解释。他认为，希腊悲剧的主流解释，不仅由学院式的文学批评所阐释，而且也刻印在亚里士多德《诗学》的众多学术版本与译本中。琼斯还认为，"我们挪用的《诗学》，是现代古典学研究和浪漫主义研究的混合产物"（Jones 1962: 12）。浪漫主义的个人主义观认为，人的主观能动性是自觉的。在这种观念的引导下，现代学者赋予了亚里士多德悲剧观以心理学色彩，因而从强调行动转到了强调主人公及观众的情绪反应上。琼斯感到，这种个人主义的阐释，掩盖了"亚里士多德的说法，重在表达局势而不在表述个人"的事实。古希腊文化认为，人的主体性是由社会限定的，"是在行动中实现的，通过它符合所属的类型和身份地位而获得承认和辨识"（同上，16，55）。尽管有人抱怨琼斯使用了陌生的"行话"和"晦涩的语言"，但他的研究一经发表，还是获得了好评，并在之后的 20 年里，在古典学研究领域里获得了巨大的权威性（Gellie 1963: 354; Burnett 1963: 177）。到了 1977 年，琼斯的研究已经在亚里士多德《诗学》与希腊悲剧人物塑造上，确立了"新正统"的地位，取代了长期处于主流地位的以英雄为中心的研究方法，并且在一流学者的著作中，获得了认可与进一步的发展（Taplin 1977: 312; Goldhill 1986: 170-171）。

琼斯的研究引起了非常有效的学科修正，部分是因为他批判的是亚里士多德作品的标准译本。他敏锐地表示，学术译者通过多样的词汇选择，把个人的解释强加于希腊文本。从英格拉姆·拜沃特

(Ingram Bywater)1909年的译本中,琼斯引述亚里士多德讨论悲剧性错误(hamartia),即剧中人物所做的错误判断的那一段。琼斯以症状阅读的方法通读了英译本,标定出与希腊文原文"不符"以及偏离的地方。这些与原文有出入的地方,恰恰暴露了译者的意识形态与浪漫主义的个人主义在作怪:

> 拜沃特的译文与希腊文原文之间有三处不符,这很值得注意。第一处他译为"一个善良的人",可希腊文原文是"善良的人们";第二处他译为"一个坏人",希腊文原文是"坏人们";第三处他译为"影响命运的改变",希腊文原文是"命运的改变"。第一处与第二处所做出的改变,并非像看起来的那样微不足道,因为当亚里士多德的论述从复数变为单数时,这两处变化就叠加在一起,共同表明亚里士多德心目中始终只有唯一的主要人物。而这两处的变化又为第三处改动做出铺垫,就其整体意蕴来说,是非常重大的。亚里士多德要求改变命运,由"中间类型角色"的戏剧性错误招致,这并不等于我们就有权把此角色命名为悲剧英雄。因为把它称之为英雄,只能意味着我们把它置于理想戏剧的中心,正如一个接一个评论者声称亚里士多德要的正是这个意思,于是,就把"英雄"硬生生地塞进了亚里士多德的著作。
>
> (Jones 1962:19-21)

琼斯非常谨慎,强调说拜沃特译文中的这些不符并非错误,而是精心的挑选,其目的在于"使亚里士多德毋庸置疑的意思比原先更加明白易懂"。然而，让意思晓畅易懂，就是错置年代（anachronistic）。这样就把希腊文纳入了现代文化的概念，即"我们早已习惯于把行为看作是来自一个隐秘、内向、耐人寻味的单一意识中心"（同上，1962：33）。同样，浪漫主义的印记在希腊文动词 *mellein* 的学术翻译中也表现得非常明显。琼斯指出，这个动词有多种义项，包括"即将要做""正要做"和"准备做"。拜沃特和杰拉德·艾尔斯（Gerald Else）（1957）都采取把亚里士多德关于悲剧行为的概念心理化的方法，把它译成蓄意的和内省的"意图谋杀""意图背叛""正在谋划给予致命的伤害"等。

琼斯的例子表明，不管对经典准确性的要求有多么严格，学术性的翻译也会对异域文本与文化有明显的归化再现。而当这些再现被赋予不同程度的制度性权威之后，便可以再造和修订诸多学科研究中的主流概念范式。翻译可以引起学科的突然修正，乃是因为它们所构建起来的再现，从来就不是天衣无缝或者完美一致的，通常是矛盾对立的，是由一致的文化材料——本土的和外来的、过去的和当今的——所组成的。因而，琼斯能够在拜沃特译本里探究出他所谓的"不符"，即那些标志着现代个人主义意识形态干预的与希腊原文本的断裂。

然而，不同学科也会因为对主流再现提出质疑的竞争性的再现而发生变化。无疑，虽然琼斯揭示了亚里士多德《诗学》与希腊悲剧中某些被忽略和歪曲的方面，虽然他的建构比当时的学界正统更令人信服，但他自己也是在翻译，因而也是在构建某种程度上年代错置的归化再现。正如有些评论家指出的，琼斯提出的在制约中形成的主体性概念，暴露出了一种"存在主义的思维方式"。这种思维方式使得他既能对古典人文学术的个人主义提出质疑，又能提出一个跨学科的解读方式，这不是心理学的，而是"社会学"以及"人类学"的方法（Bacon 1963:56; Burnett 1963:176-177; Lucas 1963:272）。就这些方面而言，琼斯对正统解读的批评很明显地类似于尼采一系哲学家的思考方式。正如《论道德的谱系》(On the Genealogy of Morals) 认为，自主的主题概念是"语言误导的影响"，"行动者"仅仅是"加诸行为之上的虚幻"。琼斯也指出了支持对希腊悲剧作为英雄中心式的语法范畴，"行为的状态一定总是形容词性的：行为描述修饰；它告诉我们想知道的关于促成行动的单个个人的事，行为者的那些'内心'状态"（Nietzsche 1967:45; Jones 1962:33）。琼斯的研究之所以能在古典学研究领域里建立新的正统地位，是因为它在文本证据和批判论证上符合学术标准，也因为它反映出存在主义作为一股强有力的潮流在二战后文化中的兴起。他对权威英译本的批评，与他自己的译本一道，从学科的边界之外输入本土和外来的文化价值，特别是由海德格尔和萨特这样的德法哲学家所阐发，后经翻译而风行于世的有限主体性概念，从而导致了学科的改变。

因此，一旦一种学术译作构建起对异域文本与异域文化的归化再现，由于学科界限的可渗性，此种再现就能改变其所栖身的体制。虽然学科有明确严格的资格与惯例以及等级森严的主题与方法论的限制，但是，该学科却不能安稳地让它们再生流通，因为它很容易受到来自学术内外的其他领域与学科的概念渗透。既然这些边界可以被来回逾越，文化价值之间的交流就会采用多种形式，不仅可以像琼斯的例子所表明的那样在学科之间流通，而且可以像学术界影响出版界出

111

版译本的数量和性质一样，从一个文化机构游动到另一个机构。这样，本土文化中特定的文化群体，控制着对本土文化中其他群体所做的异域文学的再现，抬高某些特定的本土价值而排斥另一些，并确立起因其服务于特定于本土利益而必然是片面的异域文本经典。

现代日本小说的英译就是一个恰当的例子。爱德华·福勒（Edward Fowler）1992年就指出，美国的有些出版社既看重文学价值，又看重商业价值，例如格罗夫出版社、阿尔弗雷德·诺福出版社（Alfred Knopf）以及新航标出版社（New Directions），在20世纪50、60年代曾经出版过许多日本长篇及短篇小说集。然而，这些小说集都是精心挑选的，仅仅集中在少数几个作家身上，主要是谷崎润一郎、川端康成和三岛由纪夫。到了80年代后期，曾有一位身兼诗人与翻译家的评论者说，"对于西方的普通读者来说，川端康成的《雪国》可能使我们认为具有典型日本特征的小说，因为它难以捉摸，像迷雾一般，具有不确定性"（Kizer 1988：80）。同样的文化形象也被另一个更自觉的评论家所认定，但在阅读了一本日本喜剧小说的英译本之后，他又怀疑地追问："雅致、无言、难以捉摸又凄楚忧郁，这就是我们认为的典型的日本特色，然而，这样的小说可能并非如我们所想象的那样典型？"（Leithauser 1989：105）。福勒认为，美国的出版社已经确立了日本小说英译的经典形象，这种形象不仅没有代表性，而且建立在一个固定已久的刻板形象上。这种刻板形象已经统治了读者期待将近40年之久。此外，经由这一经典所实施的文化定型，已经超出了英语世界，因为在同一时期，英译日本小说一般都被转译成了其他欧洲语言。实际上，"英语读者的趣味，就整体而言，决定了整个西方世界对日本小说的口味"（Fowler 1992：15-16）。

有关这一经典的形成,还有很多可说的典型事例,其中之一就是,英语世界的口味属于有限的读者群体,主要是与商业出版社有联系的、研究日本文学的专家。谷崎润一郎、川端康成、三岛由纪夫的英译本,是由霍华德·希伯特(Howard Hibbert)、唐纳德·基恩(Donald Keene)、伊万·莫里斯(Ivan Morris)和爱德华·赛丹施蒂克(Edward Seidensticker)这些大学教授炮制出来的,也是他们向编者建议应当选取哪些日本小说译成英文出版(Fowler 1992: 12 n. 25)。可以看出,这些译文是同质化的,因为它避免了天赋一般的美国教授都不会说、不会在写作中使用的任何语言(Miller 1986: 219)。学院派译者和他们的编辑的各种兴趣,例如文学的、民族志的、经济的,都是在二战前后美国与日本遭遇的那个阶段而最终形成的。他们确立起来的经典,构筑的是对逝去的过往时光的感伤形象。不仅翻译过来的日本小说经常谈及日本的传统文化,而且有些还哀悼因军事冲突和西方影响而招致的断裂的社会变化;日本被再现成"一个被外异化、审美化了的完美的异域国度,这与其战前的好斗黩武、具有威胁的形象完全相反"(Fowler 1992: 3;着重号为福勒所加)。

很明显,这一经典译作所表达出的对过去的感伤,是美国式的,日本读者不一定会有同感。例如,基恩,一位在英语文化中有相当权威的批评家兼翻译家,就因文学与政治两个方面的缘由与日本人对谷崎润一郎的长篇小说不甚热情的回应相牴牾。基恩在表达他对《卷冈姐妹》(*The Makioka Sisters*)这部在20世纪40年代早期被军人政权禁止的小说时,传递了他的感受,他说"谷崎润一郎似乎不可能写出哪怕一行乏味的文字。该作品以轻松悠闲的笔调描述了战前的日本,因而似乎激怒了要求文学应该给人以积极的告诫以配合时代英雄气质的那些人"(Keene 1984：I，721，724)。因此，由上述经典所投射出的思乡形象，可能传递出更大的地缘政治学含义："日本几乎是一夜间从太平洋战争期间冒出的不共戴天的仇敌，又变为冷战时期不可或缺的盟友。存在于拟译小说中的审美化了的王国，正好为我们提供了一个恰当的日本形象"(Fowler 1992：6)。日本小说的英译经典，为美日间的外交关系提供了本土文化的支持，而这也是为遏制苏联在东方的扩张行为而设计的。

上述事例表明，即便翻译项目反映的是特定文化群体的利益（此处的特定群体指的是由学术专家和出版社组成的精英集团），由此而来的异域文化形象可能仍然占据着国内的主流地位，因而为本土文化内各个社会阶层的读者所接受。学术机构与出版业联合，可以更为有效地铸造广泛的共识，因为两者都拥有足够强大的文化威信，这使得非经典文本在本土文化中处于边缘位置。例如，日本的喜剧小说，或者说是更为当代、更为西化日本的小说，便与战后的学术经典不相符，因此，它们才没有被译成英文。或者，即便已经译介，也处在英语文学的边缘位置，由较小、更为专业化的出版社印行，如讲谈社国际出版社（Kodansha International）和查尔斯塔特出版社（Charles E. Tuttle），发行量也较为有限(Fowler 1992：14-17)。

此外，这部经典在70、80年代20年间并没有任何重大变化。小说英译本销量走低，削弱了任何旨在扩大可读英译日本小说范围的努力。在译成英语的语言排序中，日语排在第六位，位列法、德、俄、西、意之后(Venuti 1995：13；Grannis 1993：502)。也许更为重要的是，旨在促进美日文化交流的各种机构性质的项目，继续是由

"大学教授和集团行业者主管（后者大多是出版社和公会）"所主导。这些人的成长经验早已经为二战所塑型（Fowler 1992: 25）。这种情形造成的结果是，被建议译成英文的日语文本仅仅是强化了已经确定的经典准则，其中包括对战争时期的特别强调，并反映了"对于高雅文化和日本知识分子与社会精英的经验的关注"（同上：27）。

翻译项目能够对异域文化的本土再现带来变化，不仅是在他们修正最有影响力的文化群体的经典之时，而且是在不同社会情况下，另一文化群创造译本并对其做出反应之时。待到80年代末，日本小说的学术经典受到了新一代英语作家与读者的质疑。他们生于太平洋战争之后，成长在遍及全球的美国霸权之下，对"那么多日本小说都令人憔悴的忧伤"起了怀疑。他们更愿意接受不同的形式和主题，包括那些表明西方文化对日本深刻影响的喜剧故事（Leithauser 1989: 10）。

选集似乎在这种经典的形成中发挥了作用。正如安德烈·勒菲弗尔所指出的，"一旦翻译文学达到了一定程度上的早期经典化"，"新编的选集便可以接受正在出现的经典，并试图颠覆或者扩大它"[74]（Lefevere 1992a: 126-127）。例如，阿尔弗雷德·伯恩鲍姆（Alfred Birnbaum）出生于1957年，是一位自小生活在日本的美国记者，他于1991年编辑了一本名为《猴脑寿司》（*Monkey Brain Sushi*）的文集。正如这一集子耸人听闻的书名所示，伯恩鲍姆寻求向学术经典发起挑战，为最新的日本小说赢得更加广泛的读者群。他在该文集的《序言》中清楚表明意图，就是要避免"老吃的那几样饭"，比如谷崎润一郎、川端康成和三岛由纪夫等，而选择了那些"全部在战后美国化的日本出生长大"的作家，他们的作品才是"大多数人都在读的书"（Birnbaum 1991: 1；类似的翻译项目，参见 Mitsios 1991）。与确立学术经典的旧文集（例如格罗夫出版社给基恩出的集子）不同的是，伯恩鲍姆的集子由总部设在东京讲谈社的美国分部出版，其主编和三个合作者都不隶属于学术机构。初期的情况表明，像《猴脑寿司》和海伦·密兹伊欧（Helen Mitsios）的《新日本之声》（*New Japanese Voices*）这样的文集，确实已经革新了广大读者的日本小说经典：这些书不仅出版了平装本，而且继其之后，几位年轻日本作家的小说也被译成英语出版，并且获得了好评和商业上的成功。

或许变化最明显的标志，就是密兹伊欧选集中节选过的吉本·芭娜娜（Banana Yoshimoto）作于 1993 年的《厨房》（*Kitchen*）。该作品是由格罗夫出版社出版的，该出版社出书并非根据学术专家的建议，反而创造了众多学术经典。当时的情况是，该书的编辑通过意大利语译本得知了这部小说，日本小说以往是通过英语在欧洲各国间传播，但现在已经起了变化（Harker 1994: 4）。《厨房》中的一个中篇和一个短篇，呈现出日本人年轻、极端西化的形象。这些特征在评论中屡屡被引为该小说集的魅力所在。有趣的是，有些论者把《厨房》与学术经典所突出强调的日本小说的那些方面归化在了一起：角谷美智子在《纽约时报》上评述道，"吉本女士的小说并不是异想天开的风俗喜剧，而是有关失落、忧伤和家庭之爱的抒情故事"（Kakutani, 1993: C15）。哈克尔对影响《厨房》创作与接受的诸多因素进行了一项研究，他把该选集的成功归因于日本小说"中产阶级"读者群的产生。这些读者与以往那些选择翻译文本的学术专家大不相同，尽管研究仍然显示出后十年主导地位的残余影响。在哈克尔看来，该选集的引人入胜之处在于：

116

> 作者用生气勃勃、含混、令人兴奋但又不太艰深的哲理性主题，去试图打破日本文学令人费解而又乏味的形象。对美国大众文化漫不经心的参照，令英语读者产生熟悉感和亲切感，译本可以让人读懂而又不失"东方特色"；它有精巧的包装与营销方式。从根本上说，《厨房》的成功，来自于对"日本特色"的一般文化隐喻的有效利用和变形这两个方面。
>
> （Harker 1994：1-2）

如果新一波的英译日本小说能够带来长久的经典变革，那么，它也能固化成为日本的文化刻板形象，尤其是当日语在英译语种的等级中仍处于低级地位，而能够读到的日语文本范围又很狭小的时候。很显然，这一刻板形象将不同于它的前身，因为它既非外异的，又非审美的，但它带有与战后时期意味不同的地缘政治的寓意。新的小说集投射出一个高度美国化，同时又朝气蓬勃、充满活力的日本形象。因此，它暗中回应了当代美国人对日本在全球经济中崛起而感到的焦虑。为此，它提供了一个令人安慰的、亲切而又沾沾自喜的解释：这一形象使人把日本的经济力量视为美国的文化优势对日本战后一代影响的结果。因此，伯恩鲍姆在修订经典选集的导言里告诉美国读者，"尽管有贸易不平衡，日本人仍是西方语言热心的输入者"（Birnbaum 1991：2）。吉本中篇小说的日文标题，实际上就是英语"厨房"一词的日语音译词"Kitchin"（Hanson 1993：18）。籍由新小说所投射出的当代日本文化的形象，也能追寻到对已逝过往的回忆。不过，这个过往，是美国的而非日本的，指的是40年代中期到60年代末的那段时光。那时候，美国的霸权在国内外都仍然遭受着坚决的挑战。

本土主体的创生

在前述多个事例中,翻译项目不仅建构着独特的异域文化的本土再现,而且因为这些项目针对的是特定的文化群体,同时也就参与了本土身份的形成过程。当琼斯对亚里士多德存在主义的翻译,代替了主流学术的解读时,他们便获得了很大的体制上的权威,最终成为古典学者的一项专业资格证明。研究亚里士多德和希腊悲剧的专家,需要在教学和研究出版物中表现出他们对琼斯研究的熟知。相应地,在对文学批评的各种介绍中,无论是有关悲剧样式(tragic genre)的,还是特定的悲剧作家,琼斯的研究总是值得一提(例如 Buxton 在 1984 年就提到琼斯)。他的研究还影响了诸如荷马史诗之类的其他古典文学的研究领域(Redfield 1975:24-26)。同样,战后英译日本小说的经典,也塑造了投资于外国纯文学的出版社和对其感兴趣的读者的偏好。熟悉谷崎润一郎、川端康成和三岛由纪夫,成了由学术信誉所支持的、有鉴赏力又知识渊博的文学趣味的标志。

当然,实施这些翻译项目的文化代理人(cultural agents),并非故意设计或者期待诸如确立专业资格和制造文学趣味之类的本土效应。这些代理人是学者、译者或出版社,他们更直接关心各自学科和实践操作所特有的问题,比如学术知识、学术价值和市场表现。但是,翻译史揭示的是其他项目,这些项目旨在借助异域文本形成本土文化身份。在这种情形中,译本的文学性往往很高,意在催生出一场新的文学运动,通过附属于特定的文学话语,建构出权威的写作主体(authorial subject)。

例如,埃兹拉·庞德就将翻译视作一种能培育诸如语言精确性这样的现代主义诗学观念的手段。他在 1918 年出版了对"诗歌新潮流"的"扼要概述与回顾"。在这本书中，庞德给有意成为现代主义诗人的人，开出一个自我教育的良方（Pound 1954: 3）。他写道，"如果你试图重写诗歌，但发现你原初写下的东西'游移不定'，那么，翻译就是很好的训练。要译诗，诗的意思就不能游移不定"（同上: 7）。像庞德这样的现代主义诗人所翻译的，是给现代主义诗学语言以支持的异域文本。他评论道："在丹尼尔和卡瓦尔坎蒂（Cavalcanti）的艺术中，我已经看见了维多利亚诗人所缺失的精确性"（同上: 11）。庞德把自己训练成为现代主义诗歌翻译家，所用的某些手法就是在他看重的诗歌上与维多利亚时代的译者展开竞争，在具体选择诗歌方面，去模仿他们又超越他们。在谈到自己翻译卡瓦尔坎蒂的诗歌时，他曾承认，"就译作和我对托斯卡纳诗歌的了解而言，罗塞蒂（Rosetti）是我的父母，但是没有人能一眼看出这些"（Anderson 1983: 14）。

庞德的例子表明，翻译不仅能够成为建构作者身份（authorial identity）的工具，而且这种建构既是话语上的，也是心理上的，是在可以给予心理分析的写作实践上发展起来的。庞德的翻译展示出一种俄狄浦斯式的反抗，通过翻译维多利亚诗人曾经翻译过的卡瓦尔坎蒂对女人做理想化描写的诗歌，对罗塞蒂的经典地位提出挑战（Venuti 1995a: 197）。在翻译过程中，庞德把自己定义为现代主义者和男性的角色。他认为，他的译作提供了罗塞蒂所缺失的东西，即"旺盛精力和雄性气概"（Anderson 1983: 124）。这即是说，在庞德看来，他抓住了一个异域文本里呈现的女性形象，便完胜了他的诗歌前辈。

因为翻译有助于本土文学话语的建构，它就不可避免地被用来

77 支持雄心勃勃的文化建设项目,特别是在本土语言与文化发展方面。而这些项目总是促使了与特定社会集团、阶级与民族相一致的文化身份的塑造。在 18、19 世纪,德语翻译在理论与实践上都被作为促进德语文学的一种手段。1813 年,哲学家弗里德里希·施莱尔马赫(Friedrich Schleiermacher)向学界的德国读者指出:"我们语言中许多优美而富有表现力的东西,部分是通过翻译而来或是由翻译引发的"(Lefevere 1992b: 165)。施莱尔马赫让翻译为布尔乔亚文化精英服务,这些读者都相当专业,更期望一个基于经典文本的非常高雅的德国文学。然而,他和同时代的人,如歌德与施莱格尔兄弟,都认为这些少数人的标准,就是整个德意志民族的文化特征,从而把多种多样的大众化的体裁与文本,主要是最大多数德语读者更喜爱的感伤现实主义、哥特式故事、骑士传奇和说教式自传排除在外(Venuti 1995a: 105-107)。

1827 年,歌德提到了"异域文学可以复活衰落民族的文学",并继而描述了在翻译中塑造本土主义的映射机制(specular mechanism):

> 如果不能在异域文学的参与下更新,每一种文学最后都会变得乏味。对映照与反思所激起的奇异感,难道会有什么学者感到不快吗?映照在道德领域里的意味,每个人都有过经历,也许还是不自觉的;而如果停下来想想,他就会意识到他自己一生中的身份形成,在多大程度上应该归功于此。
>
> (Berman 1992: 65)

通过"映照"或自我认同(self-recognition)形成的过程,翻译塑造出本土主体：读者先是认出通过特定话语策略铭写进异域文本且激发了对这个异域文本选择的本土标准，由此，在译文中认出了他/她自己，这时异域文本才清晰可认。自我认同是对构建自我并把自我确定为一个本土主体的本土文化规范与资源的认识。这个过程基本上是自恋性质的，读者认同一个有翻译投射出的理想，通常是在本土文化中已占有权威地位并且主导着其他文化群体准则的诸种价值观念。然而，有时这些观念眼下可能正处于边缘，但其势头又日渐上升，被动员起来向主流挑战。在歌德的那个关键点上，当拿破仑战争有可能把法国的控制权扩张到普鲁士的时候，一个有强大吸引力的理想，即对文学文化如何具有鲜明德意志特色所做的民族主义的构想，这样一种文学文化，将由尚待实现的对异域经典文本的翻译来承载。贝尔曼这样评论歌德的思想："异域文学在民族文学的内部冲突中成了调停者（mediators），并提供了它们自己本来没有的形象。"但是，我们这里需要补充的是，它们其实很向往这种形象（Berman 1992：65）。因此，读者的自我认同也是一种误认：本土印记被当作了异域文本，本土主流的标准被认作是读者自己的标准，某一群体的准则被认为是本土文化里所有群体的准则。歌德提及"学者"，提醒我们由这种民族主义翻译关怀所构建的主体，必然要求从属于一个特定的社会集团，在这里便是一个握有足够文化权威自封为民族文学仲裁者的少数集团。

因此，翻译将读者置于本土可理解状态，这亦是意识形态的立场，是一套促进某些社会集团利益而压制其他集团利益的价值观念、信仰与再现。在翻译栖身于诸如教会、政府、学校等机构的情况下，由译作所实施的身份形成的过程，以提供何谓真、善及其何以可能等判断，潜在地影响着社会的再生产（这一思考源于：Althusser 1971；

Therborn，1980；Laclau and Mouffe 1985）。通过让本土主体取得在体制中扮演某个角色或行使某项职能的意识形态资格，翻译就能维持现存的社会关系。技术翻译，包括法律、科技教科书的翻译，使代理人达到并维持一定的专业水准。但它们也可以通过修改上述资格，进而改变其在体制中的角色或功能来引发社会变革。

想想早期基督教围绕圣经翻译所引起的诸多争议，就可明白这一点了。公元前3世纪，由古希腊犹太人翻译的《七十士本旧约》（*Septuagint*），大约六个世纪后仍然拥有巨大的权威。它是所有神学和解经学思考的基石，取代了希伯来文本而成为后期罗马帝国基督徒广泛使用的拉丁文圣经的源头。希波（Hippo）主教奥古斯丁，害怕哲罗姆直接从希伯来语翻译《旧约》的计划，因为这一工作会威胁到教会意识形态的统一和制度的稳定。公元403年，奥古斯丁给哲罗姆修书一封，解释道："如果你的译本开始在众多教堂里经常诵读，将会引发许多问题，因为拉丁语教会将会与希腊语教会格格不入"（White 1990：92）。奥古斯丁继续描述了一个事件，表明早期基督徒的认同，是深深根植于《七十士本旧约》以及由此而来的拉丁文译本的；引入哲罗姆出自希伯来语的译本，则会使这种认同陷入危机，最终离间信徒而给教会组织带来灾难：

当我们以为主教安排在其教区内的一个教堂里诵读您的译本时，他们在您翻译的有关先知约拿的文字里遇到了一个词，您的译法与他们熟悉的、世代传颂而在记忆中根深蒂固的词大不相同。结果，教徒中发出了喧闹声，尤其是希腊教徒，他们批评译文并且激烈地斥责说那是错译。这一事件发生在奥亚市

(Oea），当地主教被迫邀请犹太人出来作证。不知是出于无知还是恶意，他们回答说，这个词的形式在希伯来文的手稿中确实与在希腊文和拉丁文译本中的完全一致。简要地说，那位主教不得不修正您译本中的那一段，就当它译得不准，因为他不想因为这场危机而闹得失去整个教区。这使我们怀疑您有时可能也会犯错。

（White 1990：92-93）

奥亚市所使用的基于《七十士本旧约》的拉丁语圣经译本，通过维持正统信仰的自我认同，构建了基督徒身份：教众认定自己是基督徒，这是以他们所"熟悉"而又"在记忆中根深蒂固的"、具备制度有效性的译本为基础的。哲罗姆译自希伯来文的版本引起的骚动表明，制度的持续存在，要求身份构建有一个相对稳定的过程，它不仅由一个特定的译本来实施，而且还需对其反复运用——"代代相传"。同样清楚的是，制度为翻译确立了一个准确性的标准，从而保证了身份构建进程的稳定性：教众，特别是希腊的教众，在发现拉丁文《旧约》的译文与权威的希腊文译本《七十士本》相一致时，便断定它是"正确的"。

但是，像翻译这样的文化实践也能促进社会变革，因为主体与制度都不可能是完全连贯的，也不可能与流通于本土文化内的各种不同的意识形态隔绝开来。身份从来就不是固定不变的，而是相关的，是多元纷杂的实践与制度的一个节点，正是它们的异质性为变动创造了可能性（Laclau and Mouffe 1985：105-114）。哲罗姆坚持回归希伯来文《旧约》，部分是由于他兼具拉丁人与基督徒的文化身份，而且具有极其高雅的文学品位。哲罗姆本人是在罗马接受的教育,"那里的文化对外语有着固有的感悟力,他就是这种文化的一部分",所以,"他能够欣赏非母语作品里的艺术价值",例如希伯来文的《圣经》(Kamesar 1993: 43, 48-49)。拉丁文学文化的多语主义(polylingualism)与基督教信仰,共同激发了哲罗姆对希伯来文的研究,最终使他能够发现权威希腊语译本与版本的不足:按照他对奥古斯丁的解释,他的拉丁文版本"在《七十士本旧约》对希伯来文版扩充发挥,或由奥利金根据迪奥多西版本有所添加的地方",都做了印刷上的标示(White 1990: 133)。哲罗姆的文化背景极为复杂,这使他对《七十士本旧约》产生了质疑:尽管《七十士本旧约》在教堂神父中的权威来自对其神圣灵感的信仰,来自圣徒对其通达的赞许,但是,哲罗姆关注的是版本的完善与教义的纯正,因而断定它并非足本,其疏漏和充分发挥都反映了异教徒庇护人(pagan patron)的价值观念,而后续众多版本的变异也损害了它的纯正性(Kamesar 1993: 59-69)。

哲罗姆的译本《通俗本圣经》(*Vulgate*)最终还是取代了《七十士本旧约》,成为整个中世纪及后世标准拉丁文版圣经。同时,"不仅对宗教虔诚,也对西欧各民族语言与文学都发挥了难以估量的影响"(Kelly 1975: 162)。这一成功很大程度上要归因于哲罗姆的话语策略,以及他为翻译辩护的前言和信函。他的翻译话语揭示了其文化上的多样性。一方面,他把无关连词的简单并列结构改为复句,用雅致的变体取代了刻板的字词和短语的重复,从而把希伯来文的特色加以拉丁化(Sparks 1970: 524-526)。另一方面,他重写了"许多段落,赋予它们以比在希伯来文里更加明显的弥赛亚或基督教寓意",从而使犹太教主题基督教化(Kelly 1975: 162)。哲罗姆在译文中采用的这些话语策略，迎合的是像他一样受过拉丁文学与文化训练的基督徒的口味。

更有甚者，他在为自己的译文辩护时，也预见到了像奥古斯丁这样的教会神职人员，会因害怕回归希伯来文版旧约将削弱体制的稳定性，从而提出反对意见。虽然哲罗姆极力批判《七十士本旧约》，但他还是很精明地声称，他的拉丁版不是取代而是补充，如同其他拉丁文译本一样，将有助于解释权威的希腊文译本，"并使基督徒免遭犹太人对他们不知真经的嘲弄和指责"（Kamesar 1993: 59）。这样，哲罗姆的译本就成了对体制的一种支持，有助于神学和解经学的思索，也有助于同敌对的宗教机构（即对基督教文化权威地位持怀疑态度的犹太教会）进行辩论。

早期基督教会的这些争论清楚地表明，由于翻译的定义就是对异域文本做出本土归化，所以，翻译能改变任何一种社会体制的运作。这就意味着翻译工作一定不可避免地依赖于本土文化内所流行的根本不同的文化规范和资源（Robyns 1994: 407）。因此，正如奥古斯丁的信函所指出的，奥亚市的主教不得不求助于犹太人，以评估哲罗姆从希伯来文本翻译的准确性，尽管准确性的标准（忠实于《七十士本旧约》）是在基督教会内部制定和实施的。基于同样的理由，哲罗姆虽然背离了《七十士本旧约》，但他偶尔也效仿出自犹太人之手、由犹太教会使用的其他一些旧约的希腊文直译本（White 1990: 137）。既然翻译的任务是为了让异域文本在本土语言里清晰明白，利用翻译的制度机构，就容易受到那些来自不同甚至不相容的文化素材的渗透。这些文化质料可能会对权威文本提出质疑，并修改翻译准确度的通行标准。也许只要当制度严格的规范翻译行为，以至抹杀并因而平息异域文本在语言与文化上的差异时，由翻译促成的本土身份才能避免文本所引起的各种失位混乱。

翻译伦理

如果翻译具有这样深远的社会影响，如果在文化身份形成的过程中，翻译有助于社会的再生产与变革，那么不妨去问问这些后果有益还是有害，或者换句话说，问问由此而构造的身份是否合乎伦理，这就显得尤为重要了。我们可以再次思考安托万·贝尔曼（Antoine Berman）的观点，他的见解颇有裨益，可惜的是他英年早逝，那时他的思考正在经历转型。

贝尔曼翻译伦理概念的基石，是体现在译作中的本土文化与异域文化的关系（关于这些关系的分类，请参见 1994 年 Robyns 的著作）。坏的翻译以本土态度塑造异域文化，是我族中心主义的："通常在可传播性（transmissibility）的掩护下，翻译执行的是对外来著作陌生性的有系统的否定"（Berman 1992: 5）。好的翻译旨在限制对这种本族中心的否定：它实施"一种开放、对话和杂交繁育，一种去中心化"，因此进而迫使本土语言和文化去表达异域文本的异质性（foreigness）（同上：4）。贝尔曼的这些伦理判断，取决于翻译过程中所使用的话语策略，无论这种策略是彻底归化的，抑或包含着诸种异化倾向；无论它们通过掩藏对异域文本的"操控"而寻求"无意义"（trumpery），抑或通过"提供"一种"扩大、放大以及丰富译语"的"同一性"而向它表示"尊重"（Berman 1995: 92-94）。

除过话语策略，拟译异域文本也能标示出异质性，质疑异域文学的本土经典以及异域文化的本土刻板形象，这点是值得强调的。并且，正如贝尔曼越来越认同的观点，即便是最为归化的译者（他所举出的例子是 17 世纪最具影响力的翻译家阿伯兰库）也不能简化为不合伦理的，只要该译者毫不掩饰断句、增补、添加，但在前言与加注中对这些做法加以坦承（Berman 1995：94）。相反，我们必须尊重这些大胆的归化译者所做出的成就，因为他们以自己的目的和策略创生出一种"文本工作"（textual work），这使得译文"或多或少与原文的文本性相似"（同上：92）。

因此，翻译伦理就不能局限在忠实的观念上。翻译不仅是建构异域文本的诠释，并随着不同历史时期的不同文化情势发生变化，而且准确性的经典也是在本土文化内被阐发和运用的，因而基本上是我族中心主义的。由这些经典来统辖的伦理标准，通常是专业化或者是制度性的，并由学界专家、出版社和书评人所确立并为译者所同化。更进一步说，翻译伦理不能以为翻译能够摆脱其根本的归化性质，即以本土语言改写异域文本这一基本任务。问题毋宁说是在于如何转移翻译的我族中心主义动向，从而将翻译项目所不可避免使用的本土文化习语加以非中心化。

各行各业的机构，无论是学术的还是宗教的，商业的还是政治的，都偏爱翻译的化同伦理（ethics of sameness）。这种化同伦理的翻译促使既定话语与经典、阐释与教学、广告大战与礼拜仪式生效，只要能确保该机构持续、平稳的再生产。然而，翻译是有耻辱的，因为它能产生出不同的价值观念与惯例，不论本土情况如何。我们并不是说翻译可以摆脱归化本性，而是说，译者可以选择重新定向翻译的我族中心主义方向，以使翻译项目必须使用的本土术语去中心化。这就是可以改变本土文化的翻译的差异伦理（ethics of difference）。

  从上述我们考察过的诸多项目中可以看出，本土意识形态与机构不断地形成了身份形成过程的基础。这表明，这些意识形态与机构都致力于一种本族中心主义的还原，不仅拒斥了异域文化其他可能的再现方式，还拒斥了本土主体其他可能的建构方式。然而，我们依旧能清晰地看出这些项目间的不同。例如，日本小说的英语经典依凭不同译者与机构维持了30年之久。虽然英译本确实再现了日语文本，并且为其带来众多英语读者，但他们所享受到的异域风情显然是美国式的和学术的，这恰恰折射出一种对日本战前的本土感伤情绪，使得不能被同化为刻板形象的文本边缘化。遵循化异伦理的翻译项目，则采用既是异域的又是美国化的形式与主题，不可避免地要使用某种程度的归化手法，但同时保留之前被删除的某些片段，以再现日本叙事传统的多样性。这种保留（restoration）也许确实是一种带有偏好的本土再造，但是它的目的在于寻求对之前删除的补偿。日本小说近来的英译本高度美国化，尤其是吉本的小说，就是这种保留的最好例证。

  为了限制翻译中所固有的我族中心主义倾向，翻译项目就不只能考虑在本土文化中占主导地位的文化群体的利益。翻译项目必须考虑到异域文本产生的所有文化，并且面向本土不同的文化群体。琼斯对亚里士多德的翻译，真正打破了学院版的中心统治地位，这是因为他的译文是对英语体制之内所没有的异域文化价值观念的敞开：一度被现代英美个人主义意识形态所压制的古希腊文本的特点，透过现代大陆存在主义哲学的视角得以显现，在哲学论著和文学文本中传播开来。一个由差异伦理所激发的翻译项目，就这样改变了误释异域文本、排斥本土不同文化群体的本土主流意识形态与体制的再生产，并且使其他本土群体走向边缘。这种项目的译者，与诺德（Nord 1991）一系的翻译理论家所发展出来的忠实观相反，他们通过与异域文本的遭遇，通过推行与限制、承认与排斥的方式，对管控翻译身份形成过程的本土文化准则表现出不忠。

然而，由于这样一个翻译项目具有确立新正统的潜在可能，它也可能最终具有我族中心主义的意义，因而将被后起的、旨在为另一个群体重新发掘异域文本的非我族中心主义的项目所取代。威廉·廷代尔（William Tyndale）于1525年出版的英译《新约》，向哲罗姆的拉丁译本在天主教会的权威提出挑战，这一挑战在促进一个不同的宗教身份即英国清教徒的构建中发挥了作用。托马斯·莫尔爵士（Sir Thomas More）很快领会到廷代尔向希腊文本回归所带来的意识形态非中心化的作用：在莫尔看来，"廷代尔之所以把'教会'（church，希腊语为 ecclesia）这个词换为'会众'（congregation）"，乃是为了质问何为教会，并宣扬路德的异端邪说，即我们应该相信和遵守的教会，并不是依然信奉基督的所有基督教王国的那个人所共知的机构。

存异伦理的译作，改造了本土文化中占主导地位的文化身份，但在许多情况下，这一改造随之发展为另一主流，另一种我族中心主义。1593年，翻译家理查德·塔佛纳（Richard Taverner），英国新教改革初期的鼓吹者，对廷代尔翻译的《圣经》给出了微妙的修正。这些修正体现出了一种不同的意识形态偏向，使得译本学术性较小，而流传更为广泛：塔佛纳选择了最通俗易懂的语言，例如用最简单的"cursed"（诅咒）取代了廷代尔所使用的具有非常仪式化的"excommunicate"，用日常词"moche people were slayne"取代了廷代尔的教会用词"there was a plague in the congregation of the lord"（Westbrooke 1997:195）。这些修正尽管足以表明于廷代尔在神学方面的不同，但仍非塔佛纳作为一名亨利八世教士想进行体制改革的本义。变化也没有发生，即使这样包含"cursed"的修改译文，也没有能超越 1611 年的《钦定本圣经》（King James Bible）。

　　一项严格的非我族中心主义的翻译实践，似乎对本土意识形态与制度具有高度的颠覆性。它也会形成一种文化身份，但这种身份同时是批判性的和偶发的。它不断评估本土文化与异域他者（foreign others）之间的关系，仅仅依据不断变化评估的基础来发展新的翻译项目。这一身份将真真正正是跨文化的，不仅体现在跨越本土与异域文化，而且还体现在跨域本土读者间的文化边界（Pym 1993）。并且，这一身份将是历史性的，因兼具国内意识与异域文化传统意识（包括翻译传统）而卓然不群。贝尔曼写道："没有历史意识的译者是囚犯，不仅因困于他自己的翻译再现，也因困于传递当下社会话语的再现"（Berman 1995:61）。

　　然而，译者面临的问题是，要下定决心在翻译中践行差异伦理吗？这种伦理会在多大程度上冒着不被理解的风险，这一风险会造成去本土意识形态中心化和文化边缘化吗，会带来本土机制运作的不稳定吗？译者能够保证与本土规范留有一定的距离，不会注定让译作因不可读而遭到抛弃吗？

　　前述吉本的《厨房》有助于回答这些问题，至少有助于回答文学翻译方面的问题。《厨房》英译本非常成功，读者广泛，改变了现代日本小说英译的经典构成。然而，吉本的小说却遭到攻击，原因在于这些小说没能拷问美国的文化价值观。三好将夫（Masao Miyoshi）把它们评价为美国化日本的天真的书面庆祝,这有异于日本其他一些女性小说家作品,她们都极具批判精神,在日本历史上也是极为聪明的(Miyoshi 1991:212,236)。谷崎润一郎的小说则提供了强烈的对比:三好将夫评论《细雪》时说过,"如果作品对战争的兴趣缺乏,标志作者抵抗"日本军国主义,那么"这种对战后岁月的漠不关心也许指向一种对强制职业改革(the Occupation-imposed reforms)的批评"(同上:114)。那么,由此而言,伦理动向(ethical move)将是翻译谷崎而并非吉本,这与我所遵循的福勒对美国翻译模式的批评描述恰恰相反。

这一例子说明,我们需要一个更为精准的译者违背本土文化模式的概念。三好将夫与福勒立场的不同,就在于前者要找到对美国在全球经济、政治事务中霸权的批判,后者则在美国文化当中辨认出了具体的价值观念。时下,这两种思维取向对任何带有伦理的译作都很重要。福勒意识到,某个翻译项目在启动时,异域文学的本土经典就总是已经在既定的位置上了,因而差异伦理必须考虑这些经典。换句话说,任何对翻译进行文化抵制的日程都有具体的文化形式,必须认真选择异域文本和翻译方法,以偏离那些当下经典的或占主导的文本。像吉本这样的作家就使用了这种偏离手法,尤其是米甘·巴克斯(Megan Backus)的英译《厨房》。

该版本的可读性极高,运用的翻译策略是异化翻译。巴克斯没有使用在文本中铭刻美国价值观念的通顺译法,反而使用了一种极度异质的语言,传达出高度美国化的日本形象,但同时又预先为英语读者指出了美日文化的诸多不同。总体说来,译文使用的是标准方言中的现行惯用语,但也夹杂了其他一些方言用语。美式口语词汇与句法也大量使用,如:"cut the crap""home-ec"("home economics"

的缩写）、"I'm kind of in a hurry""I perked up""I would sort of tortuously make my way""night owl""okay""slipped through the cracks""smart ass""three sheets to the wind""woozy"（Yoshimoto 1993：4，6，19，29，42，47，63，70，92，103）。译文中还经常出现略带古雅的用语，这是叙事者米卡奇的偏好，表示出一种不切实际的浪漫主义色彩。如译文开篇，米卡奇说道"I'm dead worn out, in a reverie"，这句话中同时使用了诗化古词"reverie"与口语词"dead worn out"（同上：4）。同样，她初次遇见佑一，开启了故事展开的一段恋情，译者让她的语言穿插于不同的语域与指称，从高科技俚语到好莱坞恋情再到神秘的神学：

> His smile was so bright as he stood in my doorway that I zoomed in for a closeup on his pupils. I couldn't take my eyes of him. I think I heard a spirit call my name.
>
> （同上：6）

> 他站在我家门口，露出灿烂的笑容，我都可以给他的瞳孔来张特写。我不能把目光从他身上移开，我想我听到了一个精灵在呼唤我的名字。

此外，译文全篇点缀着很多斜体字，大都是食物名称，如"Katsudon"（猪排饭）、"ramen"（拉面）、"soba"（荞麦面）、"udon"（乌冬面）、"wasabi"（芥末），还有一些其他日本文化方面的词汇，例如服饰（"obi"，和服腰带）和家具（"tatami mat"，榻榻米床垫）（同上：40，61，78，83，89，98，100）。

无疑，巴克斯翻译话语的异质性表明，已经美国化了的日本人成为基本特点。因此，译本中所使用的译语和日语原语引向了同一观点，很多词汇都暗指美国的大众文化、连环画（《花生》里的林纳斯）、电视节目（《家有仙妻》）、游乐场（迪士尼）以及连锁食品店（Denny's）（Yoshimoto 1993：5，31，90，96）。但是，译文中仍然有很多偏离标准英语的词语，所以，对于读者来说，阅读译作会得到一种异样的感受，读者会始终意识到读的是译作，因为这种话语效果仅在英语中有效，并且显然还释放出了美语的语言剩余。《厨房》的这种伦理动向，首先体现为以英语翻译与战后这一类型的经典背道而驰的日本小说的决定；其次体现为孕育出一套偏离主流语言形式的异化的翻译话语，其后果就是带来一种译作仅仅是译作的意识，译作打上了本土可资理解与牟取利益的烙印，因此不会与异域文本混同。

三好将夫没有考虑这些效果，因为他对吉本小说的研究，完全集中在日语文本及其在日本的接受上。小说中再现的美国化的日本，仅对阅读过巴克斯异化译作的美国读者在文化与政治方面产生作用。忽略翻译问题所带来的限制，在三好将夫引用的篇章中最为显豁，他的引用旨在表明吉本的写作"没有风格，没有姿态，没有意象"（Miyoshi 1991：236）。他需要翻译日语文本《厨房》，以便英语读者能明白他的主张，但是由日语转化到英语带来的不同，实际上并没有因为他而存在。当我们对照他的一段译文与巴克斯的译文时，吉本的异化倾向清晰可见：

> I place the bedding in a quite well-lit kitchen, drawing silently soft sleepiness that comes with saturated sadness not relieved by

tears. I fell asleep wrapped in a blanket like Linus.

(Miyoshi 1991:236)

我把被褥拿进灯光明亮的厨房，静静地开始勾勒浅睡，伴着极度的忧伤，即便泪水也不能平息。就像李纳斯一样，我裹着毯子睡着了。

Steeped in a sadness so great I could barely cry, shuffling softly in gently drowsiness, I pulled my futon into the deathly silent, gleaming kitchen. Wrapped in a blanket, like Linus, I sleep.

(Yoshimoto 1993:4-5)

笼罩在巨大的悲痛中，我哭得伤心欲绝，伴着浅浅的睡意。我拉着被褥走进死寂且明亮的厨房。裹着毯子，像李纳斯一样，睡着了。

显然，巴克斯的译文在两者中更具感染力，开篇便是浪漫的诗化语言道出米卡奇的特点（文中用词为"steeped in a sadness"，细腻、隐喻）。这种语言是一种悬浮的句法结构，虽流畅却正式，甚至还有些古雅与复杂。译者在翻译过程中还保留了日语词"futon"，这一用词变化非常明显，接着译文却使用了美国文化中的词汇"Linus"。从某种程度来说，这种指称的熟悉反倒被安置的一个结构与第一句中所使用的较为正式的句法陌生化了。与巴克斯译文的异质性相比，三好将夫的译文更为归化，把日语文本同化为英语的标准方言。

在他的眼里，这种语言是如此的熟悉、明晰，好似没有留下任何翻译的痕迹。吉本日语的特点引来了三好将夫的批评，这些特点转换为英文，但只有巴克斯的英文引发的品评，才是三好将夫看重的。任何翻译所能引入的语言与文化的差异，可以容下在本土美学上品质较低、政治上保守但在异域产生了相反价值的异域文本。

地理位置与读者反应是极为重要的因素。翻译吉本的小说，不同于翻译主要经典小说，由于创造这些经典的美国文化精英并没有参与或涉及翻译过程。相反，吉本的译作投合了年轻且受过教育（不一定非得在学界）的更广泛的一般读者的口味，这使得这一译作极为成功。三好将夫有理由质疑吉本小说的高度美国化的主体，并将其视为二战以来美国建构文化帝国主义的证据。他似乎找到了一种极富文学形式的叙事手法，但在英语文化中，这一叙事手法吸引的读者并不多。因此，三好将夫并不认为吉本的作品值得翻译，这阻止了一个更大的美国群体去评估美国文化的海外影响力。那么，我的结论是，此刻就翻译吉本，对于译者做出伦理行为还是值得的，因为这一伦理行为能够将极为重要的差异引入美国文化。

最后，吉本的例子表明，限制本族中心主义的翻译，不一定因为不能理解而陷入文化边缘。翻译项目可以偏离诸种本土规范，以强化异域文本的异质性。这种做法可以培养对语言与文化差异更为开放的读者群体，而不必通过陌生的文体试验去打败自我。关键因素是译者对于本土规范与体制实践所秉持的态度，是爱还是恨？这是一种不情愿随波逐流的心态，决心向更广泛的读者群负责的态度，不论是精英读者还是大众读者。翻译实践试图沟通异域文化与本土文化以及本土读者，因而必须产出诸种带来文化变革的译本。

ND
第五章 文学教学

以下反思源自全球文化经济中英语语言翻译目前的尴尬处境。二战以来，英语一直是世界范围内译出最多的语言，但同时也是译入最少的语言之一。英美出版社出版的各种译作，只占现在每年所有出版品种的2%—4%，大约只有1200—1600种。然而在其他国家，无论大小，东方还是西方，这一比例都更高：日本的比例是6%，大约为2500种；法国10%，4000种；匈牙利14%，1200种；德国15%，8000种（Grannis 1993）。1995年，意大利出版社共出版40429种图书，其中10145种是译作，占四分之一。英语比其他原语多出译作达6031种（Peresson 1997）。1995年，美国出版社共发行图书62039种，译自其他17种语言的译作仅占2.65%，1639种。法语德语也并非译出最多的语言，译自这两种语言的译作刚刚超过500种（Ink 1997）。这一翻译格局的不对等确保了英美对其他国家享有政治、经济、文化等多方面的霸权。

英语的这一国际性统治地位，与当代英美文化中翻译所处的边缘状况碰巧同时存在。虽然英美文学的译作在其他语种主导了出版社的资本，但异域文学的英语译作读者甚少，受到关注较少。译作稿酬过低，也未得到认同，英语读者视其为无。英美文化在国外的影响力限制了异域文化在本土的发行，降低了本土思考语言与文化差异本质的机会。当然，没有哪种语言能够完全排除掉不同方言、话语、不同文化语符以及受众群的可能性，而且现在世界上多样的英语（Englishes），不单是英美两国语言的用词，只要是存在于英语国家中多样的语言及文化形式，都能证明这一事实。然而，翻译的边缘位置所蕴含的危险，是一种文化自恋与文化自满，一种对异域的漠视。这种漠视只能使得英美文化越来越贫瘠，并且培养出根植于不平等与剥削的价值观念及与其相适应的政策。

翻译的边缘性甚至波及教育机构。它在其中体现为一种窘迫尴尬的矛盾：一方面，课程与科研完全依赖译作；另一方面，在教学与出版方面出现了一个新的总趋势，就是将译作的翻译身份省略，将它们视为用译语书写的文本。尽管从20世纪70年代以来，翻译已经作为一门学术研究的姿态出现，作为学术出版社投资的领域，作为创意写作工作坊而体制化，已经有了证书项目，有了翻译理论与批评的课程，有了文学翻译或翻译研究的系列图书，尽管这些认同稳步提升，但是在翻译文学讲授的过程中，翻译遭到压制仍是事实。我的目标就在于深挖这种压制带来的两个问题：其一，这种状况的文化政治成本有多少，即它生成或消除了多少知识与惯例？其二，发展什么样的教学模式来凸显翻译的这一问题，尤其是强调在翻译过程中，怎样凸显铭刻在异域文本中的本土价值观念的剩余？

课堂教学中的翻译

大专院校不可避免地要使用翻译,但同时又在压制翻译。这种风气在美国可能最为流行,美国的大学生必须选修专门为西方文化经典而设的"人文学"或"伟大著作"课程。但是,绝大多数学生阅读的都是古代或现代语言的英语译本。除了大学一、二年级的相关课程,很多其他学科的高年级以及研究生课程,也要求必须阅读译作,如比较文学、哲学、历史、政治学、人类学以及社会学等专业。二战期间,为了应对美国高校招生人数波动较大的状况,有些院系对于某一类型的文学只要求阅读英文译作,而不再阅读原作。但是,即便某些外语院系已经接受了将翻译作为外语教学的一种行之有效的方法,翻译问题是否存在于这些课程仍然值得怀疑。

过去的20年里,翻译也推动了文化理论的发展。这一理论大大地改观了英美文学批评,引入了更具思辨力与解释力的新方法,将文化与社会问题乃至政治问题相关联,并且孕育出文化研究这样的跨学科研究路径。显然,这些观念、论争以及课程修正,都与翻译的核心问题即语言与文化差异相关。例如,文化再现中的种族意识形态问题,详述后殖民理论以研究世界史中的殖民主义与殖民文化,催生多元文化主义以挑战"伟大著作"课程中的欧洲文化经典。可是,以上种种对翻译的依赖状况,教学与科研中并不提及,也很少有人关注到一个事实,即科研机构所讲授、出版的多种解释都与外语文本多有出入,而由英语译者的翻译话语作为中介。

美国当代语言学学会曾经出版过一个系列丛书,题为《世界文学教学研究》(*Approaches to Teaching World Literature*),颇有助于评估这种压制的程度。这套丛书的出版始于1980年，到现在总共出版50余卷，集合了古代与现代经典文本的诸多文献资料以及教学技巧。这套丛书甚至还收录了某些外语写成的文本。当然，丛书还包含大量美加现代教学实践的案例。丛书主编在《总序》中指出："丛书每卷的准备工作，都始于教师的广泛调查，这就确保我们将有经验教师的哲学、研究、思想与实践无一遗漏地编写在丛书中。"丛书选择的外语文本有：但丁的《神曲》、塞万提斯的《堂·吉诃德》、加缪的《鼠疫》、易卜生的《玩偶之家》、《伊利亚特》与《奥德赛》、歌德的《浮士德》、伏尔泰的《老实人》、希伯来《圣经》、加西亚·马尔克斯的《百年孤独》以及蒙田的《随笔集》等等。在外语文本专辑中，题为"材料"（Materials）的文献部分，按惯例对翻译进行了专门讨论，其评价标准仍是实用的准确性以及可读性，这样对学生、市场、普及都有好处。然而，在题为"研究"的教学专辑中，尽管课堂中使用的很多文章都是英语译文，翻译却很少作为讨论的话题被提及。

例如，《但丁卷》有一篇文章，题为"但丁《神曲》翻译教学"，描述了多伦多大学的中世纪意大利文学的本科课程情况。虽然标题如此，但在七页的文章中，专论翻译问题的文字仅有一段。在提出20世纪末的读者阅读但丁的主要问题是"文化距离"后，该教师兼文章作者继续说道：

  课堂中，学生与但丁间还存在另外一个障碍：语言。我们阅读的是《神曲》的译本，语言再好，也不是但丁本人的作品。没有哪位英语译者能够捕捉住但丁原文的流畅与韵律，因为英语与意大利语有着内在的、本质的区别。而且，翻译还存

> 在另外一个危害,原作中始终出现的复义(ambiguities,一作含混)效果,译者是无法复制的。因此,在阅读某一难懂的篇章前,读者的责任是持批评姿态的。这样,任何《神曲》译本都染上了译者的阐释。于是,存在于但丁意大利语的阐释选择(interpretive options)就被消除了,原作中没有的复义,也许就被创造了出来。散文翻译甚至也难逃这种歪曲:为了确保后者,他们彻底摧毁了精神。这就是我为什么偏好散文翻译的原因。我的观点是,略微牺牲但丁诗义的精准性是值得的做法。我用的《神曲》译本是多萝西·萨耶斯(Dorothy Sayers)的,虽然它也有缺陷。
>
> (Iannucci 1982: 155)

这一段落至此戛然而止。该教师对于翻译如何能在失去原本语言与文化特征的情况下,添加译语文化特性的复杂理解,在该段中清晰可见。对多萝西·萨耶斯隐晦的提及,说明这一理解还没有以任何方式或其他明了的方式进入课堂。该教师断言,"此课程有两个目标:第一,在中世纪文化的语境中帮助学生理解但丁的诗意境界;第二,让学生意识到批评过程"(同上)。然而,其中至少包含两种不同批判过程的这种意识似乎缺失:其一是译者的批评过程,也即萨耶斯译本所呈现出的"阐释";其二是该教师的批评过程,也即他对"但丁诗化世界"的重构,这种重构体现为"十篇初级讲座",旨在沟通我们与但丁间的历史与文化鸿沟,并建立一种批判框架,以此来阐释但丁的诗(同上)。

问题就在于,不论翻译抑或讲座,都不能彻底"沟通"这些"鸿沟"。这样，尽管该教师的目的在于移除学生与意大利语文本间的每一个"障碍"，即便有些自相矛盾，他仍笃信："如果要避免简化式、时代错置式阅读的话，《神曲》现在比以往任何时候都需要调和（mediation）"（同上）。这一调和不可避免地又树立了另外一个障碍：它反映出当代学术界研究但丁的诗以及中世纪意大利文化的现状，"这是这一话题最新的文学"、"至少在北美，它代表了现代批评理论"（同上：156）。这一课程的读物不能避免时代错置以及对"复义"的"曲解，也许原作并没有这些复义"，原因就在于它是以20世纪40年代英国所出版的一个译本为蓝本，这个译本是向大众市场发行的平装本，属于"企鹅丛书"，70年代后期还用作加拿大一所大学的教材。

该教师的教学没能凸显出原文译本的地位，他赞成雅克·德里达富有建设性的论点，翻译是"大学的政治体制问题。像所有传统形式或所有教学一样，理想的翻译带有完全的可译性（translatability），会消抹语言"（Derrida 1979: 93-94）。时下的教学含蓄地将翻译视为一种不受使其成为可能的语言交际的影响，或者，用德里达的（译者的）话说，就是"经典的可传输的音韵性（vocality）或者可形式化的多义性（polysemia）掌控着这种交际"（同上: 93）。然而，翻译是"散播"（dissemination），是取代一种不同语言释放多义。这种思路带来一个政治问题：它通过暴露语言、文化的诸种状况质疑课堂权力的分配，因为这些状况使得教师的阐释更为复杂。精研萨耶斯英译本铭刻在意大利语原本中的复义现象，有可能会弱化教师教学过程中拥有的阐释独占权，体现为教师认为自己的理解是正确且充分的，尽管他已经吸收了现代学术的方法并且已经让学生使用了译本。虽然该教师的文章揭示出他意识到翻译涉及意义不可预测的散播，在原语与译语

141

文本中必定存在着某种比例上的得失，但是他的教学方式显示，这种得失的比例已经被克服，他的阐释就是一种透明的英语翻译。

保留下来的，不仅包括教师阐释的权威，还有达成共同目的所凭借的英语语言的权威。正如德里达所言，时下充斥大学的可译性理想，"中和了（某种）民族语言"（1974：94）。语言教学中异域文本的再现，不是不偏不倚的，而是指向本族的，指向英语国家的。课堂中对翻译的压制，遮蔽了英美文化价值观念对异域文本的铭刻，然而同时又将英语语言视为普遍真理最透明的表达工具。这样，就人为地导致一种语言沙文主义，甚至是一种文化民粹主义。

很多人文学科开课的情况也相类似，本土书单中开列的很有可能是异域经典文本的译作，而并非原作。例如，20世纪80年代，就出现了对"伟大著作"的保守辩护，声称这些伟大著作与英美文化间存在的一直是设想的连续，却忽视了籍由翻译所引介的诸多文化与历史差异。威廉·班内特（William Bennett）对美国人文学科教育争论的报告，就是一个典型。班内特是美国人文学科国家基金会主任，他声称，欧洲文学和哲学经典必须是"美国高校课程的核心"，因为"我们是西方文明的一部分，也是它的产物"，即便某些主修相关课程的学生无法阅读这些作品的原作（Bennett 1984：21）。正如吉罗瑞（Guillory）所指出的，"将'经典'翻译成口语，是对想象的文化连贯性（imaginary cultural continuities）给予的强有力的机构支持。它通过在外语中允许对文本的简单挪用而确定民族主义日程"（Guillory 1993：43）。当译作教学压制翻译问题时，译语及译语文化也受到限制，被视为异质性真理的表达。然而，事实是，译语及译语文化正在建构易懂的形象，某些本土群体将从中受益。在班内特的例子中，受益的是精英分子，投射出一种美国民族文化的形象。

翻译文学教学，关注文本及其阐释的情境性（situatedness），这有助于学生不仅学会自我批评，而且学会非自我文化意识形态的批评。在特定的历史时期，翻译总是为了让某些特定的文化群体理解的。压制翻译的行为，会使得诸种观念与规范自由移动在历史长河中而无处停泊，无法超越语言及文化的差异。这种语言文化差异不仅需要翻译处在第一位置上，而且需要翻译在课堂中进行阐释。重构异域文本产生时代的努力，以及为阐释创造历史语境的努力，与其说补偿了历史性的丧失，倒不如说使其复杂化、恶化了：学生受到鼓励，认为其对历史的阐释在文本中是无所不在的，不受翻译话语与批评方法所决定。其结果是，学生会认为阐释真理的观念是对文本简单的忠实，而忽略了他们通过筛选、合成文本证据以及历史研究积极构建它这一事实。因此，语言及文化限制会塑型他们的阐释过程，这些限制包括他们对翻译的信赖。承认课堂使用的文本是译作，并且认同这一课堂阐释，可以让学生学到他们的批判实践是有限的，且是临时的，会为变动不居的接受历史（history of reception）、具体文化情境、课程以及特定语言所限定。并且，如果知晓存在以上种种限制，就会意识到不同的可能性，也会对其自身文化的特定历史时刻产生出多种不同的理解方式。

显然，这种教学法会强化对课程、大纲、经典和学科的反思。毕竟，给学生留的阅读作业经常是译作，因为这些译作的原作价值高，而不是因为译作本身的价值高——即便根据某些不同的遴选标准，某些译作无疑胜过其他译作。课堂中如果要处理翻译问题，会给这些评价带来问题，因为它需要同时关注两方面：一方面是原语文本及文化，一方面是译语文本及文化。因此，教师必须替换经典文本，积极面对经典译作的概念，修正教学大纲并重新分配课堂时间，开发出按不同语言与年代划分的跨学科课程内容。课堂中不仅要讲授但丁，还要讲授多萝西·萨耶斯；不仅要讲授但丁意大利语抒情诗的精准，而且要讲授多萝西英语的后期维多利亚式诗性；不仅要讲授中世纪的佛罗伦萨文化，而且要讲授二战前牛津的文学文化。精选意大利语与英语的篇章，并进行对照，将会凸显出各自篇章及其文化、历史时期独一无二的特色。学生也将会学到，伟大著作之所以伟大，是它们的译作使然。经典性不仅有赖于文本特点，还有赖于反映特定文化群体价值观念的接受形式，这种价值观念会自动排除其他价值观念。

因为翻译文学教学旨在理解语言及文化差异，它将印证吉鲁（Giroux）的"边界教学"（border pedagogy）概念。在这一概念中，"文化不是同一不变的，而是一个变化的多元异质的边界领域（sphere）。在这一领域中，不同的历史、语言、经验以及意见，在不同的权力与权利关系中交织"（Giroux 1992: 32）。讲授翻译问题，可以揭示不同接受形式如何建构异域文本的重要性，也能揭示这些形式在任何历史时期的本土文化中是占据主流抑或边缘位置。这种教学方式也许会以不可预见的方式介入近来有关文化多元主义的争论，因为它坚信欧洲文学经典不应被抛弃：不管怎样，当现代文化仍然深深根植于欧洲文化传统，并完全依赖于这些经典作品的译作的时候，这也并非一个决策之举。美国当代文学就是文化多元主义的例子，因而研究美国当代文学——例如旅居美国的墨西哥女作家格洛莉娅·安扎尔朵（Gloria Anzaldúa）——实际上"不仅需要美西文学与英美文学已经成为接受的经典，而且还需要一个重新精研的背景，包括惠特曼、胡塞·巴斯孔塞洛斯、瓦列霍、马里奥·德·安德拉德、图默、尼古拉斯·纪廉、阿芳西娜·斯托尔尼、金斯伯格"（Greene 1995：152-153）。理解美国族裔文学，翻译必不可少，它会使得经典文本的误解更加复杂。

解决翻译问题的教学方式，会同样质疑这些文本与其他受排挤的文化文本任何简单的混合，换句话说，质疑一种多元文化经典的观念。通过移除决定文本的历史特性以达成平衡，其结果是创生出吉鲁所说的"虚假平等视野以及非政治化共识观念"，忽略进入任何经典形成与任何教育机构的排除因素（Giroux 1992：32；Guillory 1993：53）。研究翻译也意味着尊重文化差异，这是多元文化主义教学的目标之一。如果能历史地看待接受异质的不同形式，包括应用于翻译异域经典以及边缘文本的话语形式，都会达到这一目标。

因此，翻译文学教学能够服务于吉鲁为边界教学所设计的政治日程。他说，"这一边界教学的概念如果要与一种批判民主的规则相联，当然这种联系一定存在，教师就必须具备理论控制力，以掌控差异通过不同再现与实践而建构的方式。这些不同的再现与实践，命名、边缘化并且排斥了美国社会下层人群的声音"（Giroux 1992：32）。吉鲁使用"美国"这一字眼，表明他考虑的仅是英语的不同种类，而不是外语，因而他并没有考虑到翻译问题；像其他多元文化主义的捍卫者一样，他所设想的边界仅指美国不同文化群体的边界。然而当今的翻译比例表明，异域文化在英美这样的国家中，肯定是处于"次要"地位的。更为基本的是，翻译通过构建一种铭刻本土文化价值的异域文本的再现，实际上在任何目的语中扮演着次要角色。通过曝光译作中归化的成分，并且评估其文化、政治重要性，翻译文学教学法，就像吉鲁的边界教学一样，能体现出作为"更为广泛的政治差异部分"的功用。这使得政治与伦理的语言非常重要。当学生意识到翻译并非简单的交际,而是服务于某种本土目的对异域文本的一种挪用(appropriation),他们在与异域文化遭遇的基础上,才渐渐会质疑这些挪用举动。

然而,在课堂环节中,这种课程安排唯有通过彻查译作特殊的美学性或文学性,定位不同层次的语言与风格、方言与话语等诸多问题方能实施。讲授翻译问题,需要特别关注文学形式或表达特征。与此同时,表明这些特征始终有其历史处境,且充满着诸多文化群体的价值观念,翻译就是为这些文化群体而生产的,并为他们所消费。这里,学会尊重文化差异涉及两方面:一方面,要辨识那些描述异域主题的本土特有的细微之处,即翻译过程中非异质性的并且不可避免地改变异域文本合理意义的因素;另一方面,允许那些主题及意义将本土文化价值陌生化,以便揭示它们的层级架构,也即哪些是经典,哪些是边缘。

翻译文学教学

上述教学不仅将会检验异域文本与译作文本,而且还会检验译作本身的诸种差异性。要做到这点,则须关注语言剩余,关注仅在译语中运作的多种文本效果,关注翻译过程中添加在异域文本中的本土语言形式以及与译者沟通某个文本的努力背道而驰的本土语言形式。一种英语译作将会使用多种方言、语域、文体,用以标注不同时期的英语史,而当该译作被理解为一种透明交际,或确实与异域文本有显著差异时,则又会遭到压制。这样,讲授翻译问题,就意味着讲授翻译过程中的剩余，因而要关注多种、多元的时间形式，这些形式可以动摇其同一性并遮蔽其表面的透明性。

让我们就举例说明一下这一教学环节吧。以特里渥·桑德斯（Trevor Saunders）最近翻译的柏拉图的《伊安篇》为例，该篇有可能出现在不同层次学生的大纲中，本科生与研究生都会读到，而且该篇会出现在不同的院系和研究生专业中，比如英语、比较文学、哲学以及人文学。在这篇简短的对话录中，苏格拉底坚持认为，吟诵诗人伊安表演、解说荷马的诗作，正如荷马是通过神的灵感而非技艺（knowledge）写出诗作的。随着这一论点在苏格拉底典型的质问中展开，伊安自相矛盾，难以招架：伊安被刻画为骄傲自大、缺乏思考能力的形象，他无法跟上苏格拉底的逻辑。如果我们研究该作品的英译的剩余，首先注意到的是反讽，以及一系列英式英语现代标准方言中的口语词。这些口语词，并非简单支撑着反讽，也同样具有强调该对话主题的重要意义。

伊安使用了很多口头语。在结尾处，他正在说话，显得骄傲自大，一点没过脑子：

> Socrates: Now then, are you, as a rhapsode, the best among the Greeks?
> Ion: By a long chalk, Socrates.
>
> (Saunders 1987b: 64)

> 苏格拉底：那么好吧，你是全希腊最能干的诵诗人吗？
> 伊安：是的，苏格拉底，到目前为止是的。

"By a long chalk" 显然是英式英语的一个成语，意思是 "to a great degree"（很大程度上是），用以翻译希腊语短语 *polouge*，要是用贴近标准用语来译，可以译为 "very much so"（是这样的）（Burnet 1903: 541b）。口语词不仅出现在伊安的词汇中，而且还出现在他使用的句子里。在该对话录的开头部分，苏格拉底指出希腊诗人的相似性，旨在表明伊安独钟荷马一人，不是基于任何诗的技艺：

> Socrates: What of the other poets? Don't they talk about these same topics?
>
> Ion: Yes – but Socrates, they haven't composed like Homer has.
>
> (Saunders 1987b: 51)

苏格拉底：其他诗人又如何呢？他们不是在处理相同的主题吗？

伊安：对，苏格拉底，但是他们的方式与荷马的不一样。

只要与希腊语 *onch homoios peoiekasi kai Omeros* 做一比较，就能发现译者的"插手"，因为它一点儿也不像伊安使用的词 "like" 与 "as"（Burnet 1903: 531d）。译者故意选择了口语句子，而没使用标准英语译句，例如 "not in the way that Homer has written poetry"，或像本杰明·周伊特更为自由的译文 "not in the same way as Homer"（Jowett 1892: 499）。当然，使用连接词 "like"，是会话式的，作为

译文，它与希腊文本的文学样式对话体也相适应。然而，产生的效果丑化了伊安，他使用的语言不是标准英语，是附属于标准英语的，这也许隐示了他教育程度与社会地位都不高。在福勒规定性的文体学手册中，"此词现在通用为贬义，意为粗俗的或邋遢的"（Fowler 1965：334-335）。

在该译文中，口语恰恰表现了伊安的蠢笨无能。苏格拉底通常会在加大讽刺力度时使用这些手段，实际上当他高人一等地对伊安说话时，他先吹捧吟诵诗人伊安的骄傲，然后再出语打击他这种无根据的骄傲。通常，仅一个短语就足以表达这种反讽了。译者让苏格拉底说"in a nutshell"（简而言之）来翻译表达"*en kephalaioi*"，说"to conclude"（总之）与"my dear chap"（我亲爱的朋友）来翻译表达"*ophile kephale*"。这是一个寒暄词，意为"dear friend"，是用借代的方式用"头部"（*kephale*, head）表达"朋友"这一意思。很明显，这在希腊语文本中是象征伊安蠢笨的一个信号（Burnet 1903：531e, d）。除了上述所列举的尖刻言论，在对话录开头一段较长的文字中，出现了很多英式口语词：

> I must confess, Ion, I've often envied you rhapsodes your art, which makes it *right and proper* for you to dress up and look as grand as you can. And how enviable also to have to immerse yourself in a great many good poets, especially Homer, the best and most inspired of them, and to have *to get up* his thought and not just his lines!
>
> （Saunders 1987b：49，斜体为我所加）

我得说，伊安，我经常妒忌你们这些干颂诗这一行的。你们的技艺要求你们外出时必须穿的漂漂亮亮，光彩照人，同时还必须熟悉许多杰出的诗人，尤其是荷马这位最伟大、最神圣的诗人。你必须弄懂他的思想，而不是仅仅熟读他的诗句！

此段中的斜体，不能简单地认为是误译，即使相对应的希腊语是口语词：例如，"to get up"这一短语，原词是"*ekmanthanein*"（Burnet 1903：530c）。然而，译者的各种选择合在一起产生的效果，为语言注入了一种非正式英式英语的特征。在这些段落中，苏格拉底傲视伊安，随着对话的进程越来越明显，他使用了另外一种方言：在对希腊语文本的译作中，只有他的用词使用了哲学抽象概念，这些词汇反复困惑着伊安：

> Socrates: It's obvious to everyone that you are unable to speak about Homer with skill and knowledge [*techne kai episteme*] — because if you were about to do it by virtue of a skill, you would be able to speak about all the other poets too. You see, I suppose, there exists an art of poetry as a whole [*olon*], doesn't there?
> Ion: Yes, there does.
> Socrates: So whatever other skill you take as a whole, the same method of inquiry [*tropos tes skepseos*] will apply to every one of them? Do you want to hear me explain the point I'm making, Ion?
> Ion: Yes, by Zeus, Socrates, I do.
>
> (Saunders 1987b：52–53; Burnet 1903：532c, d)

> 苏格拉底：众所周知，您无法用技能和知识来谈论荷马，因为如果你要能通过技能来谈论，那么你也可以谈论所有其他诗人了。你看，我想，肯定存在一种整体诗歌的艺术。
> 伊安：是的，确实存在。
> 苏格拉底：所以无论你采取什么其他的技巧，是不是所有的追问就会适用于每一个人？伊安，你想听听我的解释吗？
> 伊安：好吧，苏格拉底，我愿意。

事实上，译作中口语的使用，把一种阶级的密码铭刻进了题元等级（thematic hierarchies）中，这些题元等级充斥着希腊原文。它们最引人注意的就是其具有认识论的意义：苏格拉底旨在表明伊安既不具备表演与解释的技艺技能，也无法理解正在讨论的哲学概念，即技艺是系统化、专门化的，且能在某一领域或学科内部使得所有做法的执行与解释成为可能的观念。因此，苏格拉底声称伊安应该能够将所有诗人的表演与阐释做得同等成功，而不只是成功表演与阐释荷马一人。因为他专断地认为荷马是最好的诗人，但他对此评判却不给出任何理由说明。为了让苏格拉底的论点战胜伊安的论点，让读者都能读懂苏格拉底的立场，希腊原文的处理方式是让哲学优于表演，让理论知识优于技艺知识。

这一认识论等级还传递出某些政治意味。对话录中的两篇短文都认为伊安的老家是"以弗所"（Ephesus），他把该城描述为"被你们雅典人所统治 [archetai]"，某些涉及时政的话题，能追溯到在以弗所反抗雅典统治之前的时代（Moore 1974；Meiggs 1972）。结果是，对话似乎是要对雅典人（以苏格拉底为代表）给出一种政治宣传性的

151

再现,一定要在智力上高于殖民对象。并且,伊安就此事的无知,将雅典作为帝国的形象合法化了:傻笨的以弗所人需要雅典柏拉图式的哲学王的帮助。在译作中,这种意识形态方面所带来的压力被带进了英语,英语的多种方言使这一问题变得更为复杂化:说标准方言、精于哲学思辨的对话者,其价值被认为是高于说口语的,因为说口语缺乏哲学教育,智力也相对较低,即便他是成功的表演者。

因此,讲授剩余可以阐明希腊语原文本与英语译本。方言的差异,尤其用作反讽时,在关注建构于柏拉图论点中的文化与政治等级方面是很有用的。但是,就方言建构了一项特殊的英语剩余而言,方言还能建立起现代的、本土的关系(relevance),这一关系在英语中暴露出英美文化的层级价值观。教授剩余让学生意识到翻译可以确立一种阐释,而且这种阐释可以支持或质问希腊语文本中苏格拉底与伊安形象的再现。例如,伊安使用的方言似乎是合适的,展现出他较慢的反应与有限的教育;当然,这也可以遭到指责,因为它表现出文化精英主义,并受阶级统治决定。在对这些可能性深思熟虑之后,学生们便知晓了自己解释的局限。无论他们把口语理解为柏拉图论点的证明还是受其启发,学生的阅读行为不仅会依赖文本证据与历史研究(例如关于伊安是否具有某种知识),而且还会依赖他们带给翻译的诸种文化与政治价值观念。

如此详审语言剩余,就能给讲授翻译问题提供一个行之有效的方法。在课堂教学过程中,审视剩余,以精选的短文为基础,不需要过多比较原文与译作,尽管这种长篇比较能传递出较多信息。剩余在教学方面是有用的,因为在翻译过程中,在目标语中所释放的各种文本效果中,就能感受到它。剩余需要将译作当成译作来理解,当成同时沟通异域文本并把异域文本铭刻进本土价值观念的文本来理解。因而，这种阅读便成为历史性的阅读：当不同的话语、语域以及风格被限定在本土文化的特定时期时，译作中的语言剩余才变得清晰可懂。课堂教学中，译作的话语分析必须与文化史相联系。语言形式的使用，从不标准到标准，语言剩余是突破口，是"铭刻以往与当下语言接点的区域"（Lecercle 1990: 215）。

对照同一异域文本的不同译本，也许最能揭示语言剩余的时间方面（temporal aspect）。同时阅读多种译本，会带来不同文化时期的翻译效果，因而允许这些效果作为附属于不同文化群体的接受形式而被研究。历史抽样可以极为有效地澄清译作在本土文化中成就经典地位的原因：当译作渐渐为更多读者再现异域文本时，当实际上它渐渐取代或称为读者阅读的文本时，讲授语言剩余可以表明它的文化权威依赖的不仅仅是超强的精准或文体的恰切，更依赖它与特定本土价值观念的投契。

举个里士满·拉铁摩尔（Richmond Lattimore）1951年翻译的《伊利亚特》的例子吧。迄今为止，这一译本自其出版以来仍是最为流行的。美国语言学会曾经调查过英语系、古典学系、比较文学系、历史系、哲学系以及人类学系的教师，他们都回应道，"有四分之三的教师都喜爱这个版本"（Myrsiades 1987: x, 4）。拉铁摩尔的译本与希腊语原文非常接近，它甚至能够与荷马的诗行一一对应。尽管译本明显极为精准，并且当代英语读者完全能读懂它，然而它也存在不太接近原作的地方，就是删除了将英语文本与某个特定文化时刻相联系的语言剩余。

让我们考察一下第一卷关键一幕的几段文字：阿喀琉斯和情妇特洛伊美女布里塞伊斯向希腊军队首领阿伽门农投降：

hos phato, Patroklos de philoi epepeitheth'h etairoi,

ek d'agage klisies Briseida kallipareion,

doke d'agein. to d'autis iten para neas Achaion.

he d'aekous'h ama toisi gune kien. autar Achilleus

dakrusas hetaron aphar ezeto nosphi liastheis,

thin'eph'alos polies, horoon ep'apeirona ponton.

polla de metri philei eresato chieras oregnus.

（转引自 Monro and Allen 1920: 13）

So he spoke, and Patroklos obeyed his beloved companion.

He led forth from the hut Briseis of the fair cheeks and gave her

to be taken away; and they walked back beside the ships of the Achaians.

And the woman all unwilling went with them still. But Achilleus

Weeping went and sat in sorrow apart from his companions

Beside the beach of the grey sea looking out on the infinite water.

Many times stretching forth he called on his mother.

(Lattimore 1951: 68)

他这样说，帕特罗克洛斯听了他朋友的话，

把那美貌的布里塞伊斯从篷帐里带出来，

交付给那两个人，

带着那个不幸的女子沿着那些阿开奥斯人船舶的行列回去了。

阿喀琉斯离开了他的部下，就哭起来。

他独自跑到灰色大海岸边坐下，

望过那一片茫茫的海面，然后，

他伸出他的臂膀，

对他的母亲倾吐了一番祷告。

拉铁摩尔的翻译话语建基于标准方言极为简单的语域，他将之称为"当今的朴素英语"（Lattimore 1951：55）。拉铁摩尔指出，他遵循的是马修·阿诺德在《论翻译荷马》（1860）中的主张："荷马的译者必须牢记原作者的四种品质：他在思想和表达上是迅捷、朴素以及直接的；但素材是朴素、直接并且庄重的"（同上：55）。这是一种对希腊文本的学术阅读，用阿诺德的话来说，需要"懂希腊语并能欣赏诗的人"来表演，虽然他始终让维多利亚时代的古典学者周伊特（Jowett）萦绕心怀，但是这一译本至今还在流行，滋养了罗伯特·法格尔（Robert Fagles）和拉铁摩尔两人的《伊利亚特》译本（Arnold 1960：99；Fagles 1990：ix；Venuti 1995a：139-145）。虽然拉铁摩尔"写了"一本学术译作，但是他笃定地认为需要修订与阿诺德有关"英语的诗化方言"的主张，因为"在1951年，我们并没有一种诗化方言"，任何古词的诗化使用，例如使用"斯宾塞或钦定本的语言"来翻译荷马的朴素，似乎都不合适（Lattimore 1951：55）。

然而，正如以上分析表明的，在拉铁摩尔的话语中，可以感知到一系列属于他自己特点的古词,一部分是词汇(如"belove","led forth"),一部分是句子(如"weeping went"这样的倒装句),一部分是作诗的方法(如阿诺德所推荐的模仿荷马六部格的一个六拍句子)(如果要阅读拉铁摩尔《奥德赛》的译本,请参见 Davenport 1968)。正是古词给予译作以诗化的特性,把希腊、拉丁名字与其诨名("of the fair cheeks")的精译相关联,以便把语气的正式程度略微提高,从而使得该诗高尚化、崇高化。拉铁摩尔与阿诺德最大的不同点,就在于保留这些特质的同时,又不让其为 20 世纪中后期的英语读者所注意到,通过最小化使用古词从而抑制语言剩余。虽然拉铁摩尔的译作分成了很多诗行,但具有"现代散文语言"的特色,也就是说,这种语言是现实主义的交际与参考的语言,立刻易懂起来并看似透明的,这是意义、现实与异域文本的窗口。拉铁摩尔所译的《伊利亚特》,以最为成功的方式更新了学术的、阿诺德的阅读,并自 20 世纪 40 年代以来,利用最为宽广的英语用法的语域,将此阅读构建成自然或者说真实的读物。

这样,与其说拉铁摩尔是在语言与文化的差异间建起一座沟通希腊语原作与英语读者的桥梁,倒不如说他根据占主流地位的本土价值观念重写了一部作品。如果我们对照其他两本同样获得文化权威的,就会陌生化他的译作,虽然这两部译作是在文学史较早期就有的:一部是乔治·查普曼 1608 年的译作,另一部是亚历山大·蒲柏 1715 年的译作。这两部译作与当今的时代存在着一定的历史距离,不仅会突显他们译作中的语言剩余与铭刻在希腊语文本中的英语文化价值观,而且还会让我们关注这两部译作与拉铁摩尔译作的显著差异。

This speech usd, Patroclus did the rite

His friend commanded and brought forth Brieis from her tent,

Gave her the heralds, and away to th'Achive ships they went.

She, sad, and scarce for griefe could go. Her love all friends forsook

And wept for anger. To the shore of th'old sea he betooke

Himselfe alone and, casting forth upon the purple sea

His wet eyes and his hands to heaven advancing, this sad plea

Made to him mother.

(Chapman 1957: 33-34)

他这样说,帕特罗克洛斯服从吩咐,

从营帐里把美颊的布里塞伊丝带出来,

交给他们带走,回到阿开奥斯人的船边,

和他们一起到达的是那个不愿意离去的姑娘,

阿喀琉斯双眼湿润,远远地离开,

他的伴侣,独自坐在灰蓝的大海边,

遥望那酒色的海水,

他伸手向母亲祈祷。

Patroclus now th'unwilling Beauty brought;

She, in soft Sorrows, and in pensive Thought,

Past silent, as the Heralds held her Hand,

And oft look'd back, slow-moving o'er the Strand.

157

翻译之耻：走向差异伦理

> Not so his Loss the fierce *Achilles* bore;
> But sad retiring to the sounding Shore,
> O'er the wild Margin of the Deep he hung,
> That kindred Deep, from whence his Mother sprung.
> There, bath'd in Tears of Anger and Disdain,
> Thus loud lamented to the stormy Main.
>
> (Pope 1967: 109-110)

> 帕特罗克洛斯带进不情愿的美人，
> 她，带着柔柔的伤感，若有所思，
> 过往的沉寂，守门人牵着她的手，
> 她常常回眸而望，在海岸慢慢踱步。
> 阿喀琉斯承受不住他的离去，
> 面对发怒的海岸，他悲伤欲绝，
> 他在波涛汹涌的海边上吊，
> 这可亲可爱的大海，是他母亲跳跃的地方，
> 就在海边，他留下愤怒与蔑视的眼泪，
> 对着翻滚的大海，他大声哀悼。

如果我们仅把目光聚焦于词汇层面上（而不关注其他特点）的差异，查普曼与蒲柏的译本揭示出荷马诗作中性别再现（gender representations）的焦虑。对于两位译者来说，阿喀琉斯落泪的事实很难用早期现代男性气质的概念表现出来，故此，这两位译者不仅需要修正希腊原文，而且还要在译文中增补解释性的注释。查普曼将哭泣降

格为"双眼湿润"("wet eyes"),这一变化,可以看出给译文平添了平淡的氛围。这样他引入也会对因布里塞伊斯的不辞而别"愤怒而哭泣"的"朋友们";蒲柏通过将他们与"愤怒与蔑视"相联系,这就再定义了"眼泪"。蒲柏就该篇的评论使得在文艺复兴时期的文化中流行的宗教融合成为典型,将异教徒的英雄与"全知全能的救世主,为拉撒路哭泣"做了比较。但是这一评论仍然以明显的男性主义形式提出性别问题:"谁能否认刚毅、宽宏的眼泪,或是女里女气、胆怯的眼泪?"(Chapman 1957:44)。蒲柏的注释给出了他做同样男性化修正的理由,"英雄哭泣,并非脆弱",只因"盛怒之下,易于流下愤怒与轻蔑的眼泪"(Pope 1967:109 n. 458)。两位译者都认为极端情绪是男性气质的表现,故而两者都改变了希腊文本,以便刻画出布里塞伊斯情绪脆弱的形象,这与阿喀琉斯盛怒所显现出的男性力量恰成鲜明的对比。蒲柏走得更远,他认为布里塞伊斯"异常沉默",从而给她平添了几分被动与柔顺。出于同样原因,两位译者在处理阿喀琉斯与帕特洛克罗斯的关系时都删去了希腊语"philo",意思是"beloved"(最爱的),这样,同时也删去了他俩同性恋关系的古典理论,而这种关系早在公元前5世纪的雅典文学中就已经出现了(Williams 1992:102-104)。

  上述译本能够通过为拉铁摩尔的选择担忧而质疑他的译本中存在的文化权威,这表明,尽管他的英语看起来透明,但是他们也体现出极强的性别再现。饶有趣味的是,与标准方言的略微偏离,是阿喀琉斯偏离男性父权概念的文本场所(textual sites),这一父权概念在拉铁摩尔的文化时期仍然盛行,到了查普曼与蒲柏时代也依然盛行。这两个古词,"beloved"与"weeping went",也许给现代读者带来一种疏离效果（estranging effect），因而模糊了对拉铁摩尔译本的透明感受：古词会让人考虑阿喀琉斯与帕特洛克罗斯同性恋关系的可能性，也会让人站在尚武英雄的立场上考虑这种强烈的情感，而且正因为这些古词，他们将这些文化价值观定位于古代。然而，这些效果仅仅潜藏于译作：它们在与其他译作并置时才释放出来，因为其他译本可以凸显出拉铁摩尔译本的剩余。拉铁摩尔话语的朴素性旨在掩盖微小差异，推动叙事，并以高尚的语气遮住每一场景。古词倾向于被现代标准方言的同一性吸收，因而把注意力从英语的剩余转移到希腊文本的主题上，从而掩盖翻译是如何塑造阿喀琉斯或布里塞伊斯的，因此也掩盖了对他们所做出的任何解释。

如果剩余在讲授翻译问题时还有用，那么，它也将为译本的选择建立新的基础。正如我们所知，在绝大多数情况中，译作都收录在教学大纲中，因为异域文本的形式或主题，无论对于课堂环节还是课程来说都是切题的。美国加拿大通行的做法是，以美国语言协会对讲授世界文学的教师调查为依据，以比较异域文本作为选择翻译的标准，并兼顾其成本与实用。即便判断这些经典精准与否的标准也会有不同，精准仍是考量译作最为一以贯之的实用标准。然而，当教师计划讲授翻译问题时，除了精准性，还会考量其他标准，比如注重文化重要性与某一特定译作的社会功用，但这两个标准都要放在特定的历史时期与当下来权衡。一本译作，不论多么精确，其实都对原作做出了阐释。那么，选择适当的译法也就变成选择一种特定的阐释，它不仅会给翻译带来的问题提供一种充分的表达，而且还会对用于课堂的其他文本的批评方法提供一种行之有效的手段。选择译本，就要选择富含语言剩余的译本，尤其要能引起联想的翻译话语，也即在本土文化中使译作占据经典或边缘地位的话语。教师也有可能会考虑选择现代译本（或这本译作的节选）来供学生审视诸种现代文化价值观，这其实也是自我批评的过程。

最后，讲授语言剩余能使学生看清楚翻译在文化身份形成中所扮演的角色。当然，所有教学活动都旨在培养学生的主体性，旨在让学生掌握知识，并最终让其在社会中找到适合自己的社会位置。大学的课程理应如此，讲授诸种文化形式与价值观念，在很大程度上都要有赖译作。课堂中创造主体，就是社会个体的创造，文学课程渐渐承载了大量的语言与文化资本，而这些资本并非每个人都可获得。文学课程是能够赋予个体以社会权力的，正如吉罗瑞认为的，"文学大纲"：

> 在两层意义上构成资本：首先，它是一种语言资本，凭借这种方式，人们可以获得社会信赖的、因此有价值的言语，否则言语会被理解为"标准英语"；其次，它是符号资本，即一种知识资本。一旦拥有这种资本，即可通过要求而呈现，并且这种资本可以赋予其拥有者以受过良好教育的人所需要的文化与物质上的奖励。
>
> （Guillory 1993: ix）

只要翻译文学继续充当语言与文化资本传播的中介（英语的标准方言，是现在经典作品翻译最受喜欢的语言），翻译就会成为一种策略性手段，通过这种手段可知教育的身份形成过程。当然，这一过程也会发生改变。

正如我们在之前的章节中所看到的，在翻译中至少有两种这样的过程同时运作。异域文本的文化差异,在翻译过程中,总是依照目的语的诸种价值观念而再现的,这些观念为异域与本土读者塑型文化身份。例如,蒲柏为男性精英分子塑造了一个优雅的、启蒙的荷马,既是贵族的,又是资产阶级的,"有鉴赏诗的品位,还有学习能力"(Pope 1967:23; Williams 1992)。拉铁摩尔的荷马是翻译给二战后美国大学生的,因而它结合了希腊文本的学术阅读与标准英语方言,强化了文化阶级划分,与此同时,又谆谆教导以男性气质与黩武为特点的古代贵族文化的贵族气质。研究译作可以让学生更加意识到本土的喜好,因为任何译作都是为读者服务的,也服务于异域文本。在翻译文学的教学过程中,学会尊重文化差异,应当与学习构成本土读者文化身份的诸种差异同时进行。每次在全球英语霸权为英美读者招来一种文化自恋和自鸣得意的时候,翻译都足以表明让任何文化带上特点的异质性。

然而,翻译具有此种功用的话,文学的研究生教育将需重新考量。比较文学学科已经开始自我审视,虽然二战后的几十年来,该学科"重在民族与语言身份",正是这两者共同让翻译研究受阻的(Bernheimer 1995:40)。1993 年贝恩海默的美国比较文学协会报告声称,"应当减轻对翻译的各种旧的敌对",因为"现在,翻译应当被正视为一种解决更宏大问题的范式,它有助于理解与阐释跨越不同话语传统"(同上:44)。与此相反,英国比较文学协会很长时间以来都认为翻译是这一领域的楷模,并鼓励研究翻译的学者,它甚至得出结论,认为"我们应当从现今开始把翻译研究视为一门主要学科,比较文学虽然重要但应当是辅助学科"(Bassnett 1993:161)。虽然这一观点在某些美国比较文学学者看来有些绝对,但是它提醒人们,翻译理论与翻译史课程在美国比较文学学科设置中仍属罕见。

在英国大学的很多院系，翻译仅在打破当下在高级文学研究中的绝缘状态（例如某些人承认的仇外）的前提下，才能激发出对其自身的兴趣。外语作为英美博士阶段或其他阶段必修课的日子已经一去不复返了。在很多英语研究生课程中，尤其是在美国，外语必修课程已经大幅缩减，许多外语研究项目也把翻译一段外文的基本门槛降格为能说地道的英语。因此，新晋的博士也不用思考藉由依赖翻译研究与教学所产生的文化与政治问题。

然而，我对这一问题开出的药方，不是退回到让学生掌握两门或更多外语阅读水平的传统要求上。通过一门语言掌握的知识，对研究生课程来说是有限的。这一情况深深根植于英语文学，更不用说拖延获得学位的进程，拖延继续研究通过各种语言考试的捷径脚步。更有效的选择可能是要求熟练掌握某一种外语知识（通过测试阅读理解而非翻译能力而证实），还需伴随一门能协商沟通语言与文化差异的英语课程。这就是历史地考察翻译理论与实践中能说出的最准确的问题，在翻译理论与实践环节中，焦点是外译英，还是学习如何将英语译作当成译作来理解。

我这里提出的两方面的要求，会促使博士生使用外语开展科研，并让他们能够顺利进入文化身份形成这一现代批评领域。也许最重要的是，在讲授翻译文本时能正确面对翻译问题。他们将会明白，没有哪个民族的文化能脱离与异域文化的碰撞而自行发展，他们自己的英语文化课程会成为多语言的和跨民族的。将翻译引入教学日程，这一做法注定会让每个阶段的学生都受益良多。

第六章　哲学

当今的学术研究面临翻译问题时，会碰到诸多尴尬情况，就连哲学也无法逃脱。哲学研究大都依赖译本，同时却又忽略了译本的翻译身份，没有考虑到由翻译实践所引入的差异。这一问题在英美文化中最为显著，因为在英美文化中，从经验主义到逻辑语义学的哲学传统，长期给语言以优厚待遇，认为语言即交际，因而希望译本都是透明的。但是，在欧陆哲学传统中，例如在存在主义现象学与后结构主义中，语言被视为思维的必要组成部分，因而翻译一直被视为具有决定异域文本的本土重要性。即便在这里，哲学论点与哲学思辨仅就其依赖译作的情况给予象征性的认可。一直以来，哲学最主要的工作就在于通过阐释异域作品的本土译本来创造概念。但更多的情况是，这些译作应当总是透明的，因而这些所创造的概念似乎未被本土语言与文化而改变。翻译似乎从来没有被评论或研究所注意过，这是无可争辩的事实：哲学家们都设想，只要将翻译的准确性评价为忠实于异域文本，透明便是唾手可得的理想。哲学家有时还苛责译者丢失了异域哲学家的原意，或者失去了异域哲学术语的重要性。在这种情况下，译作很可能已经被调整，并被带入一种与异域文本原意的充分关系，尽管事实上翻译中建立起来的充分原则会转回到本土标准。这一本土标准通常是评论家们含蓄地使用的文体经典或竞争性质的阐释。

关注概念生成的物质条件，关注它们的语言与话语形式，关注它们在不同文化环境中所拥有的不同意义与功能，翻译就显现出一种哲学的基本理想主义（fundamental idealism）。这样一来，翻译便给哲学提供了一个自我批评的机会，一次来自哲学话语和哲学机构的审查，以及一种对当今口译实践与哲学作品翻译的再思。这里，我的目的就在于质疑采取唯物主义的哲学研究对翻译的忽视，这是一种并没有抛弃形成概念的哲学项目的情境，仅仅是让其以差异作为基础，因为翻译在哲学作品的物质性中会将差异打开。我要追问的问题既是基础的又是现实的：确立哲学，是要从思考翻译的本土决策与效果中获得什么？这种思考对翻译外国哲学有何作用？

哲学的收获

在哲学学科中，路德维希·维特根斯坦《哲学研究》（Philosophical Investigations）的接受是一个因翻译边缘性而引人注意的例子。该著作1953年的初版做成了双语版本，即伊丽莎白·安斯康姆（G.E.M. Anscombe）的英德对照版。大概有15人写了书评以祝贺此书的出版，但很少有人提及该书英译本的质量。下面所列出的评论都很短，大都是一些无足轻重的客套话，诸如"很好""还不错""总体来说很成功，值得信赖""充分而忠实"（Nakhnikian 1954：353；Workman 1955：293；Hampshire 1953：682；Findlay 1955：179）。尽管这些评论都很短，但我们从中能看得出来，评判翻译的标准是，是否与德语原作、与维特根斯坦独特的哲思风格、与他的概念保持一致。大多数评论家都心照不宣地假定了这种同一性，他们完全没有参看安斯康姆的译作，把评论都集中在维特根斯坦的观念与观点的评判性写作上了。为了证明后者，这些评论家引用的英译本仿佛是维特根斯坦本人创作的，仿佛英译本就是他原意的简单对应（Strawson 1954；Feyerabend 1955）。

由于大家都忽略了安斯康姆的英译本，所以评论发表的速度很慢。但当这些评论最终出全时，它们都把同一性设定为精准的标准，这种想法说明评论者没有给予译本足够的重视，因为它掩盖了德语原作与本土阐释的竞争。索尔·克里普克（Saul Kripke）就曾质疑过安斯康姆的某些译文，比如把"Seele 及它的派生词有时译为'soul'，有时又译为'mind'，这取决于上下文"，因为他发现，在德语原文的一个句子里，用'mind'一词翻译'seele'，不会太误导读者（Kripke 1982：49）。如果"soul"（灵魂）一词有误导，那么它就是误译，是对维特根斯坦概念不准确的表述。然而，克里普克使用"mind"（心智）的逻辑依据，很大程度上并非与异域文本的沟通有关，反而与对其进行本土文化的归化行为有关，与将其向英美哲学的现世主义（secularism）与反基础主义（anti-foundationalism）的归化有关，也与克里普克自己对这些价值观念的投入相关。克里普克解释道，"对于当代英语哲学的读者来说，'mind'一词在某种程度上，

第六章　哲学

含有较少的哲学与宗教意味"(同上)。这种归化维特根斯坦文本的趋势，即将之同化为本土可读性，为本土利益着想的趋势，在1963年时又加强了，其时《哲学研究》删去了德文原文，以纯英文的形式出版。108 而今，英语哲学著作的读者偶遇维特根斯坦，会以为他是用英语写作的哲学家。无论如何，他将继续是英语哲学家，因为英美哲学翻译中一直存在着翻译隐身的现象。

　　为了让安斯康姆的英译本现身，我们必须抛弃语言，尤其是哲学话语概念稠密（conceptual density）的语言，能表达诸多观念而同时又不动摇或重构它们的假设。维特根斯坦自己的哲学告诫这一假设，质疑个人表达的可能性，认为表述的意向性是语言传统的问题，而非逻辑必要性的问题。我们将把这一话题引向更深层面：任何语言的使用，都倾向于语言剩余的不可预知的变体，这是胜过任何个人控制的多种语言形式的合力，这种合力会使得所要表达的原意更为复杂化。这种附加于异域文本的特殊本土语言剩余，提高了不可预见性，超出了域外作者与译者所要表达的意思。因此，没有一个英语译本能够简单地与维特根斯坦的德语原作相会通，而同时不把英语的语言形式铭刻进英译本，因为这些英语的语言形式会使他的哲学稳定下来，并重构这一哲学。

　　安斯康姆译本中有一段文字值得思考：

> Das Benennen erscheint als eine *seltsame* Verbindung eines Wortes mit einem Gegenstand. – Und so eine seltsame Verbindung hat wirklich statt, wenn nämlich der Philosoph, um herauszubringen, was *die* Beziehung zwischen Namen und Benanntmen ist, auf einen

167

Gegenstand vor sich starrt und dabei unzähliche Male einen Namen weiderholt, oder auch das Wort "dieses". Denn die philosophischen Probleme entstehen, wenn die Sprache *feiert*. Und *da* können wir uns allerdings einbilden, das Benennen sei irgend ein merkwürdiger seelischer Akt, quasi eine Taufe eines Gegenstandes. Und wir können so auch das Wort "dieses" gleicsham *zu* dem Gegenstand sagen, ihn damit *ansprechen* – ein seltsamer Gebrauch dies Wortes, der wohl nur beim Philosophieren vorkommt.

(Wittgenstein 1953: 19)

Naming appears as a *queer* connexion of a word with an object — And you really get such a queer connexion when the philosopher tries to bring out *the* relation between name and thing by staring at an object in front of him and repeating a name or even the word "this" innumerable times. For philosophical problems arise when language *goes on holiday*. And *here* we may indeed fancy naming to be some remarkable act of mind, as it were a baptism of an object. And we can also say the word "this" *to* the object, as it were *address* the object as "this" — a queer use of this word, which doubtless only occurs in doing philosophy.

命名似乎是一个词同一个对象之间的一种奇特的联结。而且当哲学家盯着他面前的对象并且多次地重复一个名称或者甚至只重复"这"这个词，企图以此来揭示名称和事物之间的这种关系时，你真的就得到了这种奇妙的联结。因为，当语言休假时，哲学问题就产生了。在这里，我们可能真的会幻想命名是心灵的某种奇异的活动，好像是对一个对象施行的洗礼。而且我们好像还能够对这个对象说"这个"一词，用它去称呼它——对这个词的这样一种奇怪的使用，无疑地只有在搞哲学的时候才会发生。

这段译文大部分都以英语标准方言的朴素语域（plain register）译成，但使用的是英式英语的拼写方法。安斯康姆大量使用英式英语的口语词：比如动词"fancy"，比如"holiday"和"queer"，后两者在美式英语里的对应词应该是"vacation"（或者 day off）和"strange"。口语词被受过较高教育水平的人提升了格调，如"innumerable""as it were""address""doubtless"，当然也包括某些哲学的抽象词汇，如"object""connexion""relation""philosophy"。

　　这种异质英语的混合状态，足以质疑任何仅仅通过将译文与德语原文做比较来评估该译本的努力。例如，译文使用不同的方言、语域以及话语，都与维特根斯坦散文的突出特性相一致，"既是修辞性的，也是日常的"（Hampshire 1953: 682）。然而，任何这样的同一性，都仅仅是在最为一般水平的情况下，才能拿捏得准：只要将上述选文与德语原文做一对比，立刻就能发现安斯康姆的译文有些偏离原文，还添加了不少信息。德语本没有可以和英式英语与美式英语所带来的差异性相比较的东西，因为这是一种民族性的差异。德语中也没有与英语口语语域如"fancy""holiday"特别契合的词汇：第一个词"fancy"，避免了以惯例上相对等的"imagine"来翻译德语词"einbilden";而第二个词"holiday"则排除了一系列惯例对等词的可能性（如"celebrate""stops work""idles"），用来翻译德语词"feiert"。在忽略现代字典规定给这些单词义项的意义上，安斯康姆的选词不能归到误译的类别。然而，这无疑已产生出超越任何基于词汇对等的效果。

安斯康姆的英译使维特根斯坦获得了一种英式英语的剩余，这种剩余在哲学话语以及哲学学术研究中释放出强大的力量。《哲学研究》中的思考是离心式的，脱离了 20 世纪 30、40 年代占据英国哲学主导地位的逻辑实证主义的路数（Quinton 1967: 392）。译文多样的语言及其中断的、不确定的文本形式（有些选文是维特根斯坦作品的编译结集在一起的），不可避免地加大了与当今哲学趋势的差异。当今的哲学趋势是，写作风格要更正式，但要陌生些，要分析得更精准，但比喻性的建议要少些，要更学术化，通俗化要少些。可以说，安斯康姆的译本已经与维特根斯坦的思想达到了会通，甚至模仿了他的写作风格。然而，在翻译过程中，二者都覆盖上了亦能使之越界的本土剩余：翻译标注并且跨越了英国哲学的学术边界，使得译文丝毫不弱于原文，仿佛已经进入了英国本土文化一般。一位对译文做出评论的评论家说道："每一个句子都是清楚达意的，且大都是口语的"，但是"这些句子累积起来的效果是特殊的"（Hamilton 1954: 117）。这种特殊性尚未消失殆尽：尽管维特根斯坦的思想极大地影响了英国哲学（Quinton 1967: 393-396），但是，安斯康姆译本的风格没有在英国哲学家中产生出任何模仿者，并且，其他评论家一直在修正她的"独特的"翻译（Hanfling 1991: 117 n. 1；还可参见 Hacker 1986: 113 n. 3 和 Hintikka and Hintikka 1986: passim）。像维特根斯坦这样所谓的"日常语言的"哲学家,也会在学术写作的日常用语中点缀一些行话(例如,约翰·朗肖·奥斯汀就区分了"记述话语"与"述行话语"的不同)。维特根斯坦的个案表明,在有影响力的译作的剩余的阅读中,哲学获得了一种有关自身的历史知识,一种有关话语层级装置的历史知识。这种层级装置存在于该学科的任何阶段,且根据本土的价值观念,对外国哲学思想的引入、容受、排斥及转变产生重要影响。

剩余的不同运作是集合的,因此,我们可以质疑任何对翻译狭隘的自我理解,质疑任何对反映原作者(或译者)原意或经历的自我臆测。例如,我们也许会认为,英式英语的口语词反映了维特根斯坦本人对英语的使用。维特根斯坦在剑桥开设系列讲座时,安斯康姆还是学生,后来他们成为朋友和同事,她在他生命的最后岁月里非常重要。安斯康姆也许非常熟知他的英文谈话与写作,如果他用英文写作的话,她的译文对于原作来说也一定会非常忠实。据维特根斯坦以前另外一位学生诺曼·马尔科姆(Norman Malcolm)回忆,"维特根斯坦的英语说得非常好,还带有受过良好教育的英国人的口音",而且他并不反对使用英式英语口语词。例如,说当天讲座不好,他会使用"a lot of rubbish"(大量的垃圾),他会用"grand"(非常棒)来描述食物,或者提及他很喜欢的"detective mags"(侦探杂志),这都表明他会使用大量俚语(Malcolm 1984: 24,38,96,124)。马尔科姆还注意到,"维特根斯坦最喜欢使用的短语是一个感叹语,'Leave the *bloody* thing *alone*!'(别管那个鬼东西)"(同上: 69)。

然而,请不要忘记维特根斯坦是使用德语而非英语写作《哲学研究》的事实,所以,他并没有选择使用那些出现在安斯康姆译文中的口语词。对于德语词"feiert"这一特殊的例子来说,她选用"goes on holiday",就曾被指责与维特根斯坦的本义不一致。更有全面论者指出,维特根斯坦喜欢另外一个不同的词"idles"(Baker and Hacker 1980:221)。尽管没有提供任何资料证明,但很明显,该观点根据的是文章靠后的一个部分,他在那里做出了相似的说明:

> Die Verwirrungen, die uns beschäftigen, enstehen gleichsam, wenn die Sprache leerläuft, nicht wenn sie arbeitet.
> (Wittgenstein 1953: 51)

> The confusions that occupy us arise, as it were, when language idles, not when it is working.

> 困扰我们的迷惑出现了,是在语言空闲,而并非当它工作时。

111 根据维特根斯坦用词的偏好,另外一位评论家默默地修正了安斯康姆的译文:维特根斯坦写道,"哲学问题在语言度假(idle)时便会出现"(Hanfling 1989:51)。但是,这一译文的选词,与其他可能的备选词并无两样,它与安斯康姆的译文都没有更接近维特根斯坦的原意。任何翻译都只能依凭本土阐释,基于某种再造——词汇的、文本的以及个人的——来翻译异域文本。这正符合特殊阐释理由的诸种需求。

安斯康姆译本引人入胜的地方,在于它有丰富的阐释性的语言剩余。像"goes on holiday"这样的口语词,及其模糊化、比喻性的使用，在英美哲学话语中，甚至是在像维特根斯坦作品这样一种非正式默想的文本中，都不很常见。其结果是，它与翻译中使用标准方言所带来的英语语言意义不可控的丰富含义，产生出极为强烈的反差。

"哲学问题在语言度假时便会出现"这一陈述，经常被引作例子用以批评某种哲学，要么是形而上学语言分析哲学，将意义视为一种心智或灵魂的本质，要么是实证主义哲学，将语义还原为形式逻辑的各种规则（Ambrose 1954：111；Mundle 1970：198；Hallet 1977：114）。维特根斯坦译作的评论者为了支持这一阅读，就曾指出，维氏认为一个词的意义是取决于语境的，不是先天就有的，而是约定俗成的，而且意义是该词在特定社会习俗或"语言游戏"（Sprachspiel）使用中所体现的功能。在这个意义上，当形而上学或实证主义哲学家错误地脱离一个词的现实使用与职责而玄想该词的意义时，"语言就外出去度假了"。在维特根斯坦众多被反复引用的其中一个例子中，建筑工人会有意地为建筑材料交换术语，因为术语的意义取决于它们在工作中的用途。

为了让其他哲学家对维特根斯坦的批评做出正确的理解，安斯康姆的选择必须标明该任务的中止，不料"休假"一词显然完成了这一任务。但该词中还隐含着游戏活动的意思，该义项存在于固定的节假日（银行假日、圣诞节、暑假）中，因此暗示着对语言的哲学的使用也会参与到语言游戏中；同时还暗示，在进行哲学探讨时，词义不能脱离现实使用而存在，它只是在另一种语言游戏中履行另外一项职责。也许我们会说，哲学总是在公交司机休假时接受语言。这不仅适用于形而上学哲学家和逻辑实证主义哲学家，而且还适用于维特根斯坦。维氏自己使用建筑工人的术语，难道不是开始于哲学研究的建筑

173

工作，以便创造出语言游戏的概念，从而解决意义的哲学问题吗？

译文指向了德语中总具有冲突性的可能性（"feiert"可被译为"goes on holiday"或"idles"），并且还打开了维特根斯坦原作中的矛盾。这一矛盾揭示出他的哲学中所蕴含的根深蒂固的保守主义。他并没有看到他和其他哲学家在方法论上的相似性，因为他更为关注其对语言问题的影响。尽管他没有考虑打断语言现实使用的哲学，但他限制了对语言游戏正常运转和维持现状的评估。维特根斯坦的建筑工人使用语言建造项目，不是把它的地位概念化为一种语言游戏，不是讨论工作环境或者建筑工人的薪水，也不是讨论这一职责与其他项目的关系、其他种类的工作及其他人。他深信，"哲学绝不会影响到语言的真实使用，它最终只能描述它"，不能解释它，因为解释依靠理论假设，而理论假设会导致误解（Wittgenstein 1953：49）。然而，任何"让万物为其本来样貌"的描述，远非仅仅给出事实，而是有效地设想一种伦理与政治价值的理论，在这种理论中，语言游戏被认定为好的与公正的，值得努力保持其继续运作。这一价值也许会作为一种民主理想而被建构出来，因为在理论上，语言游戏失掉了主宰其他游戏的能力或权利。然而在现实中，语言游戏总是被安排为层级装置，无论是根据其实际使用，还是根据其学术功用。无疑，维特根斯坦质疑了当今在哲学中运作的诸种语言游戏——然而，具有悖论意味的是，对这些语言游戏，对哲学学科内的文体与话语层级装置来说，这一质疑使用的是另外一种平静的方法（a quietism）。

因此，安斯康姆对于"holiday"的选词，使得一种竞争性地阅读维特根斯坦的哲学成为可能，但这又仅适用于从唯物主义的视角来审视她的译文。阅读译作中的语言剩余，意味着聚焦英语铭刻进德语原作的语言与文化差异,意味着思索剩余对维特根斯坦思想的重构。实际上,安斯康姆使用的口语词,在德语的主题中创造出了一种元评论(metacommentary),尤其是语言游戏与对其他有关意义的哲学概念的批判。但是,我从她译文所得出的评论与维特根斯坦的原文显然是抵牾的:我的设想是唯物主义的,揭示的不仅仅是译作的决定与效果,也是维特根斯坦哲学的决定与效果,以及被他的语言游戏的保守观念所掩盖的诸种社会条件。在译作中读出剩余,能助推阐释者所产生的一种自我意识,仅从特殊理论倾向助推文本效果才能被弄清,才是最重要的知识。维特格斯坦本人就具备这种知识,即便他没有将这种知识清晰地运用于翻译,他写道:"这种悖论仅在我们与观念彻底分离时才会消失,因为语言总以一种方式体现为观念,总是服务于传递思想这个同一的目的,可能有关房子、疼痛、善恶,或者任何你所喜欢的事情"(Wittgenstein 1953:102)。但当我们阅读安斯康姆的译文时,却读不出这种同样的自我意识,在她设想的以透明翻译为理想的译文中,口语词被用来表达维特根斯坦的哲学思想,或至少部分地表达。这样一来,关注到安斯康姆选词特殊性的阐释者——"在哲学沉思过程中,如果语言外出度假,那就是一个假日"——会发现这些选词与维特根斯坦的思想保持了一致:"维氏对于意义的哲学观念,说明他对语境持有的漫不经心的态度"(Hallett 1971:101)。

从以上论述可知,语言剩余是不可预知的。剩余在哲学翻译中所激发的元评论,将会在不同语境中体现为不同的形式,与其说依赖的是讨论中的具体思想,倒不如说是阐释者的假设。安斯康姆译文中的另外一段值得研究。在这段中,剩余没有引导出一种哲学批评,反倒引导出一种对维特格斯坦哲学更为恭敬的阐发:

> Denk nur an den Ausdruck "Ich hörte eine klagende Melodie"!
> Und nun die Frage: "*Hört* er das Klagen?"
>
> (Wittgenstein 1953: 209)

> Think of the expression "I heard a plaintive melody". And now the question is: "Does he *hear* the plaint?"

> 想想这一表述"我听到了悲哀的旋律"。现在问题是:"他听见悲伤了吗?"

安斯康姆译文最引人注目的特点就在于她翻译关键词时使用的是古词。"plaintive"(悲哀的)很古雅,偶用于诗作;而"plaint"(悲伤)是 17、18 世纪英国诗作中的常用词,现已不再使用,例如,在弥尔顿的《失乐园》与戈德史密斯的《荒村》(*OED*)。德语"klagende"和"klagen"都是常用词,翻译成英文的对等词极为简单,还保留了重复,比如译成"lamenting"和"lament"或者"complaining"和"complain"。然而,选择这些古词似乎在程度上过了一些,因为它们给日常文风附加了另外一种诗化的语域,并在德语中铭刻进一种明显支撑着维特根斯坦思考的英语意味。这段文字虽然很隐晦,似乎认定他的意义概念是使用语言游戏,因此,"Does he *hear* the plaint?"是隐喻:使用"I heard a plaintive melody"这一表述的人,没有听到任何有音乐传递的信息,他不是在抱怨,而是联想到"plaintive"一词曾经在音乐性方面的使用,并且因此将它使用于他所听到的声音和他的身体感受,或者用于他听见时的情绪和心理反应。对维特根斯坦来说，语言游戏主要是一种社会实践。在这种社会实践中，意义根据某些约定俗成被指派给词汇。安斯康姆使用的诗化古词，实际上也证明了这一论断，因为即便在文学中，这些古词也足以证明约定俗成的观点。英国文学史"回响"着古词，将"Does he *hear* the plaint?"转化为"Does he *hear* the traditional applications of the poeticism 'plaintive' to music?"（他听见把诗化词"plaintive"用于音乐的传统了吗？）这里，剩余所创造的元评论是述行的，在文体层面确立观念，从而在主题层面得以表述。

当然，剩余的不可预见性意味着，不是所有剩余的效果都像我挑选的例子那样显著。有些剩余是隐晦的，只在与异域文本比较时才会显现，虽然这种比较意在揭示翻译的偏差与超额，而不在寻求一致性以便彰显该剩余。哲学翻译中最为隐晦的效果也是最强有力的，这种效果就体现在将异域文本同化为本土文化哲学话语与传统的过程中。要使异域文本能够被理解，能够让本土读者觉得有趣，这一归化过程就必须存在于一切翻译实践过程。尽管安斯康姆译文的语言具有疏远的异质性，但仍能见到剩余运作的痕迹。当维特根斯坦通过指称某个物体来探讨界定词汇的行为时，使用的是"hinweisende Definition"，她用了一个拉丁词"ostensive"来对译德语词"hinweisende"，其实，该词还可译作"pointing""referring""demonstrative""indicative"。安斯康姆的选词来自于奥古斯丁《忏悔录》里的"*ostendere*"，意思是"to point at"（指着），维特根斯坦在他的著作开篇引用了这个词。奥古斯丁写道，作为孩子，他"grasped that the thing was called by the sound [his elders] uttered when they meant to point at it"("*tenebam hoc ab eis vocari rem illam, quod sonabant, cum eam vellent*

114

ostendere"，他笃信，当长者们指称事物时，该事物应该就是它的发音）(Wittgenstein 1953: 2）。通过选用"ostensive"，安斯康姆还表明了哲学的倾向——包括朴素文风的英国式传统——以便创造出多个术语，加强语言的概念稠密，并与日常用语拉开距离。在英国哲学话语中，"ostensive"一词是弗兰西斯·培根与伯特兰·罗素一系惯常使用的术语。

换言之，安斯康姆其他的选词实际上都很朴素，这一朴素的文风从7世纪以来就主导着偏爱使用现代用法、连动句、单义以及质疑比喻性语言的英国哲学。例如，在维特根斯坦批评其他语言哲学时，安斯康姆把"wenn die Sprache leerläuft"（"when language idles"，当语言休假时）译为"when language is like an engine idling"（当语言就像一台不运转的引擎时）。可以看出，她移除了一个省略的隐喻，并为英语读者考虑，让该比喻明晰化（同上：51）。在这些选词的背后，我们能强烈地感受到英语翻译实践中长期占据主导地位的通顺翻译原则，其目的就是能一目了然。换言之，即尽量在译作中少使用特殊的语言与文体，因为这些特殊的语言和文体会有碍于透明的幻象。

同时，剩余还能丰富和引导对哲学译本的解释。它所要求的解释必须是哲学性的，一定要有概念分析，现在却带上了更多的文学性与历史性，关注语言的形式特征与语言、文学、哲学的多种本土传统。语言剩余在目标语中运作的效果附加（addition of effects），通过提出它们与其概念及论点的关系问题，提出把它们默认为元评论，从而使得异域文本的语义负担（semantic burden）变得更为模糊。要理解这些效果，还涉及它们与本土实践及惯例的关系的问题，包括本土哲学家对异域文本已经做出的竞争性的阐释，以文体与话语为特征的本土学术哲学的层级，以及在它的历史时期，在其他实践和惯例中，哲学所能起到的社会功用。一部译作的剩余，连同它带给异域文本以及目标语言不同程度的暴力，表明哲学概念形成这一项目，取决于它的语言与文化条件。翻译仍是哲学的黑暗秘密，完全是因为剩余在当代学术的形式过程中，摧毁了该项目的基本假设，即作为反思自治代理（autonomous agent of reflection）的哲学主体的稳定性与权威性。

哲学翻译的策略

如若还要让剩余在外国哲学的翻译中派上用场，就得重塑准确的观念，既要考虑异域文本，也要考虑本土读者。辞典编纂的对等，会因保留"准确"这一术语而更为精确，但更要考虑到译者的多种伦理责任。由于翻译通过重塑原文而与本土文化沟通，当翻译为本土的不同读者群指称出译文的语言与文化差异时，译者便能评判出该译作的好坏。这一差异的伦理价值就在于让读者警觉，因为归化的过程已经在翻译中运行，而且阻止该过程对占主流地位的诸种本土价值观念滑入一种不反思而同化的进程。当外国哲学与本土占主流地位的学术在某种程度上存在不同时，或者当它们被翻译为不同于本土对这些观念与话语的现有解释时，外国哲学才能在翻译中保留自身的差异性。最好的哲学翻译理应是哲学的，从而建构一种基于评价本土情境的异域文本的概念。但是如果哲学翻译重视差异性，这一概念就应当陌生化，而不是基于对该情境的认同。

179

译者的职责是双重的,既要对异域负责又得对本土负责,并且它分为两个相对的责任,以便为概念稠密的文本建立辞典编纂的对等;与此同时,还要为本土读者维持可资理解的异质性。差异伦理所驱动的翻译实践,不但寻求本土读者了解外国哲学的途径,而且激发读者开辟出新思维。这种翻译承认外来的概念和话语,通过推动自我批评,激发创造新哲学、新哲学经典与哲学课程、哲学家的新资历,能够改变不同的本土惯例。它也将承担上述这些可能会有结果的责任,其方式是凭借操控剩余,即目的语的诸种效果。这些效果通过把它与异域文本区分开来,预示着翻译的二阶状态(the second-order status of translation)。

诚然,哲学翻译能够承担另外一种意义的责任。译者也许遵循的是化同伦理:选择异域文本,培育话语策略,以便支撑学术限制,继而为异域概念与话语创生出新的本土对应词,因为这些对应词可以把它们对差异的不安降到最小。尽管这样的翻译在学术领域会被认为精准,但它仍有不太尊重异域文本而尊重本国现状的危险。而且它在强化支配作用的解释方面做出的努力,会伴随本土方言、话语、惯例与受众的变体而受到影响。语言剩余所释放出的多种语言特殊性,为评判哲学译作提供了文本基础,因为这些特性构成一种评判异域文本在多大程度服从或抵制翻译过程中所实施归化的方式。实际上,正是安斯康姆异质的语言使得她保留了维特根斯坦哲学的怪异性,并且吸引了众多归化评论家的批评与修正。

哲学作品的很多英语译者,一直表现出对剩余的意识,这是一种对翻译引入的不可还原的差异的意识。但是,这些译者也一直在限制剩余,仍然遵循着英美对通顺、一目了然以及透明沟通幻象的偏好。其实，他们对剩余铭刻进异域文本中的本土价值，并不做过多的评判。维多利亚时代柏拉图作品著名的译者本雅明·周伊特（Benjamin Jowett）曾断言，翻译"首先要熟知作品"，而且"要读起来像原作"。这一论断不仅掩盖了译作的地位，也掩盖了译者"为获得清晰和意义而略微牺牲些准确性"的决定（Jowett 1892: vx, vxi）。为了确保译作的透明性，周伊特推荐使用一种同质性的英语文体，这种文体主要使用时下简单明了的词汇："再达意与精准的词汇，如果让读者停止思考，或者由于生僻、特殊而不具吸引力，或者有碍语言表达的效果，无论多么达意与精准，都不应使用"（同上: xxii）。然而，尽管这一努力控制了剩余的过剩，周伊特自身的文学宗教价值观念很显然还是塑造了他的作品。他承认"这些对应词也许源自莎士比亚"，只要它们"使用得不多"，并且"在使用圣经的过程中，也应当能够观察到相似的原则"（同上）。周伊特翻译的柏拉图，将詹姆士一世及其后的文学形式相混合，创造出一系列丰富的古词，乔治·斯坦纳称其为"1611年的语言……经过了17世纪晚期语言与维多利亚时代诗人语言的过滤"（Steiner 1975: 345-346）。这一译本将希腊文本与在英语文化中占主导地位的传统相融合，帮助确保柏拉图哲学失去它异教不熟悉性（pagan unfamiliarity）的同时，又保留了它在学术机构中的经典地位。

柏拉图著作的现代编者兼译者特里沃·桑德斯（Trevor Saunders），深受周伊特见解的影响，但为了本土的专门读者考虑，他对翻译更具自我意识。周伊特的出发点是流行的观点，他认为"对学者和未受过教育的人来说，英语译作都应当地道、有趣"（Jowett 1892: xiv）。这一观点忽视了唯有受过良好教育的读者，才能欣赏他的《柏拉图》中文学宗教剩余的事实。桑德斯也有类似的看法,柏拉图的《法律篇》细致地探讨了乌托邦的政体模式,具有强大的吸引力,"律师、社会学家、历史学家、哲学家、神学家等"都可能会对此发生兴趣(Saunders 1987a: 160)。然而,与周伊特不同,桑德斯将自己的译作视为一个学术项目,一种对作为学术经典的柏拉图作品的改革,在20世纪60年代的10年中,它一直都是经典:

> 译文的风格必须部分地取决于原作的本质与目的;也取决于该作品的现状与译作预期读者的特点。那么,《法律篇》的情形如何?它是柏拉图部头最大的作品,可能也是最不受重视的作品。《法律篇》的支持者极少,预期读者也漠不关心,或者说关注很少。对于这种情况,译者所能为《法律篇》提供的最佳帮助,就是确保它还有读者。
>
> (同上: 157)

桑德斯的"预期读者"主要由大学学者、教师和学生组成,并经常能在这些人中找到柏拉图作品的"支持者"。他是在"写作"一部收录在企鹅丛书的平装本译作,设计为平装的目的在于让一般读者能够阅读到经典作品的富有吸引力的译本,但结果是该丛书由贝蒂·拉迪斯(Betty Radice)编辑后,更多地转向了学术,并越来越多地服务于大学课程(Radice 1987: 21-22)。因此,桑德斯一边同意周伊特任何译作"应当读起来像原作"的主张,一边又故意使用英语方言、语域以及话语,这样对于受教育的读者来说,译作就熟悉、透明起来。而且,他自己也承认,译作中的归化倾向非常强烈,有可能会导致误译与时代错置。例如，他曾解释道，为了翻译一个希腊语短语（*kerdos kai rastonen*），他使用了莎士比亚的语言"cake and ale"，取代了精准的"profit and ease"，因为"莎士比亚使用的语词在我看来精准地把握住了评论的语气，所以，为了可读性，我故意抛弃了精准性"（同上：158）。桑德斯译本的出版经过表明，在让英语读者关注柏拉图的《法律篇》方面，他的诸种策略无疑是卓有成效的：此译本持续印刷的时间超过了25年。

虽然如此，桑德斯肯定低估了剩余的运作方式。在为追求可读性的做法辩护时，他声称"对文中某些不太重要的特征进行适当的、故意的夸张，是吸引读者极为合理的方法"（同上：157）。但是，"夸张"并非始于描述元评论，因为元评论也许建构于它的文本效果，在这些效果中，那些看似"不重要的"却能从唯物主义视角发出较大的阐释力。

在《法律篇》中，他感知到贴近"xenoi"（"strangers""foreigners"）的翻译"在现代英语中反而会带来不和谐"，因此遍找对等词。他用诸如"sir"和"gentlemen"之类的英语词取而代之。"sir"和"gentlemen"这两个词似乎"把握住了三个老人对话沉静的正式风格的某些特征"（同上：158）。在现代英语中，"strangers"确实不很和谐，是一种疏远的指称谈话人的方式，但这仅仅因为该词指向一种历史性差异：在古希腊文化中，种族与政治身份问题就具有这样的重要性，这一问题会进入到日常谈话而不冒犯别人，同时成为社会压制的基础，包括在伯罗奔尼撒对非希腊人与雅典帝国主义的歧视。"xenoi"词义含混不清，既意为"guest"（客人），又意为"strangers"（陌生人）或"foreigners"（外国人），尽管"strangers"

可能还是异乡人，但仍是希腊人（Delacampagne 1983：189；Liddell and Scott 1882）。该词出现在《法律篇》的首句，这位"雅典的陌生人"（可能是柏拉图自己或者是亚里士多德）与克里特人克勒尼阿斯和斯巴达人迈格洛斯寒暄时，提出了一个与种族及政治敌对共鸣的问题。桑德斯对此的翻译是，"Tell me, gentlemen[*xenoi*], to whom do you give the credit for establishing your codes of law? Is it a god, or a man?"（先生们，你们所说的这些法律应当归功于谁？归功于某位神，还是归功于某个人？）（Saunders 1970：45）。"gentlemen"这一选词消除了任何敌对的含义，同时又添加了"xenoi"与"strangers"两词所缺失的礼貌与相互尊重之意。桑德斯译文的意义在于，不仅创造出一种说话语气或方式，还将柏拉图的对话录描述为民主观念的交换，虽古板迂腐，却不失为"亲切的对话"（Saunders 1987a：155）。

这一效果是有疑问的，与其说是希腊原作受损——翻译中某些损失不可避免——倒不如说这种损失是由本土文化中的一种补偿性差异（compensatory difference）所提供的：桑德斯的译作是对柏拉图哲学的尊敬再现（deferential representation），既遵从了现代英语用法，又使其作品经历了现代经典化过程。桑德斯知晓任何译作都依赖异域作品为本土参照的道理，但是因为他培育这种本土参照的目的只是为了提高可读性，所以他差一点就弄清了这种参照对文本题元层面的影响，以及创造出新的解释的可能性。

欧陆哲学一直激励着英语译者以质疑透明的话语霸权以及践行语言剩余的实验。这些实验在为英美情境保留欧陆哲学的语言与文化差异方面一直卓有成效。马丁·海德格尔著作的译者们一直是高效的，尤其在发展新的翻译策略方面，不仅因为海德格尔创造的新词与词源、双关与语言转换需要可比创造性（comparable inventiveness），而且还因为他的著作认为，翻译就是哲学问题，就是在建构不同概念的意义中寻求它的决定性作用。无一例外，这些译者本人就是哲学家，这使得海德格尔哲学既能提高他们的译者自我意识，也能活跃自己的哲学研究。然而，即便对于这一系的学者型译者，归化的牵引力仍未消失，区别仅在于形式的不同。约翰·麦奎利（John Macquarrie）与爱德华·罗宾逊（Edward Robinson）二人合译的《存在与时间》，不遗余力地再现了海德格尔的文体特性，部分通过寻找与德语具有同等特征的英语，部分依靠多种学术惯例，比如整理出一个关键术语的词汇表和详尽的脚注，以此来解释特殊翻译的各种局限。不管怎样，译者承认"为读者做出了巨大让步"。这样做是为迎合现代英语用法，并且改变德语概念稠密的状况，例如插入"海德格尔一直避免使用的人格建构"（Heidegger 1962:15），并因此把他的人的主体性中反个人主义的概念变得更为复杂。

这些悖离在1962年被证明微不足道，不足以让英语读者更易于接近海德格尔哲学。美国实用主义哲学家西德尼·胡克（Sidney Hook）曾经写过一篇混合性的评论，文章承认海德格尔在欧洲的巨大影响，但结论是"几乎没有哲学家能在这一发现中得到回报，以相称于探索与挖掘他著作中深奥之处的痛苦"（Hook 1962:6）。保留海氏著作异质性的第一步，当然是麦奎利与罗宾逊的翻译决策：翻译海氏文章的工作贯穿了整个20世纪50年代，其中推广存在主义的工作都由哲学家来完成（如Barrett 1947），但海氏的运思方式与盛行于英美哲学界的逻辑分析极为不同，这导致他的陌生形象在英语中延续到了20世纪70年代。今天，欧陆哲学传统已然在英美大学获得更大的

185

名声，并且让美国哲学家如理查·罗蒂（Richard Rorty）认为，他们必须重视海德格尔的著作（如 Rorty 1979），这显然是由于译者在改革英译外国哲学经典这一工作中扮演了重要角色。

哲学翻译中，对这一发展至关重要的因素是实验主义。海氏著作的译者们创造出一种能干预现代词汇使用的对等，在这一对等中，他们不仅试图传达海氏艰深的概念，而且还通过不同话语策略去践行这些概念。戴维·法雷尔·克雷尔（David Farrell Krell）翻译的《阿纳克西曼德之箴言》（*The Anaximander Fragment*）完全遵循了海德格尔的翻译理论，这是海氏在翻译阿纳克西曼德希腊语文本时所制定与遵循的译论。

海德格尔认同了施莱尔马赫翻译是把异域文本带给本土读者的观点，赞同"在动笔翻译前，我们的思想必须首先翻译出希腊语所要表达的"，因而要戒除现代预设（modern presuppositions）；对于"存在"的古代经验来说，这些预设是时代错置的，且是对立的（Heidegger 1975: 19, 22）。因为阿那克西曼德有能力将"存在"（being）想象为事物的"自然呈现"（presencing），我们就必须避免将箴言同化为晚期的形而上学传统，即实证主义或唯心主义传统，也即亚里士多德或柏拉图之后的旨在分析或超越实存（existence）的传统，海德格尔称之为"学科与信仰思维的崩塌"（同上: 40）。这些传统进入了希腊著作的"标准翻译"，阿那克西曼德的思想转化为一种道德宇宙论，一种"不恰切的道德教育与法律教育都沉浸其中"的"自然哲学"（同上: 22）。海德格尔援引古典学者赫尔曼·狄尔士（Hermann Diels）的现代德语译本，该译作充满了道德与哲学的抽象概念：

第六章　哲学

es on de e genesis esti tois ousi kai ten phthoran eis tauta ginesthai kata to chreon. didonai gar auta diken kai tisin allelois tes adikias kata ten tou chronou taxin.

Woraus aber die Dinge das Enststehen haben, dahin geht auch ihr Vergehen nach der Notwendigkeit; denn sie zahlen einander Strafe und Buße für ihre Ruchlosigkeit nach der festgesetzten Zeit.
(Heidegger 1972: 296; 1975: 13)

But where things have their origin, there too their passing away occurs according to necessity; for they pay recompense and penalty to one another for their recklessness, according to firmly established time.

但万物的产生由它而来，又根据必然性复归于它的毁灭；因为它们根据时间程序为不正义而赋予正义并且相互惩罚。

对海德格尔来说，再造早期希腊思想的最好的译文是"诗化的"：诗化译文凭借德语古词对日常语言产生反戈效应。他就曾撰文，从词源上详细阐释过德语古词与希腊语词汇的亲属关系（Heidegger 1975: 19）。在该文的结尾，他也翻译了《箴言》的片段，译文是一种自由的重写，甚至还包含了一个插入成分：

...entlang dem Brauch; gehören nämlich lassen sie Fug somit auch Ruch eines dem anderen (im Verwinden) des Un-Fugs.

187

...along the lines of usage; for they let order and thereby also reck belong to one another (in the surmounting) of disorder.

(Heidegger 1972:342; 1975:57)

……根据使用；因为它们（在克服）非嵌合从而也让牵系相互归属。

克雷尔严格遵循了海德格尔的德语，努力寻找重要古词的英语对等词，哪怕能找到一个对等也好。然而，海德格尔从 11 世纪至 15 世纪的中古高地德语中选取了两个词汇，"Fug"与"Ruch"。他根据较为晚出的义项，把这两个词重新界定为"order"与"care"。因而，"Unfug"的意思成为"nonsense"和"disorder"，"Ruchlos"则意为"reckless"。克雷尔的译文则使用了盎格鲁·撒克逊时代的词汇"reck"，此词到早期现代已经不再使用，但在 19 世纪再次复兴，仅用于诗歌创作，现已不再使用。非常用词"reck"在整个克雷尔译本的重复使用，极大地影响了英语读者：该词强调海德格尔给德语词"Ruth"指派的概念稠密，即该词所拥有古代的本体论含义。与此同时，相较于现代英美哲学而言，该词的使用还能引起对其思维异质性的关注。这一译作让评论家们意识到，他们阅读的是译作，并且是极为精妙的译作，不会与海德格尔的著作相混淆。这样，这些评论家不仅断言该作品因为"忠实"而获得成功，而且赞扬它使得德语更为清晰（Collins 1975:2056; Caputo 1979:759）。约翰·卡普托写道："一本译作帮助我们理解了原作，对此，我们还有什么可说的呢？"

然而，剩余的不可预见性又为海德格尔与克雷尔的译作本身带来负面影响。在翻译主题是古代思想与词源学方法的散文时，使用古词无疑是有效的选择。克雷尔的译本充斥着其他英语古词，以此来翻译德语的常用词汇。他将"Graben"（"trench""ditch"）翻译为"abyss"（深渊）；将"in ihrem täglichen niederen und hohen Gebrauch"（"in its daily low and high use"）翻译为"in common everyday parlance as well as in its learned employ"（以日常用语以及学术用语）；将"Beständigen"（"standing""fixed""enduring"）翻译为"perduring"（持久的）；将"mächtiger"（"powerful""potent""mighty"）译为"puissant"（强大的）（Heidegger 1972: 303, 313, 328, 341; 1975: 19, 28, 42, 55）。克雷尔用这些选词明晰地回应了海德格尔对哲学著作诗化翻译的需求，然而这种诗化用语必须要能够与早期现代的英语文学打通，与其中西德尼、莎士比亚、弥尔顿的作品打通。这点在克莱尔将"aus den Fugen"翻译为"out of joint"（混乱）时最为明显，海德格尔以该词表达了对"存在消逝"（disapperance of Being）的关注，并通过哈姆莱特对丹麦宫廷中道德混乱的焦虑折射出来：哈姆莱特感叹道："The time is out of joint, O cursed spite/That ever I was born to set it right!"（这是一个颠倒混乱的时代，唉！倒霉的我，却要负起重整乾坤的责任！）（Heidegger 1972: 327; 1975: 41）。克雷尔的译文巧妙地把海德格尔哲学与英语的经典著作与传统联系了起来，并助推他进入外国哲学英语的经典殿堂。然而，这一文学引喻质疑海德格尔认为诗化翻译从某种程度上来说更"忠实"于早期古希腊哲学的信念，因为"它的术语源自于事物本身语言的词汇"（Heidegger 1975: 14）。相反，克雷尔的译文表明，甚至当翻译力图

189

保留异域作品的语言与文化差异时，翻译才有可能会使用时代措置、偏差与增词的手段，因为这样的翻译才能释放本土剩余。克雷尔的古词传达了海德格尔的哲学主题，并模仿了他独具特质的文风，但是这些古词意味着古希腊存在的经验无法在翻译中得到揭示，反而被置换了，它不能超越译语的历史变体，并且这些变体在现代语言实践瓦解时才隐约可见（参见 Benjamin 1989：31-38）。

哲学著作的翻译还有提升的空间，如果译者就其工作开展更加实验性的研究，那么翻译问题就可以有效地引入哲学阐释。现代的翻译实践表明，译者的前言、术语表以及加注，都有助于澄清关键术语的概念稠密，在不同的本土哲学倾向中也有助于明示其异质性。但是，任何这样的手段也只能向剩余、向它在译入语及它们使元评论成为可能的文学与历史回响示意。这就意味着，哲学翻译必须更加具有文学性，从而为异域概念与话语释放相适应的本土剩余。然而，尽管剩余是最不好预测的，即便如此，它仍需要译者创造性地应对来自概念形成的哲学项目的诸多文体压力。

德勒兹与瓜塔里曾这样评论哲学写作的风格要素：

> 某些概念必须被非凡的、甚至某些时候是野蛮的或者令人震惊的词汇表明；然而，对于非哲学的耳朵（non philosophical ear）来说，其他概念通过普通、日常词汇即可表明。当然，这些普通词汇也需要在远处带来和声，不然它就不会被感知。有些概念需要古词，而有些概念则需要新词。所谓竭尽疯狂的词源实践之能事者即是……概念的考验需要具体的哲学品位以便应对暴力，或者依靠批评而继续下去，并在一种语言内部建构

一种哲学语言——不仅仅是一个词汇表,更是能够获得崇高与美感的句法。

(Deleuze and Guattari 1994: 7-8)

那么,通过开发一种哲学语言,哲学家就面临一项选择,到底是保持主要语言呢,还是使它多样化?这里,主要语言指的是标准方言、哲学经典、主要概念与话语。哲学家不仅要具备文学品位,更要有社会意识,要知晓制度的局限:一种形式的哲学书写,会迂回潜入哲学,或者公然侵犯这些在学科内占统治地位的哲学,因而遵循主要语言或者承认它所排斥的小众的语言形式(如"令人震惊的词汇"、古词、新词),因此会产生出德勒兹与瓜塔里在其他地方所声称的"一种小众文学"(详见 Deleuze and Guattari 1987,第四章)。的确,对于"非哲学的耳朵"来说,哲学著作中的文体革新也许深奥难懂,也受限于该学科。然而,如果这种文体变革源自小众形式,源自偏离主流哲学话语的语言文学传统,那么,它很有可能会影响到一般读者。如果哲学的实践能像小众文学一样,它将标注出并且跨越学术研究的诸种局限。

  对于译者来说,更为文学化的研究方式是把哲学翻译转变为哲学性文学中的一种小众文学。实验性的翻译是少数化的翻译:它能生成一种哲学语言以挑战诸种哲学语言的本七层级。相对而言,能避免文体革新的翻译,将会对本土的哲学学科产生间接影响,即:将异域作品同化为标准方言、占主流地位的哲学以及流行的解释。只有实验性的翻译除去了主要语言的领地意识,并为新的概念及话语敞开学术的大门,这种翻译才能指明异域文本中所蕴含的语言与文化差异。通过思考翻译,哲学不会走到尽头,不会沦为诗或历史,但是,哲学要敞开胸怀,去拥抱其他形式的思考与书写。

191

第七章　畅销书

当今，在众多导致翻译处于边缘地位的因素中，翻译的经济价值虽微不足道，却是最要害的。道理很简单，出版社印刷译作的数量少，因为译作有经济风险：其出版成本高，拿到译作版权需要大量启动资金，付给译者稿酬，还有市场营销费用，出版社一般都将这些视为不可避免而要损失的费用。译作仅具有文化资本的价值，其有用性也仅仅体现为一种"提高多样性并让书单更具吸引力"的方式而已（Purdy 1971：10）。此外，20世纪70年代以来，为畅销书投资的动力早已流行，因此，出版社开始关注获得商业成功的异域作品，因而在目标语言与文化中，希冀允许相近的做法来导引编辑与翻译过程。可是，值得投钱出版的译作，尤其是成为畅销书的那些译作，要承受来自学者与批评家的苛责，因为他们掌控着塑造品位与影响作品长期销售的文化权威。译作能吸引广大读者，招致文化精英依据文学出版社与学术机构的评判，把译作轻视为"大众流行""品位一般"或"无法进入最好著作的行列"（Radway 1989：260）。因此，在商业与文化这两方面，翻译都被挤压到进退两难的处境。这威胁并限制了异域文学的进入，即便进入本土，异域文学也是昙花一现。随着广大读者兴趣的转移，最终，当译作销量降低时，出版社便不敢重印了。

诚然，正是这一困境暴露出诸多让翻译蒙受耻辱的状况。在这众多的状况中，出版决策以异域著作为准绳制订出来，文学评价也以此为标准随之产生。由于"畅销书一直都是人们主要关注的书籍"（Dudovitz 1990：25），出版译著只有迎合当下本土文化的期待，才有可能获得丰厚的利润。因而，对于国外作品的研究首先就应当是商业化甚至是帝国主义化的盘剥利用，这种盘剥利用则受控于国内市场的评估。然而，对本土读者的研究主要是自我指涉的，甚至是自恋的，只要译作能期望加强读者已经持有的文化、道德、宗教或政治价值观（某些出版社肯定有这种期待）。在生产译作的本土文化与该译作要再现的异域文化这两者间，畅销译著更有助于揭示的是前者而非后者的状况。这些发现是令人怀疑而又不可逃避的现实：异域作品的生产一直是服务于本土喜好的，因此，销售预测和评论都不能视为对它的价值做出的正确与客观的评价。

与此相反，成就翻译畅销书地位的异域文本，有时会成为诸多价值观意外扩大的场所。此类译作属于皮埃尔·诺拉（Pierre Nora）提出的"意外畅销书"[1]这一类别，这类书的成功是人们未能料及的

---

[1] 法国学者皮埃尔·诺拉将畅销书分为三类：一、行业畅销书，包括辞书、实用类图书以及流行文学；二、可预期畅销书，如诺贝尔文学奖得主作品；三、意外畅销书。——译者注

(Ozouf and Ferney 1985: 67)。诺拉引用的例子包括弗朗索瓦兹·萨冈（Françoise Sagan）1955 年出版的小说《你好，忧愁》(*Bonjour Tristesse*)。这是一本法语畅销书，同时也是世界很多其他语种的畅销书。诺拉说道，这类畅销书的判定"规则"：

> 是超越，违背其自然的社会空间，超越了它在本来读者群中的使用。法兰西学院教授的著作已经开始在草屋中被人们阅读，左翼书籍……的反智主义分裂了右翼；或者右翼书籍开始被那些对毛主义狂热产生动摇的人们阅读。
>
> （同上）

显然，诺拉关于畅销书的看法是基于一种对特殊的法国文化政治局势的判断。然而，它含蓄地描述了任何译作或非译作成为畅销书的文化条件。诺拉设想，阅读受众是由两三个截然不同读者群所构成的，每一个群体都有自己特定的价值观。由于定义上的畅销书能为广大群众所阅读，它对其他读者群也一定具有吸引力，因此，它就不可避免地要跨域不同读者群之间的文化界限。如果畅销书恰是译作，边界跨越就会增强。当译作能够支撑起诸种价值观念，并且能履行异域文本与译作期望之外的功用时，译作便会进入畅销书榜。从异域文化转入本土文化，使异域文本得以脱离体现自身重要性的语言文学传统，因而确保它在翻译中被重新阐释与评估。并且随着译作在本土文化中的流通，它将在不同的社会群体中展开不同的际遇。由于畅销书要解决的是最广泛读者群的兴趣与关注问题，那么，畅销译作所提供的解决方式在不同的具有潜在冲突的法规与意识形态中，必须明白易懂。这样，译作就会实施不同的话语策略以吸引更多的读者。

畅销书是一种严格遵守通俗审美观的文化形式，这里，每一个因素都

> 基于对艺术与生活之间连续性的肯定，这意味着形式服从于功用……一种对拒绝的拒绝，即高端审美观的起点，例如，普通倾向与审美倾向间清晰的分离。
>
> （Bourdieu 1984: 32）

通过共用一套具体的话语，畅销书使艺术与生活的界线变得模糊：虽然转变成为不同的类别——虚构与非虚构、小说与历史、传奇故事与回忆录、恐怖与励志——它们偏爱恳求读者间接参与的夸张现实主义（Cawelti 1976；Radway 1984；Dudovitz 1990）。畅销小说的情况也许最为明显，它若要成功，就得依赖读者对小说中直面当代社会问题的角色的情感认同。雷莎·都多维兹（Resa Dudovitz）对小说的剖析中，有一段话专讲女性：

> 叙事策略是两重的：一方面，如果文本就现代问题展开论述，小说家必须创造一个读者认同的世界。另外一方面，隐退自然的小说要求某种程度的想象。语言的质朴、对刻板陈腐形象的依赖、细致心理的缺失以及可辨识的人物，以上诸种因素允许读者更容易地接触到想象的世界，因为这些任务所呈现的价值观，对读者来说是明显与熟知的。
>
> （Dudovitz 1990: 47-48）

由于认同是畅销小说带来的特有经历，它们所给予的乐趣便很有可能是补偿性的：揭示当代问题的现实主义叙事作品，以主流文化与政治价值观的方式呈现出想象的解决方式。此外，为了给予这一乐趣，该小说必须易懂，因此，语言必须用简单、连续的句子以及最为熟悉的词汇，来固定其要表达的准确意思。强调公用、交际与指称，而并非强调对形式的美学赏析，使得语言看似透明，因此造成现实幻象，而这一幻象便赢得了读者的认同。

通俗审美观典型的现实主义，决定着畅销译作的平行策略（parallel strategies）。出版社不仅更要倾向于选译现实主义的异域文本，忽略以形式实验而著称的异域文学（这些形式实验会阻挠"根深蒂固的对参与的需求"）（Bourdieu 1984: 32），而且出版社也坚持要出版流畅的译作，因为这些译作能制造透明的幻象效果，亦即看似没有经过翻译的幻象。通顺策略追求的是线性句法、单义、现代用法、词汇一致；并要避而不用不地道的结构、多义、古词、行话，也即任何关注词之为词（words as words）的语言效果，从而优先占领或中断读者的认同。通顺翻译强调的重点在于熟悉，在于使得译语简单易懂，就跟没有经过翻译一样。这不仅保证尽可能多的本土读者都会接触到异域文本，而且还保证该文本会经历最广泛的归化，铭刻本土环境中正在流行的文化政治价值观，包括那些再现异域文化所依据的价值观。为了促使异域文本吸引大众读者的兴趣，畅销译作的不同本土身份必须易懂。这些身份早已为了异域文化而构建出来，它们通常是容易辨别的文化定势。畅销译作所反映的是，采用大众研究的本土读者，很有可能接受现实主义的再现，当与异域文本及文化偶遇时，这种再现会随他们自己的行为准则与意识形态而改变。

196

为了记录并发展这些观察，我想通过乔万尼·瓜雷斯基（Giovanni Guareschi）的著作思考一下英语译作的问题。瓜雷斯基（1908-1968）是意大利作家，二战后的20多年里，他的作品一直畅销国际。他的小说笔锋犀利，富于讽刺。他最受欢迎的几部作品的主要人物唐·卡米罗（Don Camillo），是意大利北部村庄的一位牧师，卡米罗和共产主义镇长佩彭内（Peppone）时有意识形态的饶有趣味的小冲突，并总能获胜。瓜雷斯基的作品翻译于冷战时期（即西方民主国家与共产主义阵营间的政治与经济斗争），他的全球知名度很大程度上源自反复出现的反共产主义主题。然而，译本为了争取畅销书的地位，不得不迎合当时的多种文化期待，迎合不同本土读者群，迎合不同于在意大利本土获得的期待。

瓜雷斯基作品英译本的成功，阐明了二战时期英美文化的政治经济中畅销译作所处的地位。我们能看到选择异域文本、发展翻译该作品的话语策略以及接受该译作，如何与这些法律及意识形态相互铭刻。这是因为法律及意识形态在本土文化中支持政治议程。与此同时，它们又为异域国家建构出一种文化身份。从瓜雷斯基和畅销译作的例子里可以看出，通俗审美观打造了广泛的文化共识。这种共识不仅掩盖了本土偏好与兴趣的诸多矛盾，而且还掩盖了这些偏好兴趣与异域文化现代发展中的矛盾。

接受

在1950年到1970年这20年间，美国出版的瓜雷斯基译作多达

197

12 种，而且都很畅销。第一部作品《卡米罗的小世界》(*The Little World of Don Camillo*, 1950) 一经出版便立刻走红，登上了三四家杂志与报纸的畅销排行榜，包括《芝加哥论坛报》和《纽约时报》；同时，这一译作通过邮寄图书俱乐部发行全国，如本月畅销书俱乐部（Book-of-the-month Club）和天主教文摘读书俱乐部（Catholic Digest Book Club）。两年内，该著作就销售了近 25 万册，并且为瓜雷斯基作品之后的翻译奠定了模式。第二部作品《卡米罗和他的羊群》(*Don Camillo and His Flock*, 1952)，在相同的时间里也销售了 18.5 万册。第三部是自传故事集，题为《尼诺建的房子》(*The House That Nino Built*, 1953)，第四部题为《卡米罗的困境》(*Don Camillo's Dilemma*, 1954)，第五部题为《卡米罗抓住了魔鬼的尾巴》(*Don Camillo Takes the Devil by the Tail*, 1957)，这三部作品出版后的几个月，销量也都超过了 2.5 万册。瓜雷斯基的译本不但首销成功，而且在 20 年间不断重印，平装本也十分畅销。

而且，很多其他国家的情况也与此相似。在美出版发行的瓜雷斯基的每本译作，后来在英国也都成了畅销书，很多也是通过读书俱乐部发行的。1955 年，前三部作品的选集被英国同伴读书俱乐部（British-based Companion Book Club）采纳，该俱乐部有近 25 万会员。与此同时，瓜雷斯基的著作已经被翻译为 27 种语言，不但在其他西欧国家取得了相近的成功（第一部卡米罗作品仅在法国就销售了 80 万册），而且还进入了共产主义阵营国家或共产主义国家，包括捷克斯洛伐克、匈牙利、波兰、朝鲜以及越南。到 1957 年，瓜雷斯基作品的全球销量估计达 2000 万册，而他还要继续创作 10 年。[1]

无疑，瓜雷斯基的反共立场是他成功的主要因素。在美国，卡米罗系列书在读者中引发了对共产主义的全国恐慌。《卡米罗的小世界》出版于1950年，那时这种恐慌达到了高点。朝鲜战争，美国参战，一片恐慌。秋天的国会大选充斥着"粗话连篇，扭曲事实，乱扣帽子"，候选人大声地做口供，展示着对竞争对手的共产主义式的怜悯（Fried 1974：219）。国会正在争论"国内安全法案"，这一立法将会认同"共产主义组织"，并且给他们打上政治阴谋的标签，报界则联合政客，捏造一个共产党破坏分子的地下组织，这点似乎只能由七、八月间罗森伯格因间谍活动遭逮捕而证实（Caute 1978：38-39，446-449）。

很多瓜雷斯基的评论者都无意间注意到了这一紧张、狂热的场景，并且欣然接受了卡米罗对共产主义镇长幽默胜利空想式的安慰。卡米罗选集的第一卷刊登在《周六文学评论》杂志的封面上，该选集的编辑写了一篇文章，澄清了瓜雷斯基接受的诸多政治术语：

> 摆在面前的是一本让大家不舒服的书。无论是你的皮肤暴晒灼伤，还是你阅读了大量报纸有关朝鲜的头条新闻，乔万尼·瓜雷斯基快乐的、吸引人的小书都会将之治愈。这是不凡的，因为《卡米罗的小世界》虽然表面上只是记述了教区牧师与意大利村镇镇长间的口角，但是关于严肃的重大问题，它实际上也表现出某种明智。当今，这些重大问题一直萦绕着我们：为了自由世界而与共产主义战斗。
>
> （Walters 1950）[2]

虽然瓜雷斯基为英译本写了前言，说明"这些故事的背景就在我家，帕尔玛波河的艾米莉亚平原"（Guareschi 1950：8），可是评论者还是将之解读为当今国际政治的比喻。理解这一比喻的密码是杜鲁门主义的外交政策。有了这一外交政策，美国将通过帮助那些感觉受到苏联扩张威胁的国家，着手应对苏联的扩张。这一评论照应的是1947年杜鲁门向国会发出的信息，"重压自由民族的极权政权，通过直接或间接的侵略，削弱了国际和平的基石，因此，威胁着美国的安全"（Truman 1963：176）。瓜雷斯基的作品明言对50年代共产主义的国际关心，但是在美国，反应大都是将意大利文本同化为明显的美国法律与意识形态，以之应对明显的美国文化与政治局势。

这一归化表明，理解瓜雷斯基的通俗审美观成功的重要性。美国评论家们倾向将他的作品看成是一种典型引喻，因为这些作品在艺术与生活中表现出一致性，大声表达出民众想要参与提供某些道德施用的叙事（Bourdieu 1984：4-5）。卡米罗系列之所以大受欢迎，是因为这套丛书就最为警惕的美国"问题"，给出了令人愉悦的解决方法。这点在《周六评论》的文章中也明确可见：

> 很有可能当你阅读瓜雷斯基先生有趣的书时，你就会理解卡米罗代表了自由世界对共产主义的作战。如果自由世界中的我们能像卡米罗那样，带着勇气、力量、信念，当然还有幽默，那么他的胜利无疑也将是我们的胜利。

（Walters 1950）

一位临时评论家发现了瓜雷斯基的解决办法完全不可接受，因为它对共产党人的描述过于乌托邦化、浪漫化（Paulding 1952：6）。但是，这种怀疑观对狂热的大多数人采取了大众研究，询问这位意大利作家是否在美国文化中履行伦理功用，以便建立一种理想的却无法企及的行为模式："在卡米罗的小世界中，出现的人物都是好的，但很遗憾，我们的人没机会和他们相似了"（同上）。

瓜雷斯基的卡米罗系列在美国成就了畅销书的地位，不是简单地因为它们反共，而是由于在通俗审美观的庇护下，这些书籍的反共译本投合了熟悉的本土价值观。这些价值观当然也包括对意大利民族刻板形象的刻画。评论家们都赞扬了瓜雷斯基独特的"意大利"立场，是一种被定义为不同于共产主义的背景、生物、心理、道德与宗教的民族性。天主教杂志《国家》(*Commonweal*)的评论员写道："在他的书中，共产党人尽管咆哮，但并非恶魔。在大话的背后，他们仍是充满激情的意大利人，其初恋情人仍是教堂"（Gable 1952：492）。在瓜雷斯基镇长的侧面，《生活》杂志为意大利人的情感与天主教信仰列出了同样的公式。这份杂志将一种文化形式（这里是戏剧）还原到意大利的"生活"，营造出一种解释卡米罗与佩彭内争论的民族心理："这就是意大利人性情中歌剧性的本质，意识形态问题的锋利边缘总会被阴谋、妥协、戏剧、混淆和情绪弄得模糊不清"（Sargeant 1952：125）。每月一书俱乐部与群众对小说的观点一致，都把小说看成"使其读者在世界上更为有效移动的工具"（Radway 1989：278），认为瓜雷斯基表达出"那种把命运与哲学笑声、悲剧接受的混合状态，我们将之视为典型的拉丁特色"（*Book-of the-Month Club News* 1950：8）。然而，"这种熟悉的民族品质"，虽然归因于意大利，但它与查理·卓别林的行为相类似，它不是意大利文化，也不是美国文化，但美国人能辨识出来（同上：6）。

瓜雷斯基的写作也为意大利在美国的刻板模型提供了素材,即根深蒂固的男权社会。《国家》杂志在评论《卡米罗的小世界》的文章开篇就断言:

> 瓜雷斯基的作品证实了对意大利的普遍观念,这是一片矮胖橄榄色皮肤男人的土地,男人都长着黑色胡子,行为鲁莽。这里的人很穷,吃大量意大利面,喝适量红酒。这里的家庭规模很大,妻子恭顺,孩子无礼。他们都是好人。

(Hughes 1950: 540)

瓜雷斯基的写作为意大利人落实了美国刻板形象,同时也加强了一种在 20 世纪 50 年代占据美国文化主流的价值观,即父权家庭。在这种家庭模式中,男性的理想形象再现为体力与道德的力量(May 1988)。这一理想带有如下政治含义:它界定了忠实的美国公民,反之,颠覆性共产主义的同情者与间谍则被视为虚弱的、阴柔的及同性恋的(Edelman 1993;Savran 1992)。在 1949 年出版的《重要中心:自由政治学》一书中,作者历史学家小亚瑟·施莱辛格(Arthur Schlesinger Jr.)把美国的"同路人"描述为"软的、不硬的",并声称共产主义"把政治歪曲为秘密的、汗淋淋的以及遮遮掩掩的事情。用现代俄罗斯一位睿智评论家的话来说,与男校中的同性恋没有什么不同"(Schlesinger 1949: 36, 151)。美国读者将瓜雷斯基看作是一个证实了在男性异性恋的权力与反共产主义之间存在着意识形态关联的作家。

瓜雷斯基自己的体格外形,就让人想起这些术语。《纽约时报书

评》的一位采访人评论道,他看起来有些"令人生畏":

> 他40岁左右,中等身材,但有着摔跤手的体魄。他的胡须又黑又多,像一个未被探索过的黑色毛发的丛林。他穿了一身西服,皱皱巴巴的,好像睡觉都未曾脱下。这令人生畏的外表背后,是他那温柔敏感的心灵,是任性、发狂、荒谬的幽默感,以及经常给自己带来麻烦的诚实。他在政治上也使用幽默感,为此,1948年意大利共产党主席曾公开抨击了他。

(Clark 1950:13)

瓜雷斯基的反共表达了一种男性力量,既是体力上的,也是道德上的。这是一种强健而富有魅力的个人主义(个人诚实)。这种个人主义会与美国读者极为投契,吸引着冷战时把共产主义再现为极权主义,一种对个人自治权的威胁。但是,该采访人走得更远,他对瓜雷斯基的男性形象做了大众化的评价:看到他,让人想起熟知的好莱坞电影人物和男演员(意大利出品的电影《头版头条》中那个冷峻的警察记者;"银幕硬汉"亨弗莱·鲍嘉),并且,强调他邋遢的长相将他定位于工人阶级。工人阶级比其他任何阶级都严格,尤其在服饰和化妆方面,美丽优雅是通过劳动力的性别区分与性德行的再现,是专门留给女性的(Bourdieu 1984:382)。瓜雷斯基对自己头发和服饰的忽略,是有其政治意义的。该评论者写道:"瓜雷斯基只是没花时间在外表上。实际上,除了他不喜欢的共产党,他都不会花时间"(Clark 1950:13)。

正是这一意识形态结构,塑造了一种特殊的性别、阶级与国家认同，这是美国接受瓜雷斯基作品的特点。他有关家庭的自传式故事，吸引了美国读者中的"丈夫，尤其是父亲，佩戴上显示男子气概与爱国主义的'家庭好男人'的勋章"（May 1988: 98）。1953年出版的《尼诺建的房子》(*The House That Nino Built*)再现了瓜雷斯基养家糊口的形象。这一父权权威遭到来自他的妻子玛格丽塔以及两个孩子的质疑，这些质疑虽然并非果断，但偶尔会以政治术语表达出来。瓜雷斯基的替身乔万尼诺叹气道："如果我不是对玛格丽塔还有尊重，我就会说，她使用的还真是典型的共产主义伎俩"（Guareschi 1953a: 85）。卡米罗系列把话题直指美国的男性气质与反共之间的关联，因为其中的冲突往往涉及拥有超级体格的男性人物，有时还采取暴力行为。卡米罗听到佩彭内的共产主义宣传时，"他脖子中的青筋就会立刻暴起，像缆绳一样粗大"（Guareschi 1950: 89）。卡米罗对政敌又踢又打，试图以此来恫吓他们。在一篇题为"复仇者"(*The Avenger*)的故事中，他甚至伪装成拳击手，这样他就能把当地的共产党冠军一下击倒。

卡米罗系列的成功，依赖的是与美国诸种价值观的高度相似。该系列所支持的这些价值观是多元的，甚至是自相矛盾的。瓜雷斯基在美国的接受的矛盾之一在于，民族的刻板形象过程和一种人文主义不谋而合，这种人文主义抹除了所有的种族、宗教、政治与民族的差异。在叙事中，寻求某种道德应用的通俗审美观使他的反共从一种意大利专有的特点改观为一种有关"人性"的普遍真理。《新共和国》(*New Republic*)杂志的书评人详述了人们熟知的意大利人的刻板形象："虽然佩彭内和他的'团伙'说的是斯大林时代常用的老话，但他们还远不是意大利人，他们的天主教特色体现得过多，而在教会没有出现时，就不能感到道德的尊严"（Cooperman 1952: 23）。但是，为了阐明瓜雷斯基畅销书的地位，该评论者放弃了这些明显的特质：

> 当然，瓜雷斯基成功的秘密就在于他书中记录的是完整的、不负责任的人物。卡米罗可能是个教士，但也有可能是一个拳头很大、胸膛厚实、聪明活泼的男人。佩彭内呢，村里的共产主义镇长，卡米罗最主要的对手，也一样是人，与似乎随处可见的恶魔般的政治漫画人物大相径庭。
>
> （Cooperman 1952：23）

瓜雷斯基的作品能够消除美国人在敌对意识形态，也就是共产主义里所感受到的威胁，它们提出的观点是，世界上不存在对立。佩彭内与卡米罗一样是"人"。然而，该评论者所设想的"人性"概念表明，这一解决办法的本身就是意识形态的。人的定义是独一无二的个体：卡米罗和佩彭内两人的性格都极为复杂，不同于各种社会机构（如天主教会、共产党）与意识形态诸种抽象（政治漫画人物）赋予他们的性格。该论者的人文主义因此是自由与民主的，是基于群体共享的个人自治观念。当然，它也是反共的：正如《巴尔的摩太阳报》（*Baltimore Sun*）的评论者所说，"通过挖掘这些男人女人人性的各个方面，瓜雷斯基强调共产主义意识形态与实践与意大利基本人性的不兼容"（Gallagher 1952：30）。在美国，卡米罗系列的接受打上了一种自由人文主义的印记，但同时掩盖了它自身的意识形态状况，并从它对人性的定义中排除了诸多政治对手。

为了指明在美国接受此系列的本质，我们只需要浏览一下瓜雷斯基在意大利不同凡响的影响力。早在1946年，他就在他主编的杂志

《坎迪多》(Candido)上发表了卡米罗的故事。这一月刊专门刊载幽默故事与政治讽刺文学,读者群庞大(发行量40万册)。该杂志的意识形态立场极端反共,坚定拥护君主制,故而瓜雷斯基要应付不同的读者:在一次全民公投中,微弱多数放弃了萨沃伊王室,而选择了共和体作为意大利政府二战后的形式(Vené 1977: 43-44)。这份杂志肯定影响了舆论,尤其是通过瓜雷斯基的漫画:他的画作尖酸讽刺,将共产党员描绘为无人性的、长着三个鼻孔、类人猿一般的生物;他为幽默的卡米罗故事所作的插图缓和了意识形态的冲突,把它降低到两个孩子间的小打小闹,把天主教民主党人刻画成可爱的天使,而把共产党员刻画为顽皮的恶魔。从瓜雷斯基的声望中获益最多的政党并非王室人员,而是天主教民主党人:1948年竞选中,意大利共产党失败,就与他大有关系,他也因此遭到共产党主席的公开谴责(Guareschi 1950: 7)。尽管如此,瓜雷斯基也不能就此被认定为鼓吹者,甚至也不能被认定为天主教民主党员。1954年,在一次国际瞩目的审判中,他因诽谤一名天主教民主党员而被判有罪,该党员最近刚成为意大利总理。

由于不同政党所持政见不同的情况深深编织进意大利的社会生活,并且活跃的文化组织形成网络又支持了这种情况,瓜雷斯基的创作在意大利没有遭受在美国那样的对于共产主义偏执狂般的恐慌,也没有遭遇指责任何左翼成员的身份的情形。相反,博洛尼亚等南方城市的地方政府反而为意大利共产党所控制,他们因提高政治效率、刺激当地经济而受到赞扬(Ginsborg 1990: 184, 296)。在意大利的政治文化中,卡米罗熟悉的人文主义倾向极大地帮助了左翼获取组成国家联合政府的权力(Vené 1977: 8)。1948年初版的《卡米罗的小世界》,到1975年就重印了52次。那时,共产党正与天主教民主党人构建"历史性的妥协", 并控制了 34% 的选票（Ginsborg 1990: 354-358）。瓜雷斯基本人早在 1952 年就预见了这一态势的发展, 当时他以一种特殊的讽刺口吻告诉《生活》杂志的评论员:"我做的事很特殊, 是大事, 没有其他作家能做: 我成功地让一个共产党员具有了同情心"（Sargent 1952: 125）。瓜雷斯基在意大利的读者多数是中产阶级, 这些读者注意到卡米罗和佩彭内之间存在着很多相同点, 尤其是两人都信天主教。这些迹象表明, 天主教民主党人会与共产党人合作, 然而在美国, 书中人物的"人性"清楚地表明, 自由民主与共产主义是不可共存的。

作为瓜雷斯基在美国接受重要组成的不同法律及政治意识形态, 是由来自于不同文化群体的广泛读者所共享的。这其中最大的部分, 可以被描述为"中产阶级品位的读者", 这些人受过教育但不睿智, 对阅读和娱乐电影感兴趣, 但"在不同的文化产品中, 不能让自己的日常生活更富有成果、更具分析性和更不同凡响。"这一读者群由每月一书俱乐部提供服务。这家俱乐部销售了瓜雷斯基作品中的五种: 1958 年, 一项俱乐部的调查显示, 该俱乐部大多数的会员都受过高等教育, 但自己是教师的仅占 13%（Lee 1958: 149）。

卡米罗系列在大学生中的接受度尤佳, 包括私立大学的学生。1953 年, 康奈尔戏剧俱乐部将《卡米罗的小世界》搬上舞台（Pat MacLaughlin 致信 Laura Lee Rilander: 1953 年 11 月 30 日）。《卡米罗的困境》自从在巴纳德学院图书馆上架之日起, 从 1954 年 10 月到次年 12 月一直有借阅记录。瓜雷斯基的卡米罗系列故事也以合集的方式广泛传播, 这些合集还被美国很多大学及初高中用作教材。[3] 1962 年, 新泽西特伦敦州立大学英语教授兼普林斯顿大学附中英语科顾问赫尔曼·沃德（Herman Ward）则走得更远, 他建议在初高中教学大纲中瓜雷斯基应当取代狄更斯与艾略特。在一篇为《纽约时报杂志》所撰写的文章中，沃德声称，"固化的经典"不能培养学生的阅读兴趣，反而令他们十分沮丧，与"数以百计激励他们的次要作家的作品"不一样，因为"这些书籍才是符合这个时代的"（Ward 1962：79）。饶有趣味的是，这一观点叠加起来，促成了一种通俗审美观的教学理念，并引导学生关注可辨认的当代热点话题，将学生转变为在生活与艺术之间寻求延续性的读者。实际上，沃德不希望废除旧有"经典"，而是为学生预留仍有可读性的作品，以便建构"书籍与生命本身一样有乐趣的儿童与青年时代"（同上）。

沃德的话证明，瓜雷斯基的美国读者还包括了知识精英，这些读者以教书与文化产品批评为己任。在意大利，瓜雷斯基被当代知识分子所忽略，其作品从文学史的课程中全被删除了；可在美国，不同层次的学生都在阅读他的作品，令人尊敬的作家和学者也在评论他的作品，并将其选入综合文集，甚至学术专著也对其进行讨论（Vené 1977：22-25；Slonim 1954；Heiney 1964：104-105）。美国这里的情况是，卡米罗故事被列为意大利文学经典，与维尔加、皮兰德罗、莫拉维亚的作品并置，这与新现实主义小说运动相关（Slonim 1954：230-231）。

值得注意的是，美国知识分子也采取流行的方法来研究瓜雷斯基，放弃了形式欣赏的批评方法，因为这是高雅文化美学的特点；流行方法将他的作品与占据整个美国文化的法律和意识形态相同化。犹他大学英语教授唐纳德·海尼（Donald Heiney）认为："瓜雷斯基之所以能构想出佩彭内，即卡米罗故事中的共产党镇长，完全是他的天分使然。佩彭内是一个完完全全的人，同时又彻彻底底得固执"（Heiney 1964：112）。20世纪50年代公认的一流小说作家尤朵拉·韦尔蒂（Eudora Welty）在《纽约时报》对《卡米罗和他的羊群》给出好评。她的好评也谈及同样的人文精神、种族刻板形象的形成以及反共，这些因素是瓜雷斯基在美国接受的特色："对手间的差异搭配得如此平均——他们以热情的意大利方式彼此欣赏——就在于他们的互相协助。毕竟斯大林始终没给佩彭内任何好处"（Welty 1952：4）。对于纽约大学哲学教授兼高端期刊《党派评论》(*Partisan Review*)编辑威廉·巴瑞特（William Barrett）来说，瓜雷斯基的自传体著作《尼诺建的房子》则呈现出一个为父权家庭所熟知的意大利刻板形象申辩的场合：

> 出版这样著作的人，绝不是美国人，只能是意大利人。如果像《纽约客》这类的杂志要刊登类似的故事，总会有人过分恐惧这种家丑，或者伴随某些强词夺理的讽刺。当女士杂志登载的小说聚焦家庭时，也常会有心跳加速的自我意识。意大利人就能够逃脱尴尬的自我意识，因为他们对待家庭能淡然处之，而我们不能。
>
> （Barrett 1953：49）

巴瑞特是在设想一种冷战时美国的家庭观念，在这一观念中，"独立的家庭在不安全的世界中却要坚守安全的承诺"（May 1988：3）。他并未阐明为何美国人不能淡然应对家庭问题方面意识形态的原因：因为家庭稳定被视为对抗共产主义渗透与颠覆的重要方式，在杜鲁门主义中也被声称是遏制全球的本土形式。巴瑞特珍视瓜雷斯基，因为瓜氏的作品给中产阶级读者认同家庭概念提供了阅读享受，而并非藉由其他方式所带来的对家庭怀疑式的超脱。无论是《纽约客》杂志不良的"讽刺",还是"女性杂志"夸大的"自我意识"。巴瑞特的评论不同于同辈学者如莱斯利·菲德勒(Leslie Fiedler)与德怀特·迈克唐纳德(Dwight MacDonald)的争论,他们通过攻击"信奉中产阶级文化"以平衡品位间的阶级划分,更强调加强文化权威(Ross 1989:56-61)。相反,巴雷特把《尼诺建的房子》一书置于精英文化与大众文化之上,并揭示了瓜雷斯基在中产阶级接受中使用了特色术语:他对家庭的再现被定义为是意大利特有的、男性主导的家庭,然而某种程度上是普遍模式,"所有广泛的、朴素的人性"(Barrett 1953:49)。

瓜雷斯基作品的广泛吸引力、跨越不同美国文化群边界的能力以及引发知识精英回应的能力,某种程度上来说,要归功于图书的出版商:佩莱格里尼(Pellegrini)与库妲希(Cudahy)。这家由夫妻经营的小型出版社,展开了一场营销战役,将卡米罗的前两部作品带给了美国的广大读者,既包括精英读者,也包括普通读者。他们在众多期刊、报纸和杂志上登载内容节选和广告,其中包括《芝加哥论坛》《柯里尔杂志》《哈珀斯杂志》《纽约时报》《纽约客》《旧金山纪事报》以及《周六文学评论》。获得并监督瓜雷斯基作品出版近15年的编辑席拉·库妲希(Sheila Cudahy)写了一封简介信,与《卡米罗的小世界》的书评样书同时寄出,信中提供的描述不仅预见而且影响了后来书评人的回应,信里写道:"作品以一系列有趣与典型的人性困境,刻画出教士与镇长的针锋相对"(1950年7月11日)。

席拉·库妲希通过宗教书籍俱乐部及期刊特别培育了天主教市场。她不仅在多份杂志上刊发节选和广告,如《试销书》《周六旅客》

以及《符号》杂志，而且还通过在图书出版前将卡米罗系列提交给天主教编辑的方式测试反应是否良好。1949年，译稿送到耶稣会传教士哈罗德·C.加德纳（Harold C. Gardiner）手中，他是天主教全国性周刊《美国》的文学编辑，认为这是"一部令人极其愉悦的作品"，并撰写了"前言"：

> 我不知道作品该采取什么形式，但我认为，应当对该书的意大利背景做出解释，并提醒读者注意，虽然很多单纯的人十分天真地被共产党的宣传所欺骗，但是，宣传的煽动者过去和现在绝不幼稚，这种解释和提醒可以抵消任何将共产主义当作可笑之事对待的印象。
>
> （1949年8月15日加德纳致库妲希的信）

库妲希接受了加德纳的忠告，她在1949年8月31日的信中回应道："根据您的意见，作者打算重写导言"。瓜雷斯基撰写了一篇自传性质的文字，澄清他的反意大利共产党立场，这弥补了美国读者对他在意大利的文化政治影响的陌生（Guareschi 1950: 7）。

库妲希对卡米罗系列的推广行为，将其吸收同化为美国流行的价值观。这一做法含蓄地导致读者对译作进行了归化。然而，她并不能完全控制这一归化过程，因为她并不能预见译作的每一个表现形式：不同文化群体有不同的使用；即便在一个特定文化群内，该译作也有不同的用途，甚至是冲突。虽然韦尔蒂（Eudora Welty）对《卡米罗和他的羊群》的评论并没有涉及文学形式的赏析——当然我们希望她这样的高级作家给出这种赏析——但她做出了刻薄的评论，认为"故事都很短,大概只有 6 页的篇幅,每个故事间的相似度也挺高。"还好,她最终将高雅文化美感的欣赏放在一边,清晰地表达出民众的反应:"普通读者的愉悦很可能在于故事在创作时带有的温暖"(Welty 1952:4)。然而,《纽约客》做出一番极具特色的高雅品位评论,带着尖酸的机智,嘲笑了瓜雷斯基作品的模式化,并且质疑了他的意识形态立场。人道主义在此处被认为带有压制意味:

> 瓜雷斯基先生再次展现了小丑卡米罗一系列异想天开的事件。这些事件在于证明,那些与我们意见不同的人是错误的,但即便他们是错误的,他们仍然是人,只要我们本着良心对待他们,他们就会接受我们的思维方式。那时,我们就都是正确的了。
>
> (*New Yorker* 1952:89)

瓜雷斯基在文化精英中的接受有些复杂,从完全忽略到讽刺,再到理性的赞成。然而,在天主教中的情况也一样复杂,其研究卡米罗系列一部分是知识分子的方式,这是一种根据教会正统所做的评价;另一部分是流行的研究方式,这是一种对于叙事技巧的情感接触以及对其作为道德指南来源的价值评估。1950 年 10 月 3 日,纽约科特兰学院的一位牧师写信给佩莱格里尼与库姐希,要求在一个小册子中使用瓜雷斯基的插图,他还说道:"《卡米罗的小世界》的基本理念是正确的,它的呈现方式又是愉快和老练的。"芝加哥的托马斯莫尔读书俱乐部却持不同观点:编辑遭受了羞辱。他们认为该书"令人反感",于是拒绝了它。当席拉·库姐希试图寻找解释时,该俱乐部的副总却抱怨道:"教士做事的方式与他的身份不相符,也不值得那么做",而且,更令人伤心的是,他与基督的谈话"到了不敬的边缘"(1950年6月19日与27日Dan Herr致库姐希的信件)。更有甚者,瓜雷斯基的人道主义被认为是一种在伦理上对共产主义持可疑的态度:

> 该书基本的主题干扰了我们,至少干扰了我们的心思。好的基督教徒和好的共产党人没有什么太大不同,共产党员很荒唐,不能严肃对待。我认为这是讽刺,但整个世界的教会处境都很悲惨,共产党人看起来也不再好笑。

某些天主教读者对瓜雷斯基作品给出了保守的批评,这些指责却得到思想更为自由的人的喜欢,尤其是那些采用高雅文化研究方式的人,这些人将卡米罗系列置于宗教艺术史的语境予以考察。《天主教世界》的评论员期望得到"那些有可能被这些以基督教为中心的谈话所冒犯的"读者的回应,说道:"的确,有时候这些书达到了某些老歌和中世纪剧作的简单纯真"(Sandrock 1950: 472)。

瓜雷斯基在美国的出版社本不可能控制此系列接受的异质性,主要因为它远远超出了他们对该书系的研究。意大利人佩莱格里尼1940年移民美国,认识了芝加哥大型肉联厂老板的女儿库姐希,二人是受到过高等教育、具有高学历的出版人:佩莱格里尼曾求学佛罗伦萨大学和牛津大学,库姐希则求学巴纳德学院,后来两人都在哥伦比亚大学攻读文学硕士学位。他们出版的图书依赖于他们对文学的高雅兴趣,但其中大部分是商业图书,符合大众的口味。1946年,两人出版了第一套书籍；1952年，佩莱格里尼英年早逝，出版社与法勒尔（Farrar）、施特劳斯（Straus）合并。之后，他们的出版书目包括英国画家奥古斯都·约翰（Augustus John）的回忆录、意大利作家艾尼欧·弗拉安诺（Ennio Flaiano）的小说和桥牌专栏作家查尔斯·格伦（Charles Goren）的《完整的桥牌》(*The Complete Canasta*)。佩莱格里尼和库妲希在1949年出版了格伦的作品，与其他至少三家出版社合作，旨在开发全美桥牌热（Goulden 1976:195-196）。

库妲希对瓜雷斯基的兴趣，表明了出版社的企业行为。她被卡米罗系列在意大利获得的商业利润所吸引，因而找到了已经译出全部卡米罗作品的译者（1995年3月3日的电话采访）。他俩认定能发大财，就从瓜雷斯基手中买下了世界范围内的英语版权，并开始了推广与营销大战。

他们给广告投入1万美金——这在那时可是一大笔钱——而且很快售出了一系列译作的附属权利[4]，他们把这些权利的许可卖给英国维克多·格兰茨出版社，获得预付款（第一本预付175磅，第二本预付500磅）而不付版税（15%），期待瓜雷斯基在英国大卖。并且，由于美国的需求量极大，他们就大量印刷精装本，两年内印刷了55000册，同时将精装本的销售许可卖给了每月一书俱乐部（首次订购量为100000册）和格罗塞特与邓拉普（此二人印刷卡米罗书系的前两册的数量为40000册）。之后的1953年，口袋图书公司（Pocket Books）用1万美元预付款购得平装书的版权。与此同时，瓜雷斯基已经出名，确保了文集与教科书编辑会购买重印权。当然，重印权的价格取决于出版物是教育还是商业类别，以及成书尺寸。拥有大量读者的《柯里尔》(*Colliers*)杂志花费750美元仅购买到一个选段，每个故事的平均价格为 35 美元到 150 美元不等。佩莱格里尼与库妲希投资获益的情况因无资料可查而无法得知，但是他们的某些利润可以根据瓜雷斯基的收入推测出来：例如，1950 年至 1954 年间，瓜氏的预付款收入就高达 17600 美元（他与出版社五五分成），版税收入 29400 美元（包括：每本书零售价 2.75 美元，5000 册以下版税为 6%，5000 册到 10000 册版税为 7.5%，10000 册以上版税为 10%）。

然而，对于瓜雷斯基的美国出版商来说，他的作品所创造的并非仅有经济利润，作品本身就是文化资本。无疑，佩莱格里尼与库妲希因利润而动，但他们无意间为卡米罗系列吸引了最广泛的读者群，即中端读者群。在库妲希致托马斯·莫尔俱乐部副总经理的信中，库妲希清晰地表达了这一点，并在信中做出了如下回应：

> 是否能让我知道，你认为《卡米罗的小世界》在哪些方面不合适？我之所以这样问，是因为我是一个天主教徒，自然会肩负出版责任，并且，我不想此书被解读为对共产主义不敬或是过于同情。如果有些读者是出于这些原因不接受作品，我想知道详细情况，因为作者本人实际上也是虔诚的天主教徒。他在意大利的举动胜过任何记者，甚至不惜危及自己的生命也要与共产主义做斗争。因此，我很遗憾人们对他产生误解，我们所能做的就是将此书出版，以消除公众的一切困惑。
>
> （1950 年 6 月 21 日，库妲希致丹·贺的信）

库妲希信中的观点消解了瓜雷斯基的写作与美国当时主流价值观念间的界限。此外，她把自己设想为道德感十足的出版人，对于迫切的当代问题,她试图寻找最清晰与最强大的立场,以服务于读者。这需要依赖通俗审美观,以便对作家与出版人的工作知人论世,给出合情合理的解释,从而在编辑书籍时强调书中的伦理与政治内容。当然,内容是铭刻本土的过程:库姐希阅读卡米罗故事,根据的是体现美国总体接受瓜雷斯基的意识形态构造,既是反共的也是人道主义的构造,只是这里的人道主义体现为明显的宗教形式。

瓜雷斯基在美国非常成功,因为他的书写为来自不同社会群体的读者传递出同样的意义。卡米罗将整个民族的法律与意识形态有机结合起来,而没有限制不同群体对它们的使用:宗教的、教学的、商业的、政治的或者宣传的。例如,电影电视制片人以及国务院都热衷追求广播权,要求在广播节目"美国之音"中对全球播放卡米罗系列(1951年2月16日,艾芙琳·艾森斯塔德致佩莱格里尼和库姐希的信)。大量的读者被吸引了,因为它的多种使用都采取了对文化的贴近,贴近通俗审美,因而卡米罗构建了一个令人愉悦的集体幻想,为高度紧张的社会局势提供了一种想象中的解决方式。并且这种幻想对瓜雷斯基作品的出版社与消费者都有功用,大约50年后,库姐希只回忆了其愉悦的部分:她拒绝把《卡米罗的小世界》与冷战中最煽动性的时期相联系。她深信大众为该书所吸引,因为它具有趣味性,插图也引人入胜、切中要害(1995年3月3日的电话采访)。

瓜雷斯基在美国接受的耻辱,不在于这一接受是否依赖于通俗审美(仅从更为精英文化的立场来说,这一状况才是耻辱的),而是它培育了值得怀疑的本土价值观念。卡米罗系列经营并支持了美国对共产主义的恐慌,使不同民族以及性别的诸种刻板形象与其交织,同时也扭曲了意大利的文化与政治局势。

编辑行为与翻译行为

瓜雷斯基成功的关键因素是译本的生产，这一过程极为复杂，包括不同的编辑活动，其中部分工作内容被记录在出版社档案中。[5] 意大利语的原作被审慎地编辑与翻译，以便跨越语言与文化的诸多边界，其中不仅有意大利与美国的界限，还包括英国与美国不同英语群体的界限。

库姐希一拿到瓜雷斯基意大利语故事合集的英文译本，便在 1949 年的夏天开展了《卡米罗的小世界》的生产过程。该译本是意大利语原作的全译本，但是库姐希对其进行了删减，略去了 16 个故事以及精心写作的自传式前言，这样，英语译作只剩下原作的 180 页左右。这是明显的归化式行为：经过删减，对大多数美国读者来说，该书变得明白易懂，因为被略去的内容包含对时事的讽刺，提到了很多当代意大利政治人物及其发展，包括一项特定的议会法案。库姐希让天主教文学编辑就译作进行品评，她遵循了该编辑的意见，请瓜雷斯基撰写了一个更为简洁的自传前言（7 页），要求该前言为美国读者提供作者生活与工作的基本信息即可。这一新前言显示出在意大利瓜雷斯基有大量读者已经熟知他的细节，但隐瞒了意大利与他同等熟知的其他作家；尽管杂志中没有明显提及对君主制的同情，但他把自己塑造成了极为反共的形象。

进一步讲，对新前言的翻译直接指向了美国的受众。总体来说，译语遵循了当前的美式英语用法，并且运用了一系列的口语用词，广大美国读者一看就懂。标题的选词可以证明这点：意大利语原作的标题"Io Sono Cosi"（应当译为"I Am Like This"）最初译为"This is the Way I Am",最终改写为"How I Got This Way"(Guareschi 1950:3)。其实,最初的译文才是正确的,尽管句法不太正式,也有些笨拙;但修正后的译文是解释性的,自由了许多,也更为通顺,使用了更为口语化的"got",显出一种揶揄讽刺的特质。

新前言的英译还揭示出当代美国价值观的压力,主要是对二战后父权家庭的高度尊重。在意大利语原作中,瓜雷斯基把自己描述为一个儿子、丈夫和父亲,一个大家庭的一员。这对他的日常生活影响至深,他以极为幽默的方式处理这些关系。然而,在某一段文字中,他追求一种幽默写作特点为不当推论(non sequitur),他关于家庭的陈述显然令库姐希不能接受,于是她在译文中将它删除了。英文版写道:"我的摩托车是四缸的,汽车是六缸的,我还有一个老婆和两个孩子"(Guareschi 1950:4)。而意大利语版接下去这样写道:

una moglie e due figli dei quali non sono in grado di precisare la cilindrata, ma che mi sono assai utili in quanto io li uso come personaggi in molte delle storie.

a wife and two children whose cylinders I am not in a position to describe precisely, but who are very useful to me inasmuch as I use them as characters in many of my stories.

我有一个老婆和两孩子,我不能准确地描述他们的气缸,但他们对我非常有用,因为我已经在很多故事里把他们用作了角色。

库姐希的编辑版本把家庭刻画为一种父权的机械拥有物（mechanical possession），这也许正对美国读者的口味，无意间与主流文化价值观相吻合，不仅是核心家庭，更多的是基本的意识形态，例如占有式个人主义，尤其作为对汽车物质化的个人主义，这些都是经济稳定的表征，带有流动独立性的许诺。然而，由于意大利语原文使用了一个不同的、纯粹实用的隐喻，把瓜雷斯基的妻子与孩子降格为父权剥削的对象，不论是机械的还是文学的，于是该段落遭到了删除。它可能导致的后果是与美国读者毫不相干，对这些读者来说，家庭象征着情感的完善及安全。这一删除预先占领了这些反应；无论这是库姐希的意识意图与否，她修正的效果的确契合了战后美国文化的主流意识形态。

她对前言的结尾部分也做出了相似的修正，以便让结尾与统治性的性别角色一致。意大利语原本结尾是瓜雷斯基富于幽默感的另一个例子："Oltre a una statura ho anche un peso. Spero di poter avere anche una cane"（"In addition to height, I have weight. I hope to be able to have a dog too"）。英译略去了"weight"与"dog"，并重写了这一段，以符合瓜雷斯基男性外型这一最吸引人的特点："我个头一米八，除此以外，我长着浓密的头发"（Guareschi 1950: 9）。

正如这些选择所传递的，翻译话语涉及一种由通俗审美观所导引的彻底归化：其目的是创造极端流畅，能邀请读者加入该叙事的现实主义幻象，同时又在意大利原文本中铭刻美国的律法与意识形态。试将意大利原文与两个英译本比较一下，这一目的便清晰可见。这两个英译本分别是佩莱格里尼与库姐希出版的译本和英国译者尤娜·文森佐·特鲁布里奇（Una Vincenzo Troubridge）女士试译的初稿。这一草稿到现在仍然保存着，仅有 15 页，但确切地显示出库姐希对特鲁布里奇的译稿进行了大量的修正，移除了她所使用的大部分英式英语词，并代之以美国口语词。在特鲁布里奇的词汇、句法以及拼写方面，英式方言在每一个层面都有体现。译者用 "presbytery" 来翻译 "canonica"，库姐希将其改为 "rectory"。类似的还有，"half a metre" 被 "two feet" 所取代，"plastered" 替换了 "liberally daubed"，"men" 替换了 "constables"，"tire" 替换了 "tyre"（Troubridge 1949：77，79，80，222；Guareschi 1950：67，69，70，187）。特鲁布里奇还使用了一些口语词，但这些典型的英式英语词，无一遗漏都被库姐希用蓝笔删除了。她用美式英语词来替换，认为这样才能与瓜雷斯基的意大利语相匹配。"I should have liked to box their ears"，这句是对 "prenderei volentieri a sberle"（"I would have gladly slapped them"）的自由译，被改为了 "I would have preferred smacking them between the eyes"（Troubridge 1949：55；Guareschi 1948：49；1950：49）。"I must have got up quite two hundred lotteries"（对应 "avrò combinato duecento lotterie"），被改写为 "I must have organized two hundred bazaars"（同上）。

库姐希认为，作为译本的编辑，她的责任是对瓜雷斯基的原作尽可能忠实（1997 年 5 月，库姐希致信蒂莫西·吉连、法勒尔、施特劳斯与吉鲁）。这一观点的结果是将语言朝口语语域（colloquial register）倾斜，同时要避免任何复杂巧妙的文学性或者修辞效果，因为它们可能会干扰到即时可理解性（immediate intelligibility）。库姐希甚至修改了特鲁布里奇译文中的一些段落，因为它们不仅是典型的英式英语，而且是正式的，有教养的，显示出对大量英语词汇的熟悉。特鲁布里奇有时将瓜雷斯基很简单的意大利语：

la crepa non si allargava, ma neppure si restringeva. E allora perdette la calma, e un giorno mandò il sagrestano in comune.

(Guareschi 1948: 31)

译成高贵的、拉丁语式的英语:

The crack [in the church tower] had not increased in width, but neither had it diminished. Finally he lost him composure, and there came a day when he dispatched the sacristan to the headquarters of the Commune.

(Troubridge 1949: 43)

(教堂顶上)的裂缝没有再变宽,但也没有再缩小。最终,他不再镇静,把教堂的看守人派去了市政府。

美语译本回归瓜雷斯基的朴素风格,但也将其美国化了:

the crack got no wider but neither did it get smaller. Finally he lost his temper, and the day came when he sent the sacristan to the Town Hall.

(Guareschi 1950: 37)

裂缝不会再变宽或缩小了。最后他发了脾气,把教堂看守人派去了市政厅。

特鲁布里奇并没有把"commune"翻译出来。该词是意大利语词汇，意为市政府。对于去过欧洲旅行的英语读者来说，可能会知道该词的含义，尤其是像特鲁布里奇本人这样的英国侨民。然而，库妲希用了一个更为接近美式英语的词汇"Town Hall"替换了它。

编辑过程中坚持使用英语口语词汇，迎合了艺术再现应当无异于日常生活的大众需求。因此，意大利语原作就自然应当被同化为熟知的美国价值观。虽然库妲希偏好使用20世纪转折期富有现代气息的英式与美式口语词汇来表达，但是她也使用了很多二战时期美国特有的词汇，那时，卡米洛系列也刚刚问世。并且，这些美式英语口语词是瓜雷斯基作品成为畅销书最为重要的因素，它们在不同文化群体中都简明易懂。以下的词汇分析依据的是1984年帕特里奇的著作、《牛津英语词典》以及1975年温特沃斯与弗莱克斯纳的著作。"Campione federal"（federal champion，联邦冠军）被译为了"champ"（Guareschi 1948：126；1950：106），该词源于美国的体育运动，特指拳击冠军。"Bravo, bravo!"被译为了"Swell!"，这是一个非正式词汇，是"同意"或者"满意"的意思，在战前的英国作品中经常出现——例如，P.G.沃德豪斯的漫画小说——但后来为美式英语使用在美国新闻机构的新闻报道中，例如美联社；该词还用于精英文学与戏剧：阿瑟·米勒剧作《都是我的儿子》（*All my Sons*）中的一个角色说道："We are eating at the lake, We could have a swell time"（我们正在湖畔吃饭，我们玩儿得很好）（Miller 1947：62）。"Uno importante"（an important man，重要人物）被译成了"big shot"（大腕），该词意思是指成功有影响力的人，不仅常用于大众小说，例如詹姆斯·M.凯恩（James M. Cain）为好莱坞所写的小说《欲海情魔》(*Mildred Pierce*，1941)，而且也用在学术研究，如门肯（H.L. Mencken）为期刊《美国演讲》(*American Speech*，1951)所撰写的文章。这些口语词让《卡米罗的小世界》为美国大多数读者所接受，无论他们的兴趣多么广泛，教育背景与社会地位有多么不同，因为这些因素无形中区分着他们的文化实践。

根据通俗审美观所做的编辑工作，成就了简易可读性。这种可读性可能会引发一种参与性反应（participatory response）。文章因删除了重复或者交错的段落而使得叙事的步伐加快，还插入了不少短语，篇章也被重组了，改善了文章的连续性（Guareschi 1948:58，60，78，92，96；1950:61，67，70，74）。有时，插入的短语具有解释性，显然是为了英语读者而有意为之。当卡米罗某天早上醒来发现他家墙上被涂上了"唐·卡马罗"（Don Camalo），意大利语原作仅仅是记录了这一事件，英语译文则添加了表达名字是双关特殊拼写的解释。这种做法直接关系到故事的发展："唐·卡马罗的含义是码头工人，无疑指代唐·卡米罗几天前所做出力量与勇气的功绩"（Guareschi 1948:78；1950:66-67）。

添加的细节提高了语言指代的具体性，但并不影响情节的发展，也没携带新的符号意义。正如罗兰·巴特所说，"这些都是具有特征的、与气氛相关的，或者是关于智慧的所指，"（Barthes 1986:145）。但作用只是加强现实的幻象。有了这种认识，库姐希保留了特鲁布里奇生动的译文，她将"una pedata fulminante"（a violent kick，狠踢）译为"a terrific kick in the pants"（狠狠地踢在了裤子上），将"arrivò il treno"（the train arrived，火车抵达了）译为"the train steamed in"，将"alle fine perdette la calm"（finally he lost his calm，最终他发火了）译为"by now [he] was almost frothing at the mouth"（现在，他口吐白沫）(Guareschi 1948:92, 152, 168; 1950:69, 136, 153)。叙事也因使用了习语、陈词而变得更加吸引人，因为它们提高了故事的悬疑，或者说，它们引入了忧郁夸张的品质。"Pigiava sui pedali"(pressing on the pedals，压在踏板上）被译为了"pedaling away for all he was worth"（他用尽余力把车骑走）；"Ormai la voce si era sparsa"(by now the word has spread，现在谣言传出去了）译为了"the story of Peppone's feat spread like wildfire"（佩彭内的功绩像野火传出去了）；"scalpitava come un cavallo"(pawing the ground like a horse，像马一样抓地）译为了"like a restive horse"（像难以驾驭的马）；"pugno"(fist，拳头）变成了"clenched"（紧握住了）；"mormorìo"（私语）变成了"audible whisper"（可以听见的低语声）；"Deve andar via come un cane!"(He must leave like a dog!）变成了"And we will let him slink away like a whipped cur"（我们让他像一只被鞭打的狗一样溜走）(Guareschi 148:47, 56, 60, 61, 94; 1950:48, 58, 63, 64, 72)。

能够让美国读者积极参与的一种极为有效的方法，就是修改或者删除强调文化差异的话语特征，包括那些意大利所特有的。意大利报纸（*Milano Sera, Unità*）的名称被移除了，产品的品牌名字也都做了泛化处理："Wolsit"（赛车）译为了"racing bike"（比赛自行车），"cartucce Walstrode"（沃尔斯劳德墨盒）译为了"cartridges"（墨盒）(Guareschi 1948:29, 33, 298; 1950:29, 40)。原文中还提及"reticelle"，在意大利语中，这个词指火车车厢中的行李架，被归化译为了"the baggage racks overhead"，意思更清晰了；"appena vendemmiate nella vigna del vocabolario"(scarcely harvested in the vineyard of the dictionary，几乎没有在字典的葡萄园里收获)，用词优雅，是意大利语特有的暗喻，被换译为"newly minted"，该用法在英语中极为普遍（Guarschi 1948：95，97；1950：73，75）。美国人漠视足球，库妲希对此做出了让步，干脆用美语另外体育项目的词"race"完全替换了意大利语表示足球（calcio）的词；有一篇故事的情节讲到一场重要的球赛，这种情况中若要修改就不可能了，然而，她还是删去了一个知名意大利守门员的名字（Guareschi 1948：112，180；1950：91，167）。库妲希做出了极大努力，尽量将美国读者对意大利语潜在的混乱缩减到最低程度。她把故事中人物的名字都做了简化（或者默许了特鲁布里奇简化的译法），在不同的篇章中把意大利语三个不同的名字"Brusco""Gigotto""Sghembo"，翻译成同一个名字"Smilzo"（Guareschi 1948：62，92，103，104，144，168；1950：65，70，81，82，83，127，153）。

这些翻译的选词，体现出一种一般化倾向，或许可以促进对瓜雷斯基作品的人文主义反应，某些采访就已经表明这个情况。这种反应洞察到卡米罗和佩彭内体现出的一种超越时空的基本人性。尽管政治上有差异，这一故事似乎不仅为他们的基本相同点提供了证据，而且在译作中移除了文化标识，并广泛使用口语词，共同使得这些意大利角色与美国读者无异。然而，这些选择也表明，编辑与翻译过程从来就没逃脱它所处时代的文化限制：意大利语原作被翻译成了一种流行的人文主义作品，具有坚定的反共立场。

但凡看看冷战时期政治术语对词汇翻译的影响，就会对此了然于心。瓜雷斯基把邻村的意大利共产党员描述为共产党"frazioni"

225

（fractions, sections, 分子），但到了英语译文中, 他们又被叫作 "cells", 这是一个从 20 世纪 20 年代起开始使用的词, 用于指称进行颠覆活动的共产党小团伙（Guareschi 1949: 32, 55; 1950: 38, 57）。英语 "satellite" 一词的用法也类似。在英式英语与美式英语里, 该词渐渐指代统治另一国家的国家, 主要是二战时的德国与意大利, 二战后的苏联也是这种状况。然而, 在《卡米罗的小世界》中, "satellite" 被用来翻译了很多意大利词与短语, 全部用来指代佩彭内与其他共产党员: "gli uomini del suo stato maggiore"（the men of his general staff, 一般职员）, "la banda dei fedelissimi di Peppone"（the group of men most loyal to Peppone, 佩彭内最忠诚的一群人）, 该词甚至用作贬义, 译为 "mercanzia" 或者 "riff-raff"（不三不四的人）（Guareschi 1948: 61, 157, 184; 1950: 65, 141, 170）。在上述例子中, "satellite" 不仅指称国家, 而且还指代虚构的人物, 并把这些人转化为对当代地缘政治局势的拟人。

因此, 在译作中铭刻政治代码, 便导致美国读者将卡米罗与佩彭内的意识形态对立转化为一种对冷战的寓言。并且, 由于英语术语携带了否定含义, 意为统治与颠覆, 它们不可避免地暗含反佩彭内与反共之意。实际上, 英译本确实不遗余力地侮辱佩彭内及其政治同僚, 将他们刻画为罪犯, 或者至少是不受社会欢迎的形象。瓜雷斯基提及佩彭内的 "banda"（group）或者 "squadra"（squad）, 在此处, 特鲁布里奇和库妲希则重复使用了 "gang"; "gli alti capoccia rossi"（the other red leaders, 其他红色领导人）与 "fedlissmi"（the most loyal men, 最忠诚的人）被转换为 "henchmen"（党羽）; 当表述佩彭内的同僚时, 很明显原文使用的是中性词 "quelli"（those men, 那些人），译文却使用了"those ruffians"（那些暴徒）(Guareschi 1948: 32, 98, 146, 173; 1950: 38, 76, 129, 159)。

与此同时，某些翻译选择揭示出一种通过修改或者删除质疑卡米罗行为道德含义的细节而为其开脱的倾向。在"Don Camillo rise perfidamente"（Don Camillo laughed treacherously，唐·卡米罗奸笑着）的表述中，"perfidamente"一词被邪恶意味较弱的词"unpleasantly"（不悦地）所取代；基督警告卡米罗自认正义的语言，"fino a quando non farà qualche soperchia"（only so long as he doesn't commit some outrage，只要他不愤怒）也通过使用更为积极的措辞"just as long as he plays fair"（只要他做事公平），使语气变得平和多了（Guareschi 1948: 21, 143; 1950: 29, 125)。译作将很多句子完全删除，因为在这些句子中，卡米罗显示出内疚心理，或者表现出某种不合伦理的行为：例如，"Gli dispiaceva di essersi dimostrato così maligno"（He was sorry to have shown himself to be so evil，他很遗憾，展示了自己的邪恶）；或者"di' al Bigio che se non mi ripulisce, e gratis, il muro, io attacco il vostro partito del giornal dei democristiani"（tell Bigio if he doesn't clean up my wall, gratis, I'll attach your party in the Christian Democratic newspaper，如果毕吉傲没有打扫墙壁，告诉他，我将在基督教民主报上公开你们党的情况）(Guareschi 1948: 27, 186)。甚至，在卡米罗与耶稣·基督的一席对话中，库妲希用"lotteries"（彩票）替换了"bazaars"（巴扎）。她实际上为了美国读者把该教士合法化了：彩票业在意大利是合法的，但在50年代的美国，该词可能是犯罪行为（即数字骗局）；她使用了"巴扎"这一词汇，巴扎是为了筹募善款的，她以此对意大利原文进行改写，但巴扎

这一术语还携带了一种无恶意的重要性,对教士再合适不过。

当然,该译本最非凡的是,对于美国读者来说,将美国本土行为规范及意识形态铭刻进译作的过程是无形的。这一过程之所以是无形的,有一部分原因是意大利原作的编辑和翻译工作依照的是通俗审美观:遵循现代英语用法,使用大量口语词,确保了英文的高度流畅,导致了现实主义的幻象,这种原文是通向世界的透明窗户的效果,是一种真实的再现,而非翻译,即一种二阶形象。毫不奇怪,评论者很少提及该译本;即便刊登于趣味高雅的期刊如《纽约时报书评》或者《周六文学评论》的书评,也没对译文的质量做出评价。因为通俗审美观看中的是文本传递信息的功能,而非对诸如翻译话语等形式因素的精妙赏析。《天主教世界》刊登了一则评论,证实了透明效果:"你绝不会意识到这是译文"(Sandrock 1950: 472)。

然而,生产译作过程中正在发生作用的本土铭刻也是无形的,因为这种铭刻是本土的、熟悉的。有了通俗审美观的庇护,美国读者阅读翻译时,要在译作中找到英语的方言,找到他们时代的主流价值观以及任何想象中能够用于自身文化和政治问题的解决方法。编辑与翻译工作维护并适应了根深蒂固的文化自恋。这一点在《卡米罗的小世界》的接受中体现得很清楚,而且在俄亥俄州读者给出版社的信件中,或许体现得更清晰。该读者首先承认自己不懂意大利语,接着表扬了译者的工作:"她不仅保留了原作难以捉摸的本质,又不时驾轻就熟地将其纯化为当下的美式英语,就像是卡米罗自己写的一样"(1951年2月9日,迪亚克·马丁致信佩莱格里尼与库姐希)。

《卡米罗的小世界》的编辑与翻译过程为之后瓜雷斯基所有的译

本奠定了基调。库妲希收集到的大部分意大利语卡米罗系列故事都是瓜雷斯基在杂志中刊登的，而不是以意大利语出版的单行本。瓜雷斯基把打字机打印的全部稿件寄给了库妲希，还把部分手稿也寄给了她。这样，库妲希就可以"着手仔细查看意大利原作"。她曾这样描述这个过程，"一边选择故事，一边做着转换"（1956年11月6日，库妲希致信维克多·格兰茨）。编辑工作旨在保证作品的时效性，显然要从国际政治的发展中获利。当《卡米罗抓住了魔鬼的尾巴》一书的编辑工作还在进行时，库妲希致信给该书的译者弗朗西斯·弗丽娜叶（Frances Frenaye），她写道："我刚从瓜雷斯基那里收到一则极为吸引人的故事，该故事恰如其分地写到了匈牙利的革命"，她继续写道："我正考虑我们应当出版这一故事"（1956年12月27日）。

  弗丽娜叶翻译了瓜雷斯基的六部作品。库妲希认为，这位美国译者的工作无须进一步编辑来移除英式英语。相反，弗丽娜叶驾轻就熟，将意大利语原作转变为最可读又时而活泼的口语。她非常自信，译文非常自由，但绝对准确。她把"imbrigliarono"（they harnessed，他们利用了）译为"lassooed"，把"Perché mi avete fatto fare questro?"（Why did you make me do this? 你为什么要让我干这个？）译为"Why did you rope me into this?"（你为什么强迫我干这个？），把"l'ha saputo"（he learned of it，他知道它了）译为"[he] got wind of it"（他得知它了）（Guareschi 1953b: 117, 118; 1981: 9; 1952: 9, 32）。她的选词也将意大利语原作同化为本土的文化与政治价值观念："commune"译为了"town hall"，"henchmen"与"gang"变成了佩彭内共产党同事经常使用的称呼（Guareschi 1981:

39；1952：165；1957：11，12，15，16）。此外，英语译文中起作用的归化，继续被弗丽娜叶流畅、透明的话语所掩盖。《美国》杂志文学编辑哈罗德·加德纳喜欢卡米罗系列的第一本作品，而不太喜欢第二本，因为瓜雷斯基的"喜剧歌剧的小丑们"没能充分考虑到"共产主义是很邪恶的东西"（Gardiner 1952）。然而，加德纳本人认为，"如果不特别注意弗朗西斯·弗丽娜叶通顺的、不为人所注意的翻译，是没有礼貌的。"

正如美国化的编辑与翻译工作促成了瓜雷斯基在美国的成功，他的作品在英国也同样大卖，因为英译本也同样经历了英国化过程。佩莱格里尼和库妲希以及后来的法勒尔、施特劳斯，意大利语原作翻译到美国，接着把英国版授权给了格兰茨，后者为英国读者编辑了英译本。不仅拼写被转换，以便反映英式英语和美式英语的差异，而且翻译还进行了大幅度调整，以符合英式英语的用法。这样一来，《卡米罗的小世界》中的"big bruisers"被"rodomontades"所取代，"swimming pool"被"bathing pool"所取代，"football"取代了"soccer"，"pavilion"取代了"locker rooms"，"electric torch"取代了"flashlight"（Guareschi 1950：83，87，92，120；1951：96，99，100，106，138）。美式的口语词和句法，都被改成英语的口语词和句法，或全部被删除："licking"变成了"drubbing"，"champ"变为了更为直观的"federal champion"，"it was me that did him in"变成了"it was I that did him in"，"kick his backside to a pulp"变为了"kick his backside to a jelly"（Guareschi 1950：88，98，106，109；1951：101，113，123，126）。英式英语的编辑工作使得译文更为准确，复原了那些在美语译本中被故意或意外删除的篇章。这些复原工作包

括意大利语中不同的人名,以及对一个没有爆炸的炸弹的大段描写, 149
这对英国读者来说,是有特殊意义的,因为在二战中,这些英国读者
曾经经历过德军的闪电战(Guareschi 1951: 74-75)。

市场营销也同样明显地向英国读者倾斜。1962年,企鹅丛书为大众平装本所做的书封,把瓜雷斯基设定为英国及欧洲幽默作家中家喻户晓的精英,几乎不为美国所熟知——或许只有少数精英读者和电影观众知道,比如理查德·戈登、托尼·汉考克、彼得·塞勒斯、雅克·塔蒂、金斯利·艾米斯(Guareschi 1962)。然而,这一书封表明,瓜雷斯基在英国的成功取决于对冷战同样的反对以及同样的意识形态立场。这两点对他在美国的接受过程中非常重要:作品的主题被描述为"乡村诚实教士与其致命对手共产党村长佩彭内的追击战"。

近20年间里,瓜雷斯基一直是畅销书作家,其写作过程坚定不移地严格遵照通俗审美观。编辑与译者也从未将意大利原作视为现代意义上的文学,视为作者意图独一无二的工作。因此,他们带着极大的宽容从事翻译工作,所依凭的是对准确的自我感知。他们对文本功能是提供信息、道德说教还是商业盈利,极感兴趣。因此,他们继而关注译作的诸种效果,培育出一种通顺的话语,能持续同化于流行的本土价值观,并且还要能畅销。瓜雷斯基所有的编辑与译者都意识到,他们所做的工作,是在塑造意大利语原作的大众消费。

特鲁布里奇相信像柯莱特(Colette)这样她也翻译过的作家,值得以强硬的直译主义来对待,因为"柯莱特是一位伟大的艺术家,是法国最伟大的作家,也许是最伟大的作家"(1950年9月17日,特鲁布里奇致信库妲希)。对译者来说,这就意味着要谨小慎微地再现法语文本显著的文学特征。特鲁布里奇致信库妲希,说道:"很

231

多年来，我一直充满希望地等待着给英语世界奉上一个真实的柯莱特，因为"她不容易翻译，词汇量大得惊人，个人风格也极为突出。"当格兰茨建议她的一个作品"应当修改一下，以显得温和些"，因为作品中涉及了性的内容，特鲁布里奇"拒绝"承担翻译工作。然而，她从一开始就想修改瓜雷斯基的《卡米罗的小世界》，因为"它时不时就会冒犯盎格鲁·撒克逊宗教的敏感处，于是我删去了漠视动物以满足人们口体之福的一小段"（1949年6月14日，特鲁布里奇致信库妲希）。当特鲁布里奇将她的英译本版权出售给佩莱格里尼和库妲希时，她通过中间人开诚布公地同意，可以进行程度再大一些的归化修改，"这完全是出于对美国读者的考虑"（1949年7月26日，M.G.李德利致信库妲希）。

大约25年后，也就是法勒尔、施特劳斯与吉鲁准备出版瓜雷斯基的回忆录《我的家，甜蜜的家》（*My Home, Sweet Home*, 1966）的时候，编辑哈罗德·维塞尔（Harold Vursell）对另外一位英式英语译者、小说家戈登·撒格给出了相似的指令（1966年3月8日、10日）。维塞尔承认"瓜雷斯基先生不是但丁"，建议撒格

> 不能屈就于材料；你也不必字字直译。你所要做的，就是放下自己的个性，把自己化身为他，让每位读者都觉得作品惬意易懂，尽可能人性化。

撒格本人一直认为翻译是低一等的活动，是委托别人完成的一种写作形式，是挣钱的必要方式，但会伤害他作为远大理想的文学家的声誉，所以他给自己起了一个翻译时才会用的名字，约瑟夫·格林（Joseph Green）。但他深信，翻译像瓜雷斯基这样的通俗作家，危害无疑是严重的，所以他翻译第二本怪诞寓言故事《寄宿学校中的丈夫》(*A Husband in Boarding School*) 时，匿名出版了该书。

今天看来，瓜雷斯基作品的编辑与出版工作如果有可质疑之处，并不在于美国出版社将之视为赚钱的机器，而在于它是否是具有独特文学性的作品。这些书都是通俗作品，不能用精英主义的方式来鉴赏，并且与其他通俗文化形式一样，终将昙花一现。在特定的历史时期，与某一种社会功用联系过于密切，一旦过了对那个时代的关注，它注定会被遗忘。这里的耻辱真是自相矛盾的，在这个耻辱中，出版社失去了文化信任：他们自己要在审美与功能之间做出哪个更为高雅的区分，偏向因支持文学价值而非商业利润而知名。这在法勒尔、施特劳斯与吉鲁的个案中显示得尤其清晰：他们作为当代重要作家的出版社而获得极大的文化权威，包括很多诺贝尔奖获得者，如艾略特、艾萨克·巴什维斯·辛格、约瑟夫·布罗茨基、德里克·沃尔科特、谢默斯·希尼，继而这些出版社渐渐地被视为独立的文学重镇，成为最后一批拒绝利润导向的出版社，现在为跨国公司所拥有（如西蒙与舒斯特出版社、哈帕斯·柯林斯出版社）。到了1980年，出版社合并组成新的出版社，极大地改变了美国的出版业，这时，瓜雷斯基已经很长时间没有再版过了。罗杰·施特劳斯用这些精英的术语来介绍自己的公司，经常与追逐利润的出版社进行战斗式的磋商，如西蒙与舒斯特出版社的理查德·斯奈德（Whiteside 1981：119，121-122）。施特劳斯本人保证了某些瓜雷斯基译本的重要附属权利，后来，他又抗议过国家图书奖产业对把图书引向大众品种，例如西部小说和推理小说：他认为，新图书奖的范围是"对畅销书单的另外一种批准"，

"反映出重视市场营销与产业公共关系,这是一种对任何文学特点公正认知持反感态度的趋势"(Whiteside 1981:94)。

瓜雷斯基的编辑与翻译组成了法勒尔、施特劳斯与吉鲁档案的文体框架。这个框架在商业上偏离了他们对高雅审美观的效忠。瓜雷斯基译作项目所呈现出的商业主义,实际上给带不来多少利润的、更为文学化的书籍提供了资金,例如施特劳斯之后提到的那些美国或外国的"年轻作家或有天分的作家写的书"(同上:103)。然而,它恰恰例证了将美学价值降格为经济价值的过程。出版商的诸种自我呈现则否定了这一美学价值,在法勒尔、施特劳斯与吉鲁书单的其他地方,这种美学价值则遭到了规避。1946年至1996年的50年里,他们出版了大量文学译作,其中有60种译自意大利语;实际上翻译最多的并不是瓜雷斯基,他只有12本书被译为英文,位列第二。位列第一的是高雅小说家阿尔伯托·莫拉维亚(Alberto Moravia),他有26种书籍被翻译为英文(Williams 1996:537-538)。瓜雷斯基的译本暴露出出版社无法接受高雅审美观,无法经营获利的生意,也无法形成一种精英文学的概念以吸引大众读者,当然,除非该作者已经获得了诺贝尔奖。

然而,真正撼动这个框架的是不让译者系统地获得利润。瓜雷斯基在美国的接受与译者遭受到的严重剥削是同时发生的,译者在瓜雷斯基的成功中扮演了重要角色。[6]出版社通过签订合同,在所有与译者讨价还价的过程中占据了主导:佩莱格里尼和库妲希,以及后来的法勒尔与施特劳斯,获得了全球出版与销售瓜雷斯基作品英译本的专有权,并且以版权法来对待这些译者,不把他们当作其作品的作者,而是当作受雇的工人,为雇主而工作。一般情况下,译者获得按千字计算的固定稿费,而不享受版税或附属权力。由于瓜雷斯基的译作畅销世界,在美国出版,在加拿大、英国与澳大利亚获得经营许可权,但译者想要从这些作品带来的巨大收入中分到一杯羹都极其困难。

其实,从出版第一本卡米罗系列之时,对译者的剥削就开始了。在佛罗伦萨生活的尤娜·特鲁布里奇(1887-1963)可谓翻译经验丰富,在着手进行瓜雷斯基项目之前的 20 年里,她已经有法文和意大利文的六部译著,涉及历史、传记与小说题材。她所获得的翻译稿酬,也即她的代理人向佩莱格里尼与库姐希索要的费用,以纽约现行的标准来看是极低的,每千字 30 先令。《卡米罗的小世界》的篇幅大概有 3.7 万字,她仅拿到 125.2 美元的翻译稿酬。这一数字不仅只占了她译作积累价值的极小份额——因为瓜雷斯基在 1950 年至 1954 年仅版税一项,就有 29275.68 美元,而且出版社对手稿又做了很多修改,还向她索要了 30.2 美元的打印手稿的费用。后来,卡米罗一书大红大紫,代理人因之前的费用过低,而多要了一些补偿费用,结果出版社还极不情愿支付这笔款项(A. M. 西斯公司的塞鲁斯·布鲁克斯,1950 年 11 月 21 日,致信佩莱格里尼)。事情的最后,佩莱格里尼还是额外付给了特鲁布里奇 100 美元,作为她在杂志上刊登的本来已经删除的两则故事的费用。

弗朗西斯·弗丽娜叶(1908-1996)也是一位经验丰富的译者,但她在文学翻译方面的造诣要超过特鲁布里奇。在 50 年的翻译生涯中,她翻译了 40 多部作品,最早是翻译意大利现当代作家,包括易格那子奥·西龙尼(Ignazio Silone)的《冰雪下的种子》(*The Seed beneath the Snow*, 1942)、卡洛·列维(Carlo Levi)的《基督停留在埃伯利》(*Christ Stopped at Eboli*, 1947)、娜塔莉亚·金斯伯格(Natalia Ginzburg)的《通向城市之路》(*The Road to the City*, 1952)以及安娜·玛利亚·奥尔蒂斯（Anna Maria Ortese）的《海湾不是那不勒斯湾》(*The Bay is not Naples*, 1955)。她翻译的第一部瓜雷斯基作品是《卡米罗和他的羊群》(*Don Camillo and His Flock*, 1952)，纽约出版社给出的费用是每千字 10 美元，总翻译稿酬是 808 美元。可是，不到两年间，她译作的专有版权使用费与其他附加权利为出版社赚得 25705.76 美元。因为弗朗西斯翻译了多部瓜雷斯基的作品，她渐渐得到了较高的稿酬。但是，这些可怜的增加稿酬，对改观译者翻译费支付的不公正于事无补。不妨举一例子：1964 年出版的《卡米罗同志》(*Comrade Don Camillo*)，每千字 15 美元，虽然该书篇幅较短，但她仍获得 721.50 美元的翻译费用。法勒尔与施特劳斯获得了一半的附属销售权，他们通过向每月一书读者俱乐部授权翻译，获得 3 万美元，同时又授权给天主教文摘读书俱乐部，又获得 3000 美元，同时销量达到了 5 万册。瓜雷斯基的书出版不到 6 个月，他就获得了 29856.91 美元。考虑到这些收入，弗丽娜叶的费用似乎最少，在附属权交易中还要更少。佩莱格里尼与库妲希和法勒尔与施特劳斯和格兰茨签订了一份异乎寻常的协议：自第一本卡米罗书出版后，英国出版社被要求支付翻译费用的一半，还得支付预付金。可以说在瓜雷斯基商业成功中唯一未获利的一方就是译者——当然，除了一点微薄的翻译稿酬！

高雅畅销书

自瓜雷斯基作品第一个英译本出版以来已有近 40 年了，美国的文化变革已经为不同种类的翻译畅销书创造了条件，尤其对小说翻译而言。让出版业更具利润导向的合并者，肯定已经使得出版社盯准本土畅销书。但商业主义也已经寻求从已有的本土市场中获利，因而盯准那些有潜力获得大量英语读者的异域作品，因为这些作品近来已经适应了大众文化的其他形式，尤其是电影、戏剧以及音乐剧。投资搭配销售的这一策略令经典外国小说平装本大卖，例如《危险关系》《悲惨世界》《歌剧魅影》。在这些例子中，预留给学术研究的，通常为精英欣赏的异域作品，通行审美观也可获得，因为参与性及道德性的反应是为愉悦体验所引导，即适应。那么，在译作的商业生产及其接受的不同形式之间，它变成了一种杂合物，即高雅畅销书。

电子媒介已经极为有效地催生了高雅译作畅销书。电影与电视作为强大的商业助力出现，在畅销书的周密推广与营销出版前（Dudovitz 1990: 24-25），就使它的机制得到改造与提升。因而在某些情况下，异域作品不需提及亟待解决的公众问题以促进译本的销售。这里，读者为异域作品类型所吸引，为其与本土文化中的大众小说类型相近所吸引。电子媒介已经通过促进"迷于媒介"优于"对其迫切批评"而塑造了这种阅读习惯（Baudrillard 1983: 35），使得多样化复制方式突然暴露了大众的口味，在其最为迷惑的时候，影响了现实主义的幻象。

与此同时，这些媒介已经通过提高作者的文学再生产形式的自我意识而对精英小说产生了影响，从而促进了一场涉及大众类型模仿的叙事实验主义。高雅文化与低俗文化之间的界限早已变得模糊不清，这标志着当代"后现代小说"国际倾向的来临（McHale 1992）。因此，能展现形式上的自我意识、因而看起来过于高雅而又不能吸引不同文化群体的异域作品，通过翻译，甚至在它们本国获得了商业成功，因为它们的实验允许它们与当代大众小说趋同。几部畅销异域作品，如安伯托·艾柯（Umberto Eco）的《玫瑰之名》（*The Name of the Rose*, 1983）、派崔克·徐四金（Patrick Süskind）的《香水》（*Perfume*, 1986）以及彼得·赫格（Peter Høeg）的《情系冰雪》（*Miss Smilla's Feeling for Snow*, 1993），均在常规的传统谋杀悬疑情节之上，具有不同程度的形式复杂的特点。其结果是，这些作品在回应不带感情色彩的批评鉴赏的同时，又吸引了一种沉思式的鉴定识别。无疑，某些异域高雅作品比其他作品更具吸引力，因为其他作品排斥通俗审美观，最终导致大众读者无法阅读。然而，迎合本土大众文化，并凸显市场营销的作用，足以确保这些作品的译作即便不被阅读，也会被大量购买。

高雅畅销书的这一趋势已经为强大的归化译作所支持，因为只有归化性质的译作才能提高异域作品的可读性。从20世纪50年代到现在未曾发生改变的是，英语翻译中文字通顺透明是一贯原则。因此，高雅畅销书便译为最熟悉的英语标准方言，仅带有某种口语语域以及较少的英式和美式用法。甚至当异域作品的背景是某个遥远的历史时期，如艾柯或者徐四金小说中18世纪的法国，译作都遵循当代英语用词，避免使用任何无法被最广大英语读者所理解的陌生的古词。这些高雅的异域作品，即使写作时文学形式极为考究，只被本土精英作为高雅文学接受，也无一例外地要接受修改，以便更符合大众的口味。

威廉·卫福（William Weaver）翻译的《玫瑰之名》，就删去了意大利语原作中至少12个篇章，其中包括使用中世纪术语与拉丁语的长篇对话（Chamosa and Santoyo 1993：145-146）。这些修改删除了话语特征,并因此干扰了现实主义的幻象,其目的似乎是为了英语读者提高可读性与叙事的连续性。其他修改是更大的归化手段,删除了语言与文化的诸种差异,包括很多解释差异的段落。下面列出的就是卫福译文中省略的原句:

E ai Fondamenti di santa Liperata uno gli disse: "Sciocco che sei, credi nel papa!" e lui rispose: "Ne avete fatto un dio di questo vostro papa" e aggiunse: "Questi vostri paperi v'hanno ben conci" (che era un gioco di parole, o arguzia, che faceva diventare i papi come animali, nel dialetto toscano, come mi spiegarono): e tutti si stupirono che andasse alla morte facendo scherzi.

(Eco 1980: 241)

At the Convent of St Liperata, one man said to him: "Fool that you are, you believe in the Pope!" and he answered: "You've made a god of this your Pope" and added: "These geese [*paperi*] of yours are really cooked" (which was a play on words, or witticism, that likened the popes to animals, in the Tuscan dialect, as they explained to me): and they were all astonished that he would go to his death making jokes.

在圣利珀拉塔修道院,有一个人对他说:"你真蠢,你居然相信教皇!"他回答说:"你是这位教皇的上帝",并补充说:"你们的这些鹅(*paperi*)做得真好"(这是一种文字游戏,或双关语，比如托斯卡纳方言把教皇比喻为动物，他们向我这样解释）：他们都很惊讶，他到死也要说笑话。

这一删除，不仅避开了翻译意大利语双关（papa/paperi）的难点，还简化了描述，从而使英语读者不必绞尽脑汁地去理解其中的笑点。然而，与此同时，读者失去了一瞥意大利文化差异亦即地方方言的机会。由于该段落批判的是教皇制度，所以此一删除也压制了一个更为敏感的宗教差异。这一差异似乎与天主教读者毫不相干。该作品的英译本也早就被描述为"具有读者意识"，因为某些选择似乎涉及民族刻板形象的形成过程："关于意大利的评论的翻译符合通行的英国人的信仰"（Katan 1993：161-162）。

当然，没有哪本译作能预期每一次可能的反应，20世纪70年代以来，情况也确实如此。那个时期，美国读者的口味越来越多样化，众多兴趣多样且特别的小型出版社塑造了这一趋势。最终，异域高雅畅销书的成功与越来越细化的接受模式相一致，使得这些畅销书以大众为目标读者，其方式也采取了与瓜雷斯基的大众写作方式大致相似的归化方法。总的来说，瓜雷斯基译作结合了美国文化与政治方面的多种价值观念，为不同层面的流行导向的读者群传递出相同的意义。相反，艾柯小说的译本，同时为精英与流行导向的不同读者群传递不同的意义，因而保留了这些文化与政治的分歧。

这些分歧在评论中体现得极为清晰。例如《哈泼斯杂志》（*Harper's*）以高雅审美观欣赏艾柯小说中的复杂精妙之处，称其为"一部反侦探小说的侦探小说"与"一部符号学谋杀的悬疑小说"，而《哈蒂斯堡美国人》杂志（*Hattiesburg American*）从中产阶级立场做出了如下评论:"艾柯讲述的故事很好,讲了很多有关知识自由与真理的事情"(Schare 1983:75; McMurtrey 1983:2D)。从某种程度来说,这两种反应都是归化性质的,都将异域作品同化为美国的风俗与意识形态,但它们分别代表了各自的本土兴趣。值得注意的是,该本土兴趣虽与意大利或意大利文学毫不相干,但脱不了与美国学术文化最新发展的干系,尤其是与域外批评方法(符号学、后结构主义)输入的干系。它与为异域作品提供本土象征的大众倾向联系最为紧密。一位论者写道:"我们放下《玫瑰之名》,通过观察当代问题,并比照相近的重要历史时期,人生经验因而得以丰富"(Weigel 1983)。

于是,高雅小说译作的成功,就不应当视为美国文学趣味或者阅读习惯自身取得的新成果,它显示出一种对文化差异更大的开放性或者一种已经提升的对当代外国文学更多的关注。相反,异域作品会成为翻译畅销书,因为它具有的洋味还不足以打乱现状:编辑、翻译到营销的生产过程,通过应对本土文化的主流价值观而塑造出适合大众消费的作品。美国大众文化的全球化助长了这一进程,这是通过美国出版商挑选能揭示美国文化渗入的那些异域作品而达成的。通俗审美观在当今继续成为生产译作畅销书的关键因素,但它不能用于精英批评方式占主导地位的情况。翻译畅销书现在必须极尽一切之能事来满足多数读者的需求。

问题仍然存在。细分读者,能有效改变当代出版惯例所培育出的归化统治吗?细分后的读者当然能用于提高异域高雅作品的数量以利于日后翻译,只要这些作品与艾柯的小说一样"多功能或由多种因素决定",能够有效地结合精英与大众的兴趣(Rollin 1988:164)。

并且，这一数量上的增加能带来本土对异域文化期待的修正，又不会带来失去可读性（资本）的风险，当然这需要该生产与接受过程能建立起一种作品被读懂的语境。当然，另外一种风险可能存在：聚焦异域高雅作品会不会最终使得本土期待变得固化僵化？或者，既定的高雅畅销书的轨迹记录会不会为其他意外畅销书创造条件？这种异域文学形式包含的差异性，会不会碰巧适合当代的本土兴趣呢？

注释：

我对瓜雷斯基英译作品的描述，是基于未出版的各种档案及法勒尔、施特劳斯出版社编辑们的通信，以及纽约公立图书馆善本图书及手稿部的吉鲁档案。

1. 该出版史源自唐纳德·迪马莱斯特于1950年9月5日给范·艾伦·布拉德利的信件；《出版社周刊》，1952年7月19日，第261页，"PW预报"；罗杰·小施特劳斯1959年11月19日致信赫伯特·亚历山大；维克多·格兰茨与罗杰·小施特劳斯1953年12月4日的通信；希拉里·鲁宾斯坦1955年1月11日致信罗杰·小施特劳斯；库姐希1958年1月20日致信希尔维奥；库姐希1957年5月6日致信维克多·格兰茨；《纽约时报》1968年7月23日第39版，登出致乔万尼·瓜雷斯基的悼词。

2. 此文并未发表。《星期六文学评论》刊登了另一篇《卡米罗的小世界》的书评。该论者采用了同样的政治口吻，甚至还重复了某些未刊出文章的措辞。参见 Sugrue 1950：10。

3. 附属权通信记录了教科书与人类学出版物：1953年2月7日，约瑟夫·贝拉费奥致信佩莱格里尼与库姐希；1954年11月19日，哈科特致信法勒尔、施特劳斯及杨；1956年3月13日，贝弗利致信文森特牧师；1957年1月2日，凯西·康纳斯致信斯科特。

4. 出版社对瓜雷斯基作品采取的企业行为记载在不同的合同、信件与工资单中：瓜雷斯基与佩莱格里尼和库妲希1949年6月24日与1951年8月14日的协议备忘录；1950年8月3日唐纳德·迪马雷斯特与钱德勒·格拉尼斯的备忘录；1950年11月20日，佩莱格里尼与卡拉罗、李佐丽的备忘录；1952年6月4日，库妲希与维克多·格兰茨有限公司豪奇的备忘录；1952年8月27日，维克多·格兰茨与佩莱格里尼和库妲希的备忘录；1953年4月22日，库妲希与口袋图书的赫伯特·亚历山大的备忘录；1954年11月19日，罗伯特弗雷尔与阿诺德莱斯莉与法勒尔、施特劳斯及杨的备忘录；1950年8月至1954年6月，瓜雷斯基的版权与附属权收入清单。

5. 我们可以从很多文献中窥见瓜雷斯基译作的生产过程：乔万尼·瓜雷斯基，"Io Sono Cosi"（我是），非英语版本，"This is the Way I Am"（这就是我的方式），都是打印稿；特鲁布里奇翻译的《卡米罗的小世界》中的15张非连续打印稿（我的著作中引作"Troubridge 1949"）；1949年8月2日，马丽·里安与佩莱格里尼、库妲希签订的内部备忘录；1959年11月23日，库妲希与弗朗西斯的通信；1966年5月3日，哈罗德与迈克唐纳德有限公司的W. J. 泰勒-怀特海的通信；1966年3月10日与1967年1月23日，瓦萨尔与戈登的通信；1969年9月17日，安德烈·康拉德与里维亚·格兰茨的通信。

6. 有关译者与出版社协议的细节，信息源自通信与合同：1950年2

月 27 日，库妲希与 A.M. 西斯公司塞鲁斯·布鲁克斯的通信；1950 年 3 月 10 日，布鲁克斯给库妲希的回信；1950 年 4 月 12 日，库妲希与特鲁布里奇的通信；1951 年 2 月 5 日，佩莱格里尼与布鲁克斯的通信；1952 年 6 月 3 日与 1960 年 4 月 27 日，库妲希与弗朗西斯的通信；1957 年 2 月 6 日，库妲希与维克多·格兰茨的通信；1959 年 11 月 27 日，弗朗西斯·弗丽娜叶与库妲希的通信；1966 年 3 月 10 日，法勒尔、施特劳斯、吉鲁和戈登签订的合同；1966 年 4 月 8 日，萨格与维塞尔的通信；1966 年 4 月 11 日，维塞尔给萨格的回信。有关《卡米罗同志》的细节（如印刷、附属权的销售、作者收入）则源自以下通信：天主教读书俱乐部的米洛，于 1963 年 12 月 9 日致信罗杰·小施特劳斯法勒尔·特劳斯与吉鲁于 1963 年 12 月 10 日签订的内部备忘；1963 年 12 月 13 日，施特劳斯与口袋图书的赫伯特·亚历山大的通信；1963 年 12 月 23 日，每月图书俱乐部的莱斯特与施特劳斯的通信；1964 年 9 月 22 日，罗伯特与瓜雷斯基的通信。

第八章　全球化

翻译正在独家揭秘几百年来构建国际事务的诸多不对称。在很多"发展中"（该词在此意指全球资本主义经济中的一种从属地位）国家，翻译一直都是必需的、义务的。首先，在地区方言中引入殖民语言强加了翻译行为；解殖民之后，在霸权通用语（lingua francas）中通行、用以维持政治自制与促进经济增长的需求，又强加了翻译行为。这里使用翻译一词，意指一种文化实践，暗含于主导与附属的关系之中，能够同时维护或者中断这些关系。南美、亚洲以及非洲的殖民化，如果没有当地及殖民地的口译员，也许就不会存在；同理，如果没有伟大宗教、法律以及教育作品的笔译，殖民也不会存在（Rafael 1988；Cheyfitz 1991；Niranjana 1992）。跨国公司近来的"新殖民"项目，对海外劳动力及其市场的盘剥利用，通过一系列翻译活动取得了进展：包括商业合同、使用手册、广告文案、畅销小说、儿童读物和电影配乐的翻译。

翻译的功能通过主动性已经起到了良好的作用。这些主动性是从从属地位中渐渐增加的，有些直接针对帝国，有些则与全球资本合谋。异域作品的翻译，曾经为反殖民运动中的军事民族主义做出贡献。1955年至1980年的35年里，根据联合国教科文组织的统计数字，世界范围内翻译频次最多的作者是列宁。在发展中国家，译作在丰富当地语言与文学的过程中扮演了重要角色，同时还支持了阅读与出版事业。对于口头文化，翻译的作用也名列前茅。对于有着高级或低级传播媒介的读写文化来说，翻译为跨国出版企业和电影电视公司赢得了丰厚的利润，并通过为霸权国家国内的读者生产文化产品而维系了产业发展。

由于翻译总是为特定读者进行的，然而这一定位无论多么模糊或者多么乐观，翻译可能的动机与影响，都是地方性的与偶发性的，依其在全球经济中的主导或从属地位而不同。想想形成文化身份的翻译权力也许就会明白这一点。翻译权力能够创造异域文化的再现，同时又建构携带本土法律与意识形态的本土主体性。这些法律与意识形态使得再现为人所理解，并产生某些文化功能。在霸权国家内部，译作打造出一种从属他者的形象。从属他者在文化自恋与自我批评的两极之间游移，确认或质问主流的本土价值观，强化或修正该民族的刻板形象、文学经典、贸易模式以及会令另一种文化产生附属的对外政策。在发展中国家内部，译作打造一种霸权他者及自身形象，这些形象会引出屈从、合作或者抵抗，也许会通过批准或默认（自由经营、基督教虔诚）的方式同化主流的异域价值观，或者批判地修正它们，以便创造本土的、更具对立性（民族主义、原教旨主义）的自我形象。

翻译在从属文化中可以产生这样一系列的可能影响，因为文化主导不一定需要一种身份形成的同质化过程。当然，文化全球化的存在是以"使用不同的同质化工具"为基础的，例如"广告技巧"和"语言霸权"；但是，"当很多不同的因素被迅速纳入新社会时，他们倾向以一种方式或其他方式变为地方性的"，"直至被当地政治与文化经济所吸收"（Appadurai 1996: 42, 32）。在非洲、亚洲以及加勒比地区的多元文化中，翻译塑造了不同的身份。其显著特点是功能失衡和杂合构成，还混合了土著传统与都市化潮流。虽然翻译所释放出的文化杂合性具有多样化甚至相矛盾的效果，但是它早就被策略性地用于以下多个领域：一、本土文学风格与文学运动（在英语小说与西非小说中转换）；二、商业风险企业（跨国广告宣传）；三、政府政策（通过立法来确立官方语言，通常不包括地方方言）。

全球经济中的翻译状况对主要的英语国家（如英美）尤为尴尬。这引起了对英美霸权状况的质疑，质疑它们对于英语主导地位的依赖，质疑它们对不平等文化交流的依赖。这种不平等的文化交流包括盘剥利用异域印刷业、数字媒体、本土异域文化的排斥与刻板形象的形成。与此同时，英语的全球化以及英语语言文化产品全球市场的形成，确保了译作不仅传递英美价值观，而且使其愈加受限于这一地方差异。这种地方差异是一种对卑微地位进行异质性同化的过程。发展中国家已经成为翻译策略与文化身份的场域，这些策略与身份将英美文化中流行的东西同化，但以自己独特的方式与它们产生偏离，有些还产生出巨大的社会影响。下面，我将首先考量全球文化经济中翻译关系中的诸多不对称，接着，我将考量殖民状况下以及后殖民时代中，翻译所采取的抵抗与革新的形式。在后殖民时代，帝国主义项目与其说已经消失，不如说已经伪装成跨国公司（Miyoshi 1993）。

商业与文化的不对称

二战后，不同的翻译模式显示出英语文化的绝对主导。英语早已成为世界范围内译出最多的语言。尽管使用英语的人数多，英语也能满足技术的要求，英美出版业财政状况稳定，但是，英语却是最少译入的语言之一。

很多国家没有报告数据，其对书籍也遵循不同的定义，致使联合国教科文组织的统计数字不够完整，不够一致，但这绝不影响它能显示大趋势的功用。1987年是还能从该数据中看出问题的最后一年。数据显示，全球范围内，译作出版约为65000种，其中有32000多种译自英语。过去十年间，这一数字大概不会有太大改观，因为国际印刷业没有大幅上涨，这十年计算机广为使用，可以直接提供照相制版的论文（Lofquist 1996: 557）。从英语译出作品的数量，大大超出译自欧洲语言作品的数量：约有6700种作品译自法语，约有6500种译自俄语，5000种译自德语，1700种译自意大利语。在翻译所体现出的地缘政治经济中，发展中国家的语言排名极低：根据联合国教科文组织的数据，1987年，有479种译自阿拉伯语，216种译自汉语，89种译自孟加拉语，14种译自韩语，8种译自印尼语。在这些国家的译作中，译自英语的仍然占大多数。在巴西，译作贡献的新书比例高达60%（1994年，8000种新书中有4800种是译作），其中75%译自英语（1995年11月15日，与阿瑟·聂斯特洛斯基的通信）。

形成鲜明对比的是，英美出版社出版的译作极少。以美国为例，1994年共出版51863种图书，其中译作比例仅占2.74%，共1418种。其中，55种译自汉语，17种译自阿拉伯语，译自法语的作品有374种，译自德语的有362种（Ink 1997: 508）。无疑，在英美文化中，译作处于边缘地位。然而，在确实进入英语的异域作品中，非洲、亚洲、南美语言的作品较少吸引出版社的注意（德国的状况也类似，只是译作的数量稍多些，参见Ripken 1991）。

这些不平等的翻译模式直指英美出版业及其异域伙伴间重大的贸易不均衡。其实，事情很简单，翻译英语能挣到很多钱，翻译成英语却挣不到钱。20世纪80年代以来，把英语书籍的版权销售给海外出版社的利润极大，出版社每年可获得数百万美元，在某些情况中，海外市场获得的收益比国内还高（Weyr 1994; Tabor 1995）。一本英语"轰动书"的海外销售权，能从南美挣回50万美元，能从新兴工业亚洲国家和地区，如中国台湾、韩国、马来西亚挣回1万到20万美元（Weyr 1994: 33, 38）。在巴西，翻译一本英语书籍的起步价是3000美元（Hallewell 1994: 596）。根据联合国教科文组织的统计数字，1987年，巴西出版社出版的此类译作多达1500种，不仅包括享有版权的高雅文学作品（Samuel Beckett, Margaret Atwood），而且还包括收取高额稿费的畅销小说家的作品：阿加莎·克里斯蒂25部，西德尼·谢尔顿9部，哈罗德·罗宾斯7部，罗伯特·勒德拉姆5部，斯蒂芬·金2部。同年，英美出版社出版的巴西文学译作总共仅有14种（Barbosa 1994: 18）。海外版权获得的大量收入，并没有增加译成英文的译作的数量，因为英美出版社热衷于投资本土畅销书，这一趋势从20世纪70年代以来从未改变（Whiteside 1981）。兰登书屋首席执行官阿尔伯托·维塔尔（Alberto Vitale）认为："版权海外销售的所得，是补偿我们付给美国高额预付款的必要收入"（Weyr 1994：34）。

国际版权法在贸易不均衡中袒护英美出版社，把翻译作品的授权留给作者（或代理作者的出版社）。即便《伯尔尼公约》承认译者对译作拥有版权，但它仍然保护作者对原作及其之后衍生物的绝对所有权。

20世纪60年代，发展中国家寻求法律修订，希望在版权使用方面获得更多的自由。国内出版业尤甚被很多棘手问题所阻挠：文盲率高、纸资源匮乏、印刷工艺陈旧、发行渠道不畅、政府管控以及书籍市场被切分成多种语言群体（Altbach 1994）。从1967年的斯德哥尔摩修订开始，《伯尔尼公约》已经包括了"关于发展中国家的协定"，允许这些发展中国家获得强制许可，以出版或翻译作品。这令西方作者与出版社大跌眼镜。

然而，虽然该协议做出了妥协，实际上冲突的双方都不满意，因为它并没有大幅提高地方出版业状况，或者影响文化交流的不平等模式，因为诸多因素都限制了强制许可。这样获得许可的西方作品的译作只能等到原作出版三年后才能在发展中国家出版，而且即便出版，也只能用于教学、学术研究领域。这两个条件妨碍了出版社投资拥有国际知名度的异域作品或作家的国际知名度，也妨碍了本土读者群的进一步扩大〔《伯尔尼公约》，附录 C：II (2)(a), (5)〕。实际上，西方出版社习惯性地避开了发行强制许可，其方式是出口低价版本，或者在指定时间内把再版权或翻译权出售给当地的出版社（Gleason

1994:193)。

以中国为例，国际法不仅支持了贸易的不平衡，而且还强加了另外一套文化与政治价值观。1991年，中国才制订出相对完善的版权法，因为关于知识产权作品的所有权问题，无论是在父权传统的社会还是在社会主义的意识形态中，中国一贯的思维方式都是集体的，而非商业的。中方的认识因此与西方法律的个人主义私有财产的观念大相径庭（Ploman and Hamilton 1980:140-147）。对于西方出版社，无授权而译出的作品就是侵犯版权；然而在中国，这些作品是出版界的一贯行为，直到最近才归入非法（Altbach 1987:103）。

1992年，中国签订了《伯尔尼公约》，中国出版业与多数国家一道遵守版权法。然而，这实际上减少了中文译作的数量，因为中国政府被要求对出版社实施更为严格的管控，这更好地排斥了那些被认为危害社会主义秩序的海外作品（Wei Ze 1994:459）。译作的数量也在锐减，因为中国出版社拿不出硬通货来支付高额的知识产权费用。西方出版社的利润动机，尤其是在侵犯版权盛怒的表达中，极大地超出了西方对中国人权状况的关注。

对于发展中国家，翻译出版方面的贸易不平衡携带了文化与经济方面的负面结果。本土出版社投资于英美畅销书，因为出版这些书籍比出版国内的文学作品会获得更多的利润。但要让国外作品在国内得到认识，出版社通常需要大量投入市场营销，以便这些作品能接触到更多的读者。其结果是，国内作品的资助越来越少，本土语言、文学以及读者群也会跟着受到局限。在多语言国家内部，不平等的翻译模式强化了不同语言与文化群体的既有层级。海外作品大都翻译为政府制订的官方语言，或者翻译成出版业主流的本族语，这一做法剥夺了口语语言与文学的丰富性，而这恰恰也是翻译所应拥有的功能。不可避免的，如果英语畅销书的译作把资金从本土文学那里吸引走，那它也能优先抢下多种地方语言间的翻译，因为只有地方语言的翻译才能促使"民族问题与民族忧虑为更多人所知"（Singh 1994：467）。

因为拟译的英语书籍大都倾向于大众品种，如爱情小说和惊险小说，它们会吸引想象性认同的愉悦而非高雅审美角度的批评。译作使英美价值观培养出细分的精英读者群，而并不关心本土文化。例如，20世纪70年代中期，英国作家如埃德加·华莱士（Edgar Wallace）和伊安·弗莱明（Ian Fleming）的以殖民为背景的"间谍小说与犯罪惊险小说"，其孟加拉语译本在印度读者中创造了"一个全新的阶级"。这是一个大众读者群体，书籍对他们来说就是"所有的娱乐"，而非对殖民境遇的反思（Mukherjee 1976：68-69）。

在印度与非洲的英语国家，殖民地语言被指认为官方语言，或成为出版业所使用的语言。跨国出版社对当地说英语的少数民族保持了一种新型殖民的掌控，其方式就是输出译作。这些译作本来是为英美读者翻译的。这些出版社也会越过少数精英，触及更广泛的大众读者，因为他们（连同当地的出版社们）间接地盘剥利用了英语译作：他们发行了其他语种英语译作的本地语言译本，因而英语语言价值观念调和了异域文化的接受（如要了解"间接"或"二手翻译"，请参见Toury 1995：chap. 7）。在印度的出版业中，海外文学作品的译作，再现的是"最为一般以及商业上最为切实可行"的翻译形式，经典的欧洲著作译自非英语原作的英语译本（Mukherjee 1976：68-69）。印度的翻译就这样注定被英美外国文学的经典及其在英语翻译中流行的话语策略所塑造。

发展中国家的教科书是出版业市场中最大及利润最多的种类。有了教科书，跨国公司就可以用官方语言发行众多译作及再版，而不考虑其教学价值或与本土文化环境的关系。二战后的几十年中，美国出版社一直都在寻找巴西市场中的立足点，翻译了很多教科书，"这些教科书服务于西班牙裔美国子公司"（Hallewell 1994: 599）。正如非洲的英国出版社"要么进口英国的，要么进口那些在印度和远东发行"的教科书（Rea 1975: 145）。甚至当作者专为非洲读者撰写一本英语教科书时，该作者有可能会因浸淫英国价值观太深，而忽略了文化差异。试举一例。1932年，朗文出版了两个版本的小学地理教科书，英文原版和斯瓦希里语译本，这两个译本都是专为东非设计的。然而，现代论者在褒扬该作者"提供了非常有价值的教科书"的同时，又批评他把翻译过程故意复杂化了："他从开始写作时，就没和班图语里的隐喻产生更多的共鸣"（Rivers-Smith 1931: 208）。

商业翻译利用广告战中的语言霸权，为翻译公司争取开创国外市场。美国的派克钢笔最近就在世界上数家大销量的杂志打出整版广告，包括英语杂志《新闻周刊》和《纽约客》，法语杂志《法国快报》（*L'Express*），意大利语杂志《快讯》（*L'Expresso*）和巴西葡语杂志《观察周刊》（*Veja*）等。这一广告并置了两个竖版图片：左侧图片是一个站直身体的表演者的黑白照片，通常是芭蕾舞演员或一个吹奏爵士乐的小号手，图片的说明文字是"Born to Perform"（生为演艺）；右边是一张光鲜亮丽的铅笔的彩照（镀金、珠光漆），指向下面的说明文字，"Just Like A Parker"（就像派克笔）。这一广告词使用的是类比方式，结构虽简单，却产生出非常好的效果，把某种文化形式（芭蕾、爵士乐）所蕴含的美誉巧妙地传递给一件奢侈品（因为派克笔的建议零售价都在数百美元）。巴西语版本将说明文字译为更为异质的语言，将这一类比转换为富有当地色彩并产生效果的行销工具，即将"Born to Perform"翻译为"Nascido Para Performance"（*Veja* 26 July 1995：6）。"performance"是英语葡语词，在巴西使用广泛，用来描述不同的文化形式或文化表现，如当体育记者或球迷评价时说："a performance do time"，也就是这个球队的表现（其中，time 表示另外一个来自英语的葡语化构词形式）。

　　这一翻译盘剥利用了巴西葡语的多语言状况与不同的巴西文化群体。根植于广告中的英语，是葡语形式的"performance"以及产品名称（说明文字为"Como uma Parker"），这就能巧妙地吸引以英语为母语的精英。这些人是这一相对较贵杂志的重要读者群（派克金笔的广告已经与 IBM 笔记本电脑与宝马汽车的颜色深深印入人们的脑海）。虽然多数巴西人认为"performance"一词是葡语，并且已经用作口语词，但是《观察周刊》受过良好教育的读者已意识到该词仍然源于英语。因此，该广告不仅利用了美国产品已经在巴西获得的名声，而且还作用于主要语言会通过使用巴西葡语借自英语词汇可能会吸引英语精英读者的名声。对于这些精英读者来说，该译文通过在两种语言（葡语和作为巴西葡语语源的英语）中构造出一个旨在加强巴西群众中的阶层，从而使派克笔深受喜爱。

　　翻译解释了发展中国家对霸权他者在文化和经济上的依赖，它众多复杂而又难以预料的结果也表明，这一依赖即便是不平等的，也是相互的。非洲、亚洲及南美国家依赖西方科技、文学著作的翻译及引进，甚至还依赖西方各个教育阶段的教科书。非洲和印度英语文化的作家，则依靠英美来获得口碑与市场的成功。这些作家寻求都市知识分子的首肯，并且乐意让跨国公司出版自己的书籍，而不是把书籍交给财政困难的当地出版社（Gedin 1984：102；Singh 1994：467）。在某些情况下，本地评论家依据作品是否被译为霸权语言、是否能从附属文化中获得国际认可来评判它的价值（Barbosa 1993：729；Dallal 1998）。

与此同时，英美出版社的惯例、他们对英语畅销书的投资以及对海外版权和出口市场的培养，已经使得他们越来越依赖从发展中国家获得的收入。20世纪70年代早期，朗文"80%的营业额都来自海外"（Mattelart 1979：147-148）。电子媒介的情况也类似。西方新闻机构和美国电影电视公司不仅主宰了信息与娱乐的全球生产供应流（无论是英语版的、翻译的还是译制的），而且其利润差额通过持续占据主导而得到维持。20世纪60年代至80年代，根据联合国教科文组织的统计数字，迪士尼公司成为连续排名世界前五位被翻译最多的"作者"。当然这里的"作者"一词，指的是源自电影的出版物。跨国主义不仅依赖海外市场，而且依赖本土译本在市场竞争中的有效性。这是一种文化依赖，它巩固了著作权和出版的新形式（企业和搭售），从而增加了盈利。

跨国身份

跨国公司（出版社、制造商或广告代理商）所赞助的翻译实践，起到了基本的功能，即承担欧洲殖民主义的经济责任。主要的差异就在于，如今翻译服务于企业资本，而非服务于某个国家、贸易公司或者福音计划。不变的是翻译实践的使用方式，因为它能建立主要语言与次要语言读者、霸权文化与附属文化间的层级。翻译执行了身份形成的过程，在该过程中，殖民者与被殖民者，跨国公司与当地消费者，所处的位置是不平等的。

尽管殖民史因时间地点不同而大不相同，但它确实反映了对翻译连续的、不可避免的依赖。基督教传教士与殖民地官员，在教育家与人类学家的帮助下，为土著语言首先编辑了词典、语法与拼字法，之后又将宗教与法律著作翻译为土著语言。在16世纪的菲律宾，西班牙传教士用菲律宾他加禄语布道，旨在让当地的土著皈依天主教。在这个意义上，翻译使得皈依行为与殖民统治同时进行：信仰上帝的人，同时也臣服于神指派的西班牙国王，特别是因为传教士把政治臣服与之后的拯救联系在了一起（Rafael 1988:168）。然而，他们的布道行为也给殖民地的语言带来了可怕的权威与魅力，因为他们把拉丁语和卡斯蒂利亚语的关键术语（*Doctrina Christina, Dios, Espíritu Sancto, Jesucritsto*）留在了土著语言中，这表明在教义的层面上，他加禄语依赖于拉丁语和卡斯蒂利亚语，依赖卡斯蒂利亚语与圣经的相似性，因此更加依赖逻格斯（同上：20-21，28-29，35）。

同样，19世纪末，尼日利亚的英国传教士将《圣经》和班扬的《天路历程》等灵修著作翻译成土著语，包括约鲁巴语、艾菲克语和豪萨语（Babalolá 1971:50-51，55）。之后，政府资助专门成立了翻译办公室，目的是要把英语教科书翻译为口语版教科书（*Oversea Education* 1931:30-33；Adams 1946:120）。豪萨语翻译办公室的实践旨在保留一切未翻译的"还未进入口语使用范围的英语术语"，即便办公室负责人承认"对于目不识丁的非洲人来说，突然出现一个不认识、不会发音的词汇，会令他着实不安"（East 1937：104）。然而，这一事情的效果有可能是令人困惑的：无疑，不认识的词汇表明，英语，而非豪萨语，才是知识的来源，因此，由于文本是由英语翻译而来的，英语就成为了优等语言。

殖民政府通过翻译加强自己的霸权，这些翻译作品已经刻上了自己对于殖民地人民而言作为殖民者的形象，这形成一种民族与种族的刻板形象，从而使得殖民统治合理化。18 世纪的学者威廉·琼斯爵士（Sir William Jones），兼任新印度公司的法官，翻译了很多梵文法律文献，因为他不信任印度口译员的翻译，并且以期寻求保留古代印度法律原汁原味的方式。结果就是这一行为支持了东印度公司的商业冒险（Said 1978：77-79；Niranjana 1992：12-20）。琼斯爵士希望他翻译的梵文《摩奴法典》的《法律篇》（*Institutes*）将会成为"众多印地臣民"的"正义标杆"，"他们精心导引的事业会给英国的财富增砖添瓦"（Jones 1970：813，927）。琼斯帝国主义式的刻板形象深深地影响了后来的英国学者及译者，因此在把英国教育引进印度之后，印度人开始学习印度语言的东方主义式的翻译，并认可了这些翻译中所蕴含的文化权威性以及对印度文化形象所持有的歧视立场。"即便一位英国化了的印度人使用的语言不同于英语，'他'也会受到爱戴，因为英语携带着一种象征性的权威，这种权威通过流通与殖民话语中的翻译及历史，让他与过往直接相连"（Niranjana 1992：31）。

因为翻译能够影响文学传统的路径，殖民政府就刻意使用它来创造支持异域统治的文学文化。荷兰在 20 世纪的头十年里，通过具有翻译特色的出版项目，得到了受过教育的印尼人的政治许可。政府领导印尼语文出版局（Balai Pustaka），没有审查激进民族主义者的小说与新闻，而是发行了欧洲浪漫小说的印尼语版本，这些译作价钱便宜，主要是一些打上种族主义刻板形象与东方主义异国情调烙印的冒险幻想作品，包括哈葛德、儒勒·凡尔纳以及皮埃尔·洛提（Pierre Loti）的著作。哈葛德的小说对这一出版策略非常有用：它们描绘的非洲要么是顺从的孩子般的形象，要么是野蛮残暴的形象，因而亟需白人的教导。小说在帝国主义的背景下展开，同时完全删去了任何大英帝国主义的再现（David 1995：188-192）。

这些译作不仅通过减少极端作品的读者而逐渐削弱了印尼的民族运动，同时激励了印尼小说家保守地摹写欧洲的浪漫小说。阿布都尔·慕依斯（Abdoel Moeis）1928年的小说《不良家教》（*Salah Asuhan*）坚持印尼人是低人一等的，作者告诫印尼人要远离荷兰教育，不要与欧洲人结婚。小说运用夸张的情节为这种坚持给出措辞，强调小说人物的"心理不容"（psychological incompatibilites），而并不强调他们身体力行关系的种族与政治分歧（Watson 1973：190-191）。

印尼语文出版局的译作与土著小说散播出文学与社会价值观，促进了荷兰对印尼极端主义的镇压。时至今日，情况依然如此，英美出版社发行的翻译畅销书已经创造了一个着迷于霸权价值观的全球读者群，包括常常粉饰大都市消费主义的文学形式，如爱情小说与恐怖小说。跨国出版社喜欢非政治霸权，喜欢文化与经济霸权，并不打压异域的市场组成与盘剥利用。然而，时至今日，他们不再从亚非拉文学翻译市场中获利，仍然执行帝国主义的出版策略。

过去40年里，英美出版社在亚非拉文学方面所显示的兴趣，已经取得了良莠不齐的结果，主要是因为他们创造的经典对原作的再现是有限的。用无论从口碑还是商业角度来说，获得最大成功的跨国冒险，无疑是海纳曼非洲作家系列丛书（Heinemann's African Series）。该丛书在1962年至1983年间出版了270种文学作品（Currey 1985：11）。海纳曼因该丛书获利颇丰。该图书总部最早设在伦敦，后来在尼日利亚与肯尼亚开设分公司。非洲国家获得独立后，纷纷将其列为教科书，这为该丛书赋予了学术威望，并确保了广泛的发行。1976年，尼日利亚出台法律条文，限制海纳曼只能握有60%的所有权，但仅伊巴丹分部的销售额就达到238万英镑；1982年，海纳曼的所有权仅有40%，但该分公司仍然给伦敦总部带来6.08万英镑利润（St. John 1990：477）。

编辑们精挑细选，因而该丛书不可能不具代表性。公司每年大约出版20本书，它们是从300部稿件中挑选出来的（Currey 1979：237）。丛书的第一本畅销书，是钦努阿·阿切贝（Chinua Achebe）的成名小说《瓦解》（*Things Fall Apart*, 1962）。该作品为后来奠定了评价标准，尤其是他就任顾问后的前十年。然而，到了20世纪80年代，非洲读者发现，该丛书"过分专注于非洲与西方的文化冲突"，而这也恰是阿切贝小说的主题（Chakava 1988：240）。海纳曼盯准了展示这一成见的非洲文学作品，因而忽视了都市写作的最新发展趋势。都市写作大都是大众小说，缺乏课程采纳的学术准则，目的在于现实地描述非洲解殖民后的状况："这些作品表达了新一代人的梦想与雄心，他们想在都市中寻求发展，高等教育及物质上的成功高于传统的农村生活"，这唤起了狄更斯与巴尔扎克的比较（Gedin 1984：104）。在一场强化语言霸权的变革中，海纳曼排除了非洲语言作品的翻译，只选取了英法两种语言的作品。

由此产生的经典，反映了冷战期间欧洲左翼知识分子对"第三世界"特有的形象。第三世界这一概念恰好形成于这一时期。欧洲人在国际关系中寻求"第三种路径",从而独立于美国的资本主义与苏联的共产主义(这就是"第一"与"第二"世界),因而他们从亚非拉民族主义者所兴起的不结盟运动中看到了希望(Worsley 1984: 307)。海纳曼为非洲文学塑造了反殖民形象,强调文化与民族对抗,质疑都市文化对民族传统产生的影响。这一丛书把西方出版社、读者以及教师定义为介入政治的知识分子,这些人与非洲激进作家团结在一起,其奋斗的目标是民族自决。策划海纳曼丛书的主席名叫阿兰·希尔(Alan Hill),他在非洲开设了分部,并把他的出版策略视为对解殖民过程的一项贡献。希尔把自己的动机描述为"我激进的、不墨守成规的传教精神",他批评其他英国出版社在非洲市场销售英语教科书而获取利润的行为,还批评他们从对土著作家的投资中"没有带回任何有用的东西"(Hill 1988: 122-123)。希尔还回忆道,"我给当地分部负责人以自主权,而不是像我们的某些竞争对手、只想让分部附属于总部"(St. John 1990: 477)。

海纳曼丛书的例子说明,西方少数文学的经典不仅已经创造出这些特定西方文学的再现,而且还促成了都市知识分子文化身份的建构。这些经典都是源自一种由英文著作或译作所构成的理想认同过程,很明显,这是一套与文化及政治项目以及纯粹商业相关联的本土价值观念。希尔从海纳曼丛书中看到了他那富于激进的传教精神,终于在他给予非洲分部自主权中得以实现,当然,条件是出版分部必须与海纳曼总部联手,以对抗其他跨国出版社的激烈竞争。

在美国,所谓的南美文学在20世纪60、70年代的"爆炸",其实是由出版社、小说家和批评家联手打造的。他们重视始终主宰美国小说领域的现实叙事小说的奇妙实验。这一爆炸没有给南美文学的输出带来即刻的增长,反而主要是北美的创作,由私人支持的英语翻译即刻增长了起来(Barbosa 1994:62-63; Rostagno 1997)。出版社从诸如阿根廷作家博尔赫斯、胡利奥·科塔萨尔以及哥伦比亚作家加西亚·马尔克斯的译本中,激发出一次翻译浪潮,为英语的异域文学创造了新的经典,这些经典培育出见多识广的读者群。

正如那个经济学的隐喻("爆炸")所显示的,由译作带来的高利润使得这一趋势延续了很长时间。1970年,格里高利·罗伯撒(Gregory Rabassa)翻译的马尔克斯的《百年孤独》获得巨大成功,该书是畅销书,但做成了平装本,最后被各大高校列为教材(Castro-Klarén and Campos 1983:326-327)。然而,南美文学的急速涌入,也改变了美国的当代小说,促使像约翰·巴思(John Barth)这样的小说家进行相关的小说实验。巴思感到南美作家为传统小说叙事形式的"枯竭"带来了一剂良方,一种体现为"魔幻现实主义"的"充实",一种更为重大且宽广的自我意识(Payne 1993:chap. 1)。英语小说在南美创作特殊形象的驱动下获得重生,北美的文学场景找到了诊断的方式。

然而,最终产生的经典,却排除了不能明显有助于美国文学再生的作品。这一爆炸使得拉美文学的译作陡增,但这里的拉美不包括巴西当代的发展:1960年到1979年间,英美出版社从西班牙语引进译作330种,从巴西葡语引进的译作仅有64种(Barbosa 1994:17-19)。聚焦西班牙语作品,反映了1959年古巴革命后国际社会对南美的关注,北美的知识分子尤为感兴趣,他们把拉美文化视为"为公平公正社会斗争的政治力量的源泉"（Payne 1993：20；Fernández Retamar 1989：7，30-31）。

然而，此一爆炸集中在男性作家里。这也许回应了美国文化中为何会有著者权的男性概念，这等同于男性气质的激进实验，因此，阿根廷女性作家西尔维娜·欧坎波（Silvina Ocampo）的成功颇令人费解。她的奇幻小说持续创新，正如她的合作者博尔赫斯和她的丈夫卡萨雷斯（Adolfo Bioy Casares）一样，但是直到20世纪80年代末，她的著作才译成英语。与此同时，巴西女作家克拉丽斯·利斯佩克托（Clarice Lispector）备受欢迎的作品出版了英译本，三年共出版译作六种（Barbosa 1994：2）。她的书写，避开了对于女性主体性更为现实召唤的幻象，当时并未受到关注。直到法国女性主义理论家爱莲·西苏（Hélène Cixous）捍卫女性主体性后，她才获得在今天英美文化，尤其在学术界所享有的经典地位（西苏最早阅读的是利斯佩克托作品的法语译本）。利斯佩克托作品的经典化过程，为研究她作品的都市知识分子（女性主义理论家与后结构主义理论家）建构出一种不同的文化身份：他们在她的作品中发现一种对父权价值观的批判，而这种价值观正是通过不连续文本性得以表达的，西苏的理论术语称其为"女性书写"（écriture féminine）（Arrojo 1997）。

都市知识分子一直将发展中国家视为文化与政治价值观的源泉，这些观念对于设计国内事业以及塑造本土主体、自身知识分子的身份，及其受众的思想与品位，都极为有用。这些挪用不能简单地因为服务于自我而遭遗弃，不仅因为这些项目包括对本土主流价值观（如殖民的、男性主义的）的复杂的质疑，而且因为他们已经为殖民文化带来国际关注，因而将某些文学作品与传统列入更为广泛认同的世界文学经典。然而，都市知识分子的动机已经为本土兴趣及争论为人熟知，甚至表达为一种反殖民的国际主义。他们不可避免地发展为次要文化的可供选择的再现形式。在次要文化中，他们做出自己的贡献，或文化的或商业的，或政治的或心理的。对于霸权国家和某些发展中国家，诸种翻译模式不但创造和加强了文化认同的术语，而且没有以任何方式减少这些国家占据特定地位的语言与文化层级。

作为抵抗的翻译

然而，在全球经济中的次要地位，一定不能被视为被动屈服。在殖民政权统治下，翻译的功能是多样的，其效果是不可预知的，总是会给被殖民者以话语空间（discursive space），以逃脱或应对强加于他们身上的具有歧视性的刻板形象。抵抗的可能性在殖民话语的基本矛盾情绪中是固有的：它为殖民地塑造了一种身份，要求他们必须模仿殖民价值观，同时还要进行部分再现。这些再现是不完整的和带有偏见的。无疑，这种相似会被认为是一种不恰切的他者，一种需要监督与纪律的杂合体，具有潜在危害（Bhabha 1994: 86）。通过说明福音事业和文明传教组成政治主导的形式，这种矛盾情绪败坏殖民权威的名声，因此，摆在殖民地面前的宗教与民族符号最终沦为空无意义，可以理解为不纯洁的意识形态符号（同上: 112）。翻译行为仅在加剧殖民话语的紧张时才有效，因为殖民语言与土著语言的游移能够在其间重塑文化与政治层级，打乱身份形成的过程，也即对殖民化所依赖的霸权价值观的模仿。

因此，在英国的殖民主义话语中，翻译总会带来焦虑。英国殖民主义里程碑式的项目（琼斯翻译的印度法律作品）以及（有关殖民教育语言）重大的争论都涉及监管与管理。1835年，东印度公司高层托马斯·麦考利（Thomas Macaulay）主张把英国公立学校的课程引入印度，这对英国在印度的统治是必要的，他设想该计划能够打造一个印度本土精英译者团队，"一个在我们与我们统治的数以百万人之间的译者阶层"（Macaulay 1952: 729）。但是，即便这些人的母语是英语，他认为这些译者在种族上是靠不住的，"这是印度人的一个阶层，他们流着印度人的血，拥有印度人的肤色，但品位、观点、道德情操以及智力，都是英国人的"，他们必须停止学习阿拉伯语、梵语这些本族语，以避免"他们自己受到传统偏见的影响"（同上: 726）。

对于麦考利来说，受过教育的英语口译员最终将会建构一种地方民族文化。他们有关英语著作的知识和译作，将能够使得他们"改善口语方言"，并且通过"借自西方术语体系中的科学专有名词"和一个民族的文学传统来"丰富这些方言"。麦考利写道："正如古希腊语与拉丁语之于当代人莫尔和阿斯克姆（Ascham）的重要性，我们的语言对印度人民的重要性也是一个道理。英国文学现在比古代经典文学更有价值"（同上: 724, 729）。显然，这一翻译计划所支持的是英国的民族主义，是对英国文学传统的尊重（至少初期是这样的，之后才激励了印度的民族主义），因而它神化了麦考利的译者所服务的帝国主义功用。

在殖民计划中，翻译体现为多种形式，并且使用了包括语法、词典、语言教科书等在内的多种工具，因而很难预知或掌控其效果。

再者，殖民地人民可能没有足够的资金或支持学习殖民语言，或者可能干脆拒绝学习；他们有可能将翻译作为一种谈判与避开殖民者势力的方式而进行教授。1903 年，仅有 10% 的菲律宾人口懂西班牙卡斯蒂利亚语（Rafael 1988：56）。最早进行写作的菲律宾人，是 16 世纪印刷商托马斯·平平（Tomas Pinpin），他的作品实际上是学习卡斯蒂利亚语的教材，用菲律宾他加禄语写成。平平的目的并不是使用流畅的殖民语言，只是使用该语言来获得"愉悦与保护"，以抵抗西班牙的压迫，当然，多米尼加出版社出版的作品绝不会探讨这种话题（同上：56-57，65）。对于读者，平平用殖民模仿的方式呈现了对卡斯蒂利亚语的研究，含蓄地承认西班牙的势力已经引入了另外一种他加禄身份形成的过程。无疑，他回应的是如何应对殖民者所带来的焦虑：

> Di baquin ang ibang manga caasalan at caanyoan nang manga Castila ay inyong guinalologdan at ginagagad din ninyo sa pagdaramitan at sa nananandataman at paglacadam at madlaman ang magogol ay uala rin hinahinayang cayo dapouat macmochamocha cayo sa Castila. Ay aba itopang isang asal macatotlhanan sapangongosap nang canila ding uica ang di sucat ibigang camtam? [··] Di con magcamomocha nang tayo nila nang pagdaramit ay con ang pangongosap ay iba, ay anong darating?
>
> (Rafael 1988：57-58)

No doubt you like and imitate the ways and appearance of the

Spaniards in matters of clothing and the bearing of arms and even of gait, and you do not hesitate to spend a great deal so that you may resemble the Spaniards. Therefore would you not like to acquire as well this other trait which is their language? [...] if we look like them in our manner of dressing but speak differently, then where would things come to?

毫无疑问,你喜欢并模仿西班牙人的着装和胳膊摆放的姿态,甚至步态,你毫不犹豫地花很多钱,就是为了可以像西班牙人一样。那么,你不希望习得另一种特质,也就是他们的语言吗?……如果我们只在穿衣方面和他们相似,说话方式却不一样,那么事情会如何发展呢?

平平对"事情"语焉不详,因为这涉及他加禄语对卡斯蒂利亚语的错误理解或者错误拼写。但是,他很明白,误解和误拼会带来西班牙语对话人的蔑视的嘲笑甚至身体暴力(Rafael 1988: 72-73)。他说另外一种卡斯蒂利亚语,是在强调逃避殖民权力的杂糅性,即模仿殖民价值观,是从而消除文化差异,但又将其夸大,结果却引起了对差异的压制。

在平平的教材中,他加禄语与卡斯蒂利亚语的诸种差异受到了最多的关注。产生出最大效果的,是他插在两篇课文中的用两种语言混合写成的歌词。歌词以他加禄语起头,接下来是卡斯蒂利亚语译文。所以,他加禄语在此处是"原"语言,之后又转换为西班牙语译文:

Anong dico toua, Como no he de holgarme;

Con hapot, omega, la mañana y tarde;

dili napahamac, que no salio en balde;

itong gaua co, aqueste mi lance;

madla ang naalman; y a mil cossas saben;

nitong aquing alagad, los mios escolares;

sucat magcatoua, justo es alegrarse;

ang manga ama nila, sus padres y madres;

at ang di camuc-ha, pues son de otro talle;

na di ngani baliu, no brutos salvages.

[...]

O Ama con Dios, o gran Dios mi Padre;

tolongan aco, quered ayudarme;

amponin aco, sedme favorable;

nang mayari ito, porque esto se acabe;

at icao ang purihin, y a vos os alaben.

(Rafael 1988: 60-62)

Oh, how happy I am, why shouldn't I make merry,

when afternoon and morning, morning and afternoon,

no danger occurs, it was not in vain,

this work of mine, this my transaction.

So much will be known, and a thousand things will be known

by my followers, those my students.

Such is their joy, they do right to rejoice,

their parents, their fathers and mothers,

and even those not like them, for they are of another kind

they are not crazy, not savage brutes.

[...]

O God my Father, O great God my Father;

help me, please help me;

adopt me, be favorable to me;

that this be accomplished, so that this can be finished;

and you will be praised, and you will be glorified.

噢,我多么高兴,为什么不要快乐呢?

当下午和上午,上午和下午,

没有危险发生,这不是徒劳的,

我的这份工作,这个我的交易。

我的追随者,我的学生

将会知道,知道一千件事情。

这是他们的快乐,他们喜欢欢乐,

他们的父母,他们的父亲和母亲,

甚至那些不喜欢他们的人,因为他们是另一类

他们不是疯子,不是凶残的野兽。

[……]

噢,神啊,我的圣父,噢,神啊,我的圣父;

帮助我,请帮助我

接受我，请善待我

完成这件事，做成这件事，

你会得到赞美，你们将得到荣耀。

这一歌词的韵律，通过顺从一般韵脚与半谐韵模式而平衡了他加禄语与卡斯蒂利亚语。这一做法的结果是，殖民语言失去了西班牙教士在用他加禄语布道中所处的优势地位。这首歌词并"没有特指某种语言如拉丁语，也没有特指一种信息如拯救的诺言，而是特指坚持使用节奏与韵脚"（Rafael 1988：62）。

此外，在从他加禄语转换到卡斯蒂利亚语的过程中，某些意义丢失了，从而使该布道歌曲降格为对基督教赞歌的滑稽戏仿。平平的计划在他加禄语中可能会遭遇到不吉利未详细说明的"危险"。这些危险试图吸引"追随者"，平平认为他们学习西班牙人的语言，并"没有发疯"，相反，在卡斯蒂利亚语的译作中，他的项目会是"徒劳"的，如果他没有吸引到学生跟随他学习语言，因为语言可以把他们与"野人"区别开来。在他加禄语中，神的庇佑寻找语言学习和语言使用，不能认输，还要能争辩，这很可能是对他加禄自治的背叛，或者是一种抵抗西班牙殖民者的方式。然而，在卡斯蒂利亚语中，神要庇护殖民权威的自恋屈从，这显然是对有教养语言的认同。平平的教科书没有公开对抗西班牙王权，但它时常提醒他加禄语读者，让他们想起自己在语言、文化以及政治层级一直处于次要的从属地位。

强加殖民语言，最终导致了杂合文学形式的出现，其中，本族的著者权包括翻译诸种颠覆性变体。在西非，欧洲语言小说的特点是一种"跨语际主义"（translingualism），小说中的土著语言痕迹（包括词汇和句法特点），在英语或法语作品中是可见的。除此之外，小说还使用皮钦语（pidgins）与土著词汇和短语（Scott 1990: 75; Ashcroft, Griffiths and Tiffin 1989: 59-77; Zabus 1991: 3-10）。早在20世纪50年代，尼日利亚人阿莫斯·图图奥拉（Amos Tutuola）就开始创作英语小说。他的小说结合了尼日利亚约鲁巴（Yoruba）民谣与几种欧洲经典作品，主要有《天路历程》和艾迪斯·汉密尔顿1940年复述古希腊古罗马神话的《神话学》(*Mythology*)（Zeil and Silver 1971: 195）。然而，图图奥拉用古怪的散文笔法进行创作，他不成体系地把约鲁巴语译成英文。这种古怪一部分源自有限的英语教育，他大概只有初中英语水平；一部分源自他将约鲁巴语译成英语采用的直译法，很多情况下，他都仿造词汇，从而使英语词汇变形（Afolayan 1971; Zabus 1991: 113）。下边这段文字出自1952年图图奥拉的首部作品《棕榈酒鬼》(*The Palm Wine Drinkard*)。"drinkard's"（酒鬼）花大力气寻找死去的酒保，偶遇死神，死神留他过夜：

> when I entered the room, I met a bed which was mad of bones of human-beings; but as this bed was terrible to look at or to sleep on it, I slept under it instead, because I knew his trick already. Even as this bed was very terrible, I was unable to sleep under as I lied down there awoke. To my surprise was that when it was about two o'clock in the mid-night, there I saw somebody enter into the room cautiously with a heavy club in his hands, he came nearer to the bed on which he had told me to sleep, then he clubbed the bed with all his power, he clubbed the centre of the bed thrice and he returned

第八章　全球化

cautiously, he thought that I slept on that bed and he thought also that he had killed me.

(Tutuola 1952: 13-14)

我进到房里，发现床上乱放着人的骨头；这床很难看，我没睡在上头。我就睡在了床下，因为我知道他会作怪。这床很糟糕，躺在床下，我不能睡着。我很吃惊，一过夜里两点，我就看见有人进到房里，他很小心，手里拿着一个棒子，很沉。他靠近我睡的那张床，用尽所有力气打那张床，打了三次，就小心地出了房间。他以为我睡在那张床上，并认为已经把我打死了。

这段选文中用词的不标准与错误，显示出图图奥拉有限的教育，以及对英语的掌握的不牢靠。至少"I lied down there awoke"的表述是错误的。这表明图图奥拉挣扎于语言差异，他通过标注出这些并不属于英语的差异，过度补偿了约鲁巴语缺失的词形变化：在"lied"之后，动词"awake"变为"awoke"（Afolayan 1971: 51）。还有几处也是他自己的用词，如"I met a bed""two o'clock in the mid-night""to my surprise was that"，都是直接从约鲁巴语的词汇与短语中翻译过来的（同上）。"I met a bed"的原文是"mo ba béèdé"，其中动词 ba 有多个意思：发现、偶遇、找寻、占领和相遇（Zabus 1991: 113）。同样，图图奥拉还使用了怪异的英语结构，"we were travelling inside bush to bush"，把习语"inside the bush"与"from bush to bush"相混淆，因为他是字对字地译自约鲁巴语，"láti inú

271

igbo dé inú igbo",直译为"from inside the forest to inside the forest"（Tutuola 1952：91；Zabus 1991：114-115）。

这一仿造词的手段有时用于二语习得，产生出少数人或移民使用的中介语（interlanguage），在主要语言与标准方言中，这些人的语言能力相对薄弱（Ashcroft, Griffiths and Tiffin 1989：67）。殖民王权统治之下的翻译实践不得不带有政治维度。图图奥拉的翻译行为就将约鲁巴语植入英语，迫使殖民语言的结构也带上土著语言的某些印记。尽管约鲁巴语言使用的人口数字不小，大约1300万人，但仍被英帝国主义降格为少数地位。

因为殖民与后殖民书写中的跨语际主义重新定义了著者权，从而将翻译纳入其中，它含蓄地挑战了著者权的原创观念。这一观念是欧洲浪漫主义的神圣信条。不论一种文化在全球经济中占据何种地位，它都会继续流行下去。图图奥拉的小说不仅是第二级别的，使用了非洲与欧洲文化的素材以及从非洲语言的英语翻译，而且仿造词也不是故意为之的。它是在写作过程中不经意地出现的。这归功于他所处殖民情境中的双语现象（diglossia）。那些印象深刻的新词和非标准结构完整无缺地被他的英国出版社费伯-费伯出版社（Faber-Faber）保留了下来（图图奥拉后来还对手稿做了微调，1952：24）。

图图奥拉小说中所涉及的翻译，阻止了他的小说被描述为独一无二的自我表达的作品。他的接受极具争论，翻译恰恰以此质疑原创性的浪漫主义假设。20世纪50、60年代之间，英美评论家们为图图奥拉欢呼，都把他誉为未受过正规教育的"天才"，是一个具有革新精神的"远见者"，他的作品完全不亚于"乔伊斯笔下的安娜·丽维雅·普拉贝尔（Anna Livia Plurabelle）、梦游奇幻的艾丽斯以及迪兰·托马斯（Dylan Thomas）的诗"（Moore 1962:39, 42; Rodman 1953:5）。可是与此同时，非洲的批评家都认为他是一个没有能力的雇佣文人，只会改写民间故事，因而忽视了他。一位非洲读者就曾抱怨道："试图用标准英语理解非洲故事，是件糟糕的事情；更糟的是试图用英语理解图图奥拉先生陌生的专用语（strange lingo）"（Lindfors 1975:31, 41; Bishop 1988:36-37）。图图奥拉即刻便赢得了自己专有的国际读者群：他的著作构成了一种写作形式，却遭到霸权文化的轻蔑，尽管如此，这种写作形式应当列入美学范畴与文学传统，并应当受到他们自己文化的重视。图图奥拉的著作权并非源自自我或者个人，而是衍生的与集合的，其特点是在英国统治下，仔细描写一个受教育不太好的尼日利亚人所能获得的不同口头传统与文学传统。

其实，无论是从表扬这些作品再现"非洲真正可怕的力量"（Lindfors 1975:30）的欧洲中心主义立场，还是从批评作品有小过失而并非"纯粹的民谣"（Bishop 1988:75）的非洲中心主义立场来看，图图奥拉的翻译又阻止了他的小说被描述为文化真实性的表达。因为尽管图图奥拉依赖约鲁巴民谣与文学，仿造词的手法从来都没有翻译过某个特定的约鲁巴作品，在他古怪的英语背后，并不存在纯粹的本土原作。实际上，那些词汇与句法特点仅仅表明约鲁巴语已经是一种有很多英语借词的异质语言。这样一来，图图奥拉使用的新词"reserve-bush"，仅是约鲁巴语 igbo risafu 的译词，其中 risafu 本身就是源自仿造词的新词，是借自英语词汇"reserve"的译词（Tutuola 1952:95; Afolayan 1971:53）。图图奥拉的翻译带来的文体特点不是民族或种族本质的隐喻，而是跨文化差异的借代。这些特性意味着他的作品立于英语与约鲁巴语之间，并且揭示出一种英语殖民强迫的局限，一种模仿英国价值观进行身份形成过程的崩溃。

图图奥拉小说中漫不经心的跨语际主义，在其他少数文学中，蓄意地派上了政治用场。这对阿拉伯用法语写作的作家来说是极为典型的。鉴于英国殖民教育家们鼓励提高口语读写能力（East 1936；Cosentino 1978），法语则强调在土著精英中实施同化政策，"不允许用非洲语言写作和教学"。时至今日，法语在北非一带仍然是一种强有力的文学语言（Zabus 1991：19）。然而，通过翻译，法语一直在吸收阿拉伯的文化素材，同时在这一过程中，法语也一直在演变。在1987年的小说《圣夜》(*La Nuit Sacrée, The Holly Night*) 中，摩洛哥作家塔哈尔·本·杰伦（Tahar Ben Jelloun）就结合伊斯兰祷告的法译，"把法语翻译带上'异域味道'，以此传递给他的单语言的本族人，同时还亵渎了他翻译时所遵循的置其于黑色幽默篇章的方案"（Mehrez 1992：130）。本·杰伦的法语翻译实践，不仅超越了前殖民语言与文化的界限，而且超越了土著宗教正统的界限。

在西非，尼日利亚加布里埃尔·奥卡拉（Gabriel Okara）的小说《声音》(*Voice*) 在发展一种类似的语言实验方面是独一无二的。他把自己描述为"一个作家，相信非洲观念、非洲哲学以及非洲民谣与意象可以各尽其用"，并声称："唯一有效的使用方式，就是尽可能直译作家所使用的本族语，即非洲语言，将之译为该作家所使用的任何作为他表达中介的欧洲语言"（Okara 1963：15）。在实践层面，这意味着使用翻译时要有高度的选择性，翻译时，奥卡拉英语的文体特性要能再造出尼日利亚伊觉语（Ijo）词汇与句法的特征。以下列出具有代表性的例子：

Okola had no chest, they said. His chest was not strong and he had no shadow.

Shuffling feet turned Okolo's head to the door. He saw three men standing silent, opening not their mouths. "What are you people be?" Okolo asked. The people opened not their mouths. "If you are coming-in people be, then come in." The people opened not their mouths. "Who are you?" Okolo again asked, walking to the men. As Okolo closer to the men walked, the men quickly turned and ran out.

He had himself in politics mixed and stood for election.

The engine man Okolo's said things heard and started the engine and the canoe once more, like an old man up a slope walking, moved slowly forward until making-people-handsome day appeared.

He was lying on a cold floor, on a cold cold floor lying. He opened his eyes to see but nothing he saw, nothing he saw.

(Okara 1964: 23, 26-27, 61, 70, 76)

奥克洛没有胸部，他们说。他的胸部不牢固，没有阴影。

奥克洛轻移脚步，头转向门。他看见三个人静静地站着，他没开口。"你是什么人？"奥科洛问。那些人也没开口，"如果你要进来，那么就进来吧。"那些人并没开口。"你是谁？"奥科洛再次发问，走到男人身边。随着奥科洛更接近那些男人，他们迅速转过身来跑出去。

他自己在政治很混乱，为大选而努力。

开机车的人奥克洛说，事情听起来就像又一次发动了机车

和独木舟,

就像一个老人慢慢地下坡,速度很慢,直到使人帅气的日子出现。

他躺在寒冷的地板上,躺在又寒又冷的地板上。他睁开眼看,但

什么也看不见,什么也看不到。

奥卡拉不仅直接翻译伊觉语中的成语("had no chest" "had no shadow"),而且还模仿词序倒装、连动短语("who are you people be?")、递进重复("cold cold floor")以及复杂构形("coming-in people")(Okara 1963:15-16; Scott 1990; Zabus 1991:123-126)。与此同时,奥卡拉的某些选择,甚至包括那些再造出伊觉语特点的选择,在英语文学传统中产生了回响。句法的倒装,连同较早的词汇形式,如"changeth",给散文添加了一种钦定本圣经所特有的古雅性,"Tell them how great things the Lord hath done"(Okara 1964:24-25; Mark 5:19)。复杂构形让人回想起当代诗人,如杰拉德·霍普金斯、迪兰·托马斯。此二人都曾让奥卡拉着迷,他自己也是诗人(Scott 1990:80; Zabus 1991:125)。

这一翻译是精心策划的,远超图图奥拉的译作,因此引起了殖民语言更多的混乱。为了更像伊觉语,奥卡拉通过在后殖民语境中重新定位英语文学传统,以便让英语产生出陌生化效应,包括传教士使用经典作品促进土著读写能力的传统。奥卡拉理想的读者是要有双语能力的,即伊觉语的精英,且受过高级别英语教育的人。但是,因为世界上使用伊觉语的人数较少,所以,他主要指的还是英语读者,即

便没有任何伊觉语知识，只要能欣赏他散文的诗化杂合性也就行了。对于这样的受众，奥卡拉利用了英语的全球霸权，旨在让更多的人关注当地一个亟待解决的问题：尼日利亚独立后的政治独裁。在《声音》这一作品中，奥可罗质疑小说中的一个村干部，该村干部听从了一个在英美德受过教育的老者的劝告，因而他通过培养个人崇拜来统治整个村子。

翻译现代性

殖民与后殖民情形中的翻译所释放出的杂合性，确实能冲破诸种霸权价值观的界限，并让它们产生出一系列的地方变异。但是，这样翻译所能起到的文化与社会影响，一定受限于其他一些因素，一种最主要的是翻译作品及其接受的样式类型。平平的语言教科书没能激发他加禄读者学习卡斯蒂利亚语来对抗殖民主义，反而倒成为了一种对于西班牙统治压抑的想象补偿，一种寻求"快乐与保护"的霸权语言的机智重组。图图奥拉与奥卡拉的跨语言散文在西非小说中都没能引发出任何重要的趋势；凭借非洲口头传统或使用非洲语言的小说家，已经出现了以钦努阿·阿切贝用标准英语写作小说的转换代码为楷模（Bandia 1996）。

杂合了不同霸权价值观念的翻译，仅当其在引导土著传统并重塑身份的情况下，才能够激发精英知识分子及其群体的文化创新与变化。本·杰伦在法语小说中使用阿拉伯素材，就是近来北非小说运动的典型。他的作品已经赢得了法国知识分子的喝彩：《圣夜》就获得了 1987 年的龚古尔奖。然而，这些发展是否构建了法国文学的重塑，还是仍然处于变化之中，情况至今还未明朗。法国总统密特朗就把本·杰伦的获奖视为向"法语的通用性致敬"，而非恢复法语文学失落的地位，这大约是因其具有后殖民的异质性（Mehrez 1992：128）。

在殖民地的从属次要文化中，也许翻译所能带来的最具深远意义的变革，就出现在它能引入新观念与新范式，尤其是那些能促使古代传统转型为现代时空观念、自我与国家的观念与范式，不论是口头的抑或是文学的。19 世纪末 20 世纪初的世纪之交，中国最后的王朝清朝正走向灭亡。这个特定的历史时代产生出一批翻译家，他们迫切地想要通过引入异域文学来重振民族文化。通过引介大量的西方小说与哲学著作，这些译家积极开展现代化进程。

1882 年到 1913 年，中国出版商发行的小说数量急剧增加。在出版的 1170 种著作中，译作有 628 种，占了大约三分之二（Zhao 1995：17，228）。影响力最大的译家当属林纾（1852-1924），译作多达 180 多种，包括了笛福、雨果、斯科特爵士、史蒂文森与柯南道尔爵士的小说（Lee 1973：44）。

林纾自己不懂外文。按照晚清出版界的惯例，他可以与不同的译者合作，译者口授，林纾不假思索，落笔如飞，将口译转换为文言（Zhao 1995：230 n 9）。他的译文完全是归化的：他选译易于汉化的异域作品，将之与中国传统价值观同化，主要是古代的文学语言和以家庭为重的儒家伦理。林纾将狄更斯的《老古玩店》（*Old Curiosity Shop*）看作儒家孝顺观念的典范，故而 1908 年他将标题改译为《孝女耐儿传》（*The Story of the Filial Daughter Nell*）出版（Lee 1973：

47; Hu 1995: 81-82; Zhao 1995: 231)。

1899年，开启林纾翻译生涯的外国作品，是小仲马笔下一个姑娘伤感的爱情故事，《巴黎茶花女遗事》(*La Dame aux Camélias*)。他自己深受故事感动，因为他认为该故事以极为丰富的情感表达了儒家忠诚的主题。林纾在小仲马的女主人公交际花马克格尼尔（Marguerite）和两个极为忠诚的中国仆人之间的类比让人震惊，揭示出他通过翻译铭刻进异域作品的价值观不是简单的传统观念，而是清朝帝国的观念，表达的是对清朝皇帝的忠诚：

> While translating [...] thrice I threw down my brush and shed bitter tears. Strong are the women of this world, more so than our scholar-officials, among whom only devoted ones such as Long Jiang and Bi Gan could compare with Marguerite, those who would die a hundred deaths rather than deviate from their devotion. Because the way Marguerite served Armant is the same way Long and Bi served their Emperors Jie and Zhou. As Long and Bi had no regrets even though the emperors killed them, Marguerite had none when Armant killed her. Thus I say, in this world, only the like of Long and Bi could compare with Marguerite.
>
> (Hu 1995: 71)

畏庐书至此，掷笔哭已三次矣！唯世间女性乃坚强也，强于士林中人，可与马克格尼尔比肩者，如龙逢与比干，此二者虽万死而不忘忠诚。马克格尼尔服侍亚猛，正如龙逢与比干之

> 侍其皇夏桀与商纣。桀、纣弒逢、干，其无悔也。亚猛弒马克，其亦无悔也。由是吾言逢、干乃马克也。

林纾多愁善感，对交际花马克格尼尔大加赞美，这与《论语》中宣扬的厌女思想（misogyny）相去甚远。在《论语·微子第一》中，孔子提到比干因强谏而身遭惨死，在商纣王的暴政统治下，夸奖比干是个仁者（Confucius 1993：74）。

林纾作为学者译家的身份形成于对小仲马笔下人物的一种儒家式的同感体验，该人物反映出林纾对皇帝效忠的极深情感，而并非同情当时的士大夫。这种效忠，是作为作家的林纾所做出的选择，因为他屡试不第，令他不能在朝廷中做官（Lee 1973：42, 57）。林纾所使用的文言及其译作中的儒家思想证明他志在强化清王朝的文化，正如清朝的权威正严重的遭到政治与体制发展的侵蚀。自从19世纪上半叶以来，中国已经屈从于西方的军事与商业入侵，林纾的译作恰在清政府在中日甲午战争中战败以及义和团被八国联军镇压之后问世。也许最为重要的是，1905年清政府废除科举考试，古汉语不再是出仕做官的途径后，林纾仍勤译不辍（Gunn 1991：32-33）。晚清译者如林纾及其同乡严复（1854-1921）都认为其角色是"文言的保护者，而并非仅用文言撰文，因此是中国古代文明的保护者"（Hu 1995：79）。

颇有趣味的是，指导着严林译作的本土文化政治议程，并没有完全消除域外作品的差异。相反，归化的内驱力也倾向将西方不同的观念与形式引介到中国，中国才会具有国际竞争力，并抵抗霸权列强。其结果是，古代中国文化与西方价值观常常并置相较，而二者都发生了形变。

第八章　全球化

1907 年至 1921 年间,林纾翻译哈葛德(Rider Haggard)的小说就多达 25 部,因为他认为哈氏的小说与儒家伦理有着共同的价值取向,能支持自己变革中国的目标。因此,他将哈葛德小说《蒙塔祖玛的女儿》(*Montezuma's Daughter*)的标题改为《英孝子火山报仇录》(*The Story of an English Filial Son's Revenge on the Volcano*),因为林纾将该作品读作儒家思想体现的另一典范,这坐实了"为母复仇以行其孝道,方知效忠并为其祖国复仇"(Lee 1973:51)。林纾深刻意识到英国殖民主义给哈葛德的冒险小说提供了潜台词,但他深信这些殖民压迫的再现可以感动中国读者,使其效仿并抵抗外来入侵者。林纾在给他译哈葛德著《班伯的精神》(*The Spirit of Bambatse*)所写的序中,采用小说中种族主义的刻板形象解释道:

> 他们鼓励白人掠夺的精神,哥伦布与鲁滨孙已经规划出了蓝图。为了在野人区域中寻求物质刺激,白人虽百死而无憾。相反,吾国自弃利益,拱手相让于洋人。客人羞辱主人,让吾四万万同胞受制于区区几个白人。呜呼!
>
> (同上:54)

上述引文中的种族主义不仅反映出英国探险小说中根深蒂固的殖民话语的刻板形象,还反映出严复译作中宣扬的赫胥黎与斯宾塞的社会达尔文主义,其意在服务于相似的民族目的。严复通过声称"自强保种",找到了他译自赫胥黎的《天演论》与这种价值的内在联系(Schwartz 1964:100)。然而,这些翻译家认为的种族主义,与其依赖翻译变革国家的路数恰好相左。他们艳羡西方的个人主义与大刀阔

281

斧，但在假文学实践激励国人模仿这些价值方面，又推想中西方的不平衡不是决定于生物层面，而是文化层面：这源自道德传统的差异，与种族差异不同，这些差异是可以修正的。

林纾似有所感，他的主张从最初强调生物层面转变到鼓励国人放弃儒家的"屈从"。帝国主义已将这种所谓的尊敬认定是"羞辱"：

> 西方人的羞耻感与鼓励武力，不全是源自其本性，是慢慢积累的结果……中国的情况则不然。忍辱即为屈从；自保性命是为智。几千年来的外族侵略，我们仍然不觉耻辱。这大概也是我们的国民性吧？
>
> （Lee 1973：54）

传统的智慧预设了国民性，这更加阻止了爱国感（集体耻辱感）的生发。这样一来，严复的译作修正了穆勒与亚当·斯密所宣扬的自由个人主义，以便更好地适应中国国情：在列强的侵略下，清王朝日渐衰落。1903年，严复的译作《群己权界论》出版，将个人自由的观念放入更为集体与民族的环境中考量。史华慈认为，"假如说穆勒常以个人自由作为目的本身，那么，严复则把个人自由变成一个促进'民智民德'以及达到国家目的的手段"（Schwartz 1964：141）。

林纾、严复等晚清译家的翻译实践显示，归化策略，尤其当用于文化、政治处于从属地位时，仍然能够带来强大的杂合性而催生不可预期的变革。即便中国传统文化带有偏狭性以及外国列强入侵长达一个多世纪，归化的力量仍是无法阻挡的。其结果是，林纾与严复将自己看作改良派，并非革命派：他们使用经典文学语言以迎合当时的学术与政治精英，他们修正原作，删节原作，添加按语，这样一来西方价值观及其民族议程才能为这些精英所接受。他们的译作，更加忠实的是文言，而并非西方的观念或形式。

然而，这一将异域作品归化为本土主导形式的翻译实践，既带来中国本土的效果，又带来西方异质的效果。严复所秉持的好的翻译标准信、达、雅，其实源自公元2世纪的佛经翻译理论（Chen 1992:14-17，124；1997年9月2日与张南峰的通信）。严复无疑复兴了古代翻译的标准，因为他认为这三个标准与他使用翻译提升清王朝的文化政治不谋而合。但是，晚清翻译的汉化实践，其实与很多英法启蒙运动时的译家所偏好的归化极为相似，而严复在19世纪70年代远赴英国留学时，就曾研究过这一时期，正是这段留学生涯才使他选译的作品既有亚当·斯密的《国富论》（1901-1902），也有孟德斯鸠的《法意》（*Spirit of Laws*, 1904-1909）。有学者认为，严复曾经受过泰特勒《论翻译的原则》（*Essay on the Principles of Translation*, 1789）的影响，该文也倡导译者要有充分的自由，以便加强译语的可读性（Gunn 1991:33 n 5）。其实，泰特勒的归化主张还有一层意识形态的意义。他理想的译文应当是有着"原文的流畅"的，因为那样对精英读者来说，译文就会熟悉，把汉诺威资产阶级的美学与道德价值隐形地铭刻进了译文（Tytler 1978:15；Venuti 1995a:68-73）。

晚清译家们偏好的归化翻译让其译作为更多的人使用，这超出了他们的设想。林纾与严复不仅形成了极为高雅的文体，而且还在译作中加上说明性的前言、按语，林纾还给加上了标点符号，使其使用的文言更加清晰（Link 1981:136）。林译《茶花女》与严译《天演

283

论》直到 20 世纪 30 年代仍然畅销,其读者包括官员、学者、初高中学生与独立知识分子(Schwartz 1964: 259 n 14; Lee 1973: 34-35)。并非所有林纾翻译的浪漫小说都将孝道转化为爱国主义:它们有的成为新鸳鸯蝴蝶派小说,占据了 20 世纪初中国出版业的主要阵地,为保守读者在面对西化、辛亥革命以及国民政府一系列事件所带来的文化与政治的中断,带来些许补偿性的安抚(Link 1981: 54, 196-235)。严复翻译的科学与社会学著作,引进了历史进化论,与《易经》中的共时论(synchronism)恰恰相反,因而构建出"异域话语比中国中心传统更为强大"的观念(Gunn 1991: 35)。良好的销量使得译作,尽管其中使用了很多古文,促进了北方普通话作为新的文化话语(白话)的出现。严林的译作无意间质疑了文言的权威性:"他们重写与删订外国作品的手段,最终服务于推动古文已经不足以完成理解并吸收西洋知识任务的观念"(ibid: 33)。

这两位晚清翻译大家激励了后来的中国作家将翻译纳入一种民族文化政治。中国小说最伟大的现代主义革新者鲁迅,在其少年时代就曾如痴如醉地阅读哈葛德与赫胥黎的译作,他后来自己也投身于翻译西方文学的事业,其中还有两部儒勒·凡尔纳的作品。他选译科学小说,因为当时中国缺少这种西方的文类,还因为他本人认为科技的普及"有利于提升中国大众的境界"(Semanov 1980: 14)。鲁迅以科学与传教作品中的进化论与东方主义的术语思考着中国人的"国民性"问题。斯宾塞与明恩溥(Arthur Smith)的《支那人气质》(*Chinese Characteristics*)都曾论及这一术语。这引领着鲁迅同时追问生理与人文问题:"[中国的]症结何在?""何为最理想的人性?"(Liu 1995: 60-61)尽管鲁迅擅长英、德、日三种语言,但是他的翻译作为普及化的观念引导他采取了晚清的归化翻译策略：他将作品译为古文，并将外国作品编辑得方便易懂。1903年，鲁迅出版凡尔纳《月界旅行》(*De la terre à la lune, From the Earth to the Moon*)的译作，他缩减了章节的数量，并给每章加上总结性的标题。他解释道："在措辞乏味或者不适合我国人之处，我做出了一些调整与删节"（Lyell 1975：65）。

然而，晚清的做法很快暴露出了局限。鲁迅和他的弟弟及合作者周作人并没有继承先辈们对清王朝的效忠，因而这兄弟二人的翻译走向了传统文化的对立面。他们想建构一种现代的、并非简单西化的口头文学，并希冀以此来获得西方文学现代作家的接受与尊敬。在开启这一新文学传统时，周氏兄弟便抛弃林纾所定下的范例，就此，周作人解释道："林纾并不想从外国人那里学到什么，所以他们经营着让外国作品效仿中国作品的事业"（Zhao 1995：231）。1909年，周氏兄弟出版翻译文集《域外小说集》，旨在引入而并非剔除异域小说的语言与文化差异。

周氏兄弟偏离了晚清选译西方作品的做法，其翻译旨在发展出一套不同的话语策略。他们没有选择感伤的爱情小说与探险小说，也没有选择通俗审美观下易读且怡情的小说。相反，他们选译了较为疏远的、叙事实验的浪漫主义作品，即依赖精英审美观不易读且富有理性的小说。由于周氏兄弟视文学翻译为改变中国地缘政治次要地位的手段，他们将目光投向了有着类似情形、但文学已经摆脱了弱势地位并获得国际认同的国家（Eber 1980：10；Lee 1987：22-23）。《域外小说集》的选文大都是俄国与东欧国家的短篇小说，包括俄国符号学家安特莱夫（Leonid Andreyev）、迦尔洵（Vsevolod Garshin）与波兰历史小说家显克微支（Henryk Sienkiewicz）的作品。

周氏兄弟并没有看上晚清以自由归化策略为特点的通顺译，反而通过严格的直译通常是德国或日本的作品，实施了更大的文体抵抗。这样一来，兄弟二人创造出一种异质的翻译话语，致使《域外小说集》"阅读起来像是外国作品"（Semanov 1980: 23），即便有注释帮助阅读。《小说集》以文言译就，夹杂着欧化词汇与句法特征、西方名字的音译以及来自日本的借词（Lyell 1975: 96; Gunn 1991: 36）。此处所说的异质性，由符合中国当下情况又与主流翻译实践不同的做法所组成。不同于很多晚清译著中熟悉的儒家因素所带来的舒适感，周氏兄弟的策略旨在传递现代观念与形式所携带的令人不安的异质性。

然而，他们依据国民身份的另一种概念，修订了西方文学传统，并从这些翻译话语中制造出异质性的效果。周氏兄弟并未遵循英国译论家泰特勒所倡导的归化，而是实施了在学习日语时偶遇的德国理论家歌德与施莱尔马赫的异化策略。施莱尔马赫在1813年题为《论翻译的不同方法》（On the Different Methods of Translating）的演说中认为，"译文越是靠近原作转的几个弯，读者就越会觉得有洋味"（Lefevere 1977: 78）。

施莱尔马赫也想让异化翻译通过创造属于德国自己的文学，而服务于普鲁士的民族议程，服务于应对拿破仑战争期间法国文化与政治的霸权。然而，施氏的民族主义建基于种族优越的信仰，这终将导致唯德国独尊于整个世界的幻象：他断言德国人民，"因为尊重异质性及其调节本质"，"注定"将保留德语文学跻身于世界文学经典之列，因而在我们的语言的协助下,我们的人民也能欣赏最为不同时代的各种美,正如外国人所能欣赏到纯粹的原汁原味的一样。

(Lefevere 1977: 78)

这恰是鲁迅质疑辅佐清王朝那代中国人所拥有的幼稚文化沙文主义。他寻求异化翻译的帮助,旨在通过暴露中国文化的矛盾现状,而建立质疑传统中国文化的现代文学。1907 年,鲁迅创作了高扬浪漫主义文学的《摩罗诗力说》,他列举多首自鸣得意的军歌。在这些歌曲中,中国士兵"痛斥印度波阑之奴性",鲁迅把这些"军歌"当作自己国家承受压迫的一种补偿:

China, in spite of her present situation, is always anxious to jump at any chance to cite her past glories, yet now she feels deprived of the capacity to do so, and can only resort to comparisons of herself with captive neighbors that have fallen under the yoke of servitude or ceased to exist, hoping thereby to show off her own superiority.

(Jon Kowaillis 翻译,Liu 1995: 31-32)

盖中国今日,亦颇思历举前有之耿光,特未能言,则姑曰左邻已奴,右邻且死,择亡国而较量之,冀自显其佳胜。

鲁迅有赖翻译而生发文体变革,旨在强迫中国保守的读者修正自我形象以审视其自鸣得意,并正视依赖外国文化资源。从某种程度来说,这是令人不快的。这即是说，国人依赖跨语际实践（Liu 1995:32）。当批评者后来穷究他的译文，因为文言与欧化语言混在一起，造成了诸多不便，鲁迅回应道："我的译作，本不在博读者的'爽快'，却往往给以不舒服，甚而至于使人气闷，憎恶，愤恨"（《鲁迅全集·二心集·硬译与文学的阶级性·二》）（Lu Xun 1956:68）。

《域外小说集》带来的深远影响表明，周氏兄弟的异化策略使中国文学发生了改变，但也引入了一套新的文化矛盾。最开始，他们在译作中使用的异质性文言，就连《小说集》的主要受众精英读者都认为过于陌生化。这导致了小说集最初印刷了1500册，可销量仅40余册（Lyell 1975:95-96）。然而到了1920年，《小说集》发行第二版时，周氏兄弟的翻译实践已经从中国文化的边缘移至中心，影响了一大批年轻作家以白话从事文体革新。

1919年五四运动，成千上万名学生声讨外国在华势力，这些作家将欧洲-日本话的白话与"个人解放以摆脱各种旧制旧俗"相结合（Gunn 1991:107）。他们便使用这种语言，翻译了一系列西方著作，包括《共产党宣言》（1920）、《少年维特之烦恼》（1922）、《察罗堵斯德罗绪言》（1923）以及《浮士德》（1928）。鲁迅本人开始用白话写作来探索民族主题，白话写作的形式创造性是由果戈理和显克微支这些外国作家所激发的（Hanan 1974）。由于浪漫文学的译文引进很多心理学术语，大多来自日语借词，中国最早的社会现实小说，即叶圣陶的《倪焕之》（1928-1929）"描绘了他的中学教师心怀歌德的维特，对社会变革极富激情的责任感"（Gunn 1991:107-108）。

《域外小说集》作为译集，已经开始正式引起精英读者的关注，以便让其行动起来对抗回头势力，如儒家传统的残留权威与鸳鸯蝴蝶派带来的大众娱乐。周氏兄弟不仅冒险加深中国文化不同群体间的分歧，而且把弱小民族的价值观强加给这些不同的群体。虽然产生了巨大的影响，但仍显不足，不足以形成并促进变革。实际上，《小说集》连同1919年出版的《官话和合本圣经》共同培养了白话文学话语的发展，后来白话文渐次进化为中国的民族语言（Wickeri 1995）。

因地制宜伦理

翻译在次要文化中扮演的不论是殖民的抑或后殖民的角色，都会在霸权英语国家中加深其所处时下边缘地位的耻辱。长期以来，翻译一直在众多非洲、亚洲、加勒比以及南美的帝国主义项目中实施，正是翻译所处的附属地位，强迫它们使用翻译，要么反抗要么代表外国势力。这些国际关系中的不对称是文化的，也是政治与经济的，它们投射出对翻译不同的与竞争性的使用。

今天，在英美，分派给书籍的巨大商业价值使得出版社聚焦于异域版权的销量，但同时又限制对国外畅销书的投入，希望在本土也能获得国外的利润表现。这一商业模式不可避免地压制了对文化功用以及翻译效果的思考，更倾向被降格为界定含混的公益书籍，一种多半在英语语言文化中认可流行的经典及其身份的美学赏析对象。极为罕见的出版项目是，既旨在创造一个读者群与异域文学的市场，同时又对潜在涉及再现任何异域文化的刻板形象保持批评态度。

当然，同样的商业模式也给译作带来利润，很多发展中国家的出版社已经通过译作而获利。南美、环太平洋以及东欧的书市蓬勃发展，在主要文学（英美、西欧）中都极大地支持了经典著作的翻译工作。各地都在争抢国际畅销书的翻译权，以此来响应某本书在他国的成功。

然而，在历史决定性的时刻，尤其是在帝国统治或殖民统治瓦解之时，次要文化已经换了一种策略。他们早就将翻译当作一种并非资本积累的实践，而是身份形成的实践，从而活跃于构建作者与民族、读者与公民的事业。因此，主要知识分子与科研机构都已经促成了很多翻译项目。出版公司，无论有无经验，无论私有或国有，都已经大量投资翻译事业。

这样，翻译的文化权威及其影响便因某国在地缘政治经济中地位的不同而不同。在霸权国家，著者原创性与文化真实性的形而上概念，将翻译贬低为二等写作，是派生的且是掺假的，因此尤其在美国和英国，翻译不太受到作家、批评家、学者与教师的关注。在发展中国家，翻译正在渐渐积累文化与经济资本。主要语言与少数语言交流的需要已经催生出翻译产业与培训项目。翻译被视为介入多语言（polylingualism）以及文化杂合性的重要手段，因为多语与文化杂合性是殖民与后殖民状况的特点，而且还是语言革新的一个源泉，在建构民族文学与拒绝霸权语言与文化的主导方面极为有用。

翻译的这些不同效果与功用给翻译伦理带来新的复杂性，因为翻译伦理的理想就是对文化差异的认同。如果选择、翻译外国作品的归化策略在伦理上是存在问题的，因为这种策略为了迎合主导的本土价值观而会自恋地忽略异质性，那么，少数状态将会再定义那些因素而构成"本土"与"异域"。这两个范畴是可变的，总是在有关本土境遇的翻译项目中重构。

试举一例。1957年，加纳独立后的一年，为了扫盲，《奥德赛》被翻译成土著语言契维语（Twi）。为了便于阅读，译本不仅非常自由，而且译本中的归化策略被企鹅丛书收录的里乌（E.V. Rieu）散文的译文所模仿（Ofosu-Appiah 1960）。里乌想拥有更多的读者，契维语翻译寻求即时的易读易懂，因而避免学术性注释，同时创造出流畅话语，旨在投射出现实主义的幻觉，并索求读者的认同。译者里乌写道："我的译作应当读起来就是小说，读者的兴趣不应该脱离故事情节"（同上：45）。

加纳独立后的主流本土价值观是英国的价值观，而且英语仍是官方语言。契维语的译者选择主要文学中经典作品的翻译，翻译策略是流行于霸权文化和主要语言的归化法。里乌所译的《奥德赛》堪称英语翻译的典范：它荣登1947年的企鹅经典丛书，销量高达250多万册（*Economist* 1996：85）。然而荷马作品在契维语版企鹅丛书中，就不能被认定为文化自恋的实践，因为文化自恋是形成于帝国文化反映的一种身份。在这个意义上，荷马的译作只能是归化性质的：译文不得不重写荷马的名言"the rosy-fingered dawn"（粉红手指的清晨），因为契维语"没有表达玫瑰的词汇"（Ofosu-Appiah 1960：42）。但是这一项目所跨越的文化差异非常大，以致某些归化修正反倒带来了陌生的效果。荷马的短语"中肯的话"（"winged words"）被解释为契维语的对等词"像鸟一样飞翔在空中的词汇"（"words which fly into the air like birds"），这一明喻"让读者匪夷所思"，因此窥探到了一种文化差异（同上：43）。

对于建基于这种差异之上的翻译伦理，关键的问题不是通顺还是抵抗的话语策略，而多是其意图与效果，例如，翻译是否能达到推动文化革新与变革的目的？它能最好地表示出异域文本的异质性，因为它能修正预先目标语言中存在其中的文化话语的层级，还因为它能跨越本土文化群体的界线，而且还因为它能改变制度的价值观与实践的再生产。恪守本土主流价值观与巩固制度的化同伦理，会限制这些效果，通常会避免任何文化权威的损失并避免资本积累。

　　殖民与后殖民状况使得化同与存异之间的区别复杂化。这里，翻译在文化、经济以及政治不平等这诸种差异中游移，致使它形成参与霸权文化的本土身份，同时又让这些文化听命于当地的异质性。总是发行最新美国畅销书（用官方语言的标准方言写作）的通顺且归化译作的出版业，鼓励无条件的消费霸权价值观，同时还维护了跨文化交流中的不对称。大力发行霸权文学归化译作的出版社，通过修正（契维语《奥德赛》）将其同化为当地的价值观。这样一来，出版社很有可能简化从口头传统到现代文学的转换过程。很明显，这一过程是极具意义的文化变革。然而，在有着丰富文学传统的次要文化中，追求极度本土化的翻译很可能冒着以同质化为重的危险，因为强调同质化会反映并支持民族或宗教原教旨主义，与此同时，还会消除异域作品中存在的文化差异。

　　由于发展中国家的本土趋势一般会形成全球与地方趋势的杂合状态，那么，翻译就能修正霸权价值观，甚至当其似乎利用最为保守的归化策略时。这种归化策略，换句话说，其目的是要在译入语文化中加强本土的主流传统。回忆一下林纾对哈葛德小说中帝国主义潜台词不同凡响的重估：代表皇帝执行中国化的译作，最终被帝国文化的权威所腐蚀。并且，极端异化的、寻求语言与文学异质性以促使文化变革的翻译话语，会越过狭窄的精英读者群，尽管最初是专为他们翻译的，从而释放出对各种口语、多种通俗形式更为强大的影响力。请再回忆一下周氏兄弟对德国浪漫时期翻译传统的依赖，这最终导致了既是现代主义又是社会主义的中国白话文学的诞生。

因为发展中国家是同一文化与差异文化竞争极为显著的场所，所以它们都能给霸权他者一顿关于翻译有何功用极为重要的教训。任何译作的价值，依赖的是不能完全预测或控制的影响与功用。然而，这一偶然性因素通过重建本土价值观的层级去提高而并非减少译者评估一个项目影响的责任。殖民与后殖民状况表明，只有当批评的智谋与组成地方场景的语言、文化的差异协调发展时，翻译才能做到最好，也只有这些差异才能提供把异域文化的异质性铭刻进翻译的方式。

致 谢

　　以往的三年间,我受邀在世界各地(英国、加拿大、巴西、爱尔兰、阿根廷以及美国)的学术会议与研讨会上发言,这些发言稿汇编成本书。在上述会议的英语分会场中,我的主持人彼得·布什(Peter Bush)与特里·黑尔(Terry Hale)之后将本书推荐给了卢德里奇出版社。如果没有他们的鼓励与支持,我所进行的论争和研究,也许离完成遥遥无期。

　　玛丽莲·嘉迪丝·罗斯(Marilyn Gaddis Rose)曾撰文鼓励该作,并给予好评。

　　很多友人都提供了相似的机会与鼓励,下面列出的人名和机构,都是我要感谢的,不过,再多的感谢都不足以表达我深深的谢意:罗斯玛丽·阿罗约(Rosemary Arrojo,美国纽约州立大学宾汉姆顿分校);小若奥·阿泽纳(João Azenha Jr.)、安德里亚·隆巴迪(Andrea Lombardi)与约翰·弥尔顿(John Milton),此三人皆任教于巴西圣保罗大学;玛利亚·伊莎贝尔·巴达拉科(Maria Isabel Badaracco,阿根廷布宜诺斯艾利斯公共译者学院),莫娜·贝克尔(Mona Baker,英国曼彻斯特理工大学);赫洛萨·戈卡尔弗斯·巴博萨(Heloisa Goncalves Barbosa,巴西里约·热内卢联邦大学);苏珊·巴斯奈特(英国华威大学);查尔斯·贝恩海默(Charles Bernheimer,美国宾夕法尼亚大学);玛丽亚·坎迪达·博德纳夫(Maria Candida Bordenave)、保罗·亨利奎斯·布里托(Paulo Henriques Britto)、玛利亚·宝拉·弗洛塔(Maria Paula Frota)、玛西娅·马丁斯(Marcia Martins)与莉亚·威勒(Lia Wyler),此四人皆任教于巴西里约·热内卢天主教大学;罗伯特·卡瑟里奥(Robert Caserio,美国坦普尔大学);安吉拉·钱伯斯(Angela Chambers,爱尔兰利默里克大学);黛莎·查玛胡母·查维斯与艾德森·J.马丁斯·洛佩兹(Deisa Chamahum Chaves, Edson J. Martins Lopes,此二人皆任教于葡萄牙欧鲁普雷图联邦大学);迈克尔·克罗宁(Michael Cronin,爱尔兰都柏林城市大学);肖恩·戈登与玛丽莎·普雷萨斯(Sean Golden, Marisa Presas,西班牙巴塞罗那自治大学);曼努埃尔·戈麦斯·达·托雷与鲁伊·卡瓦尔哈·奥梅姆(Manuel Gomes da Torre, Rui Carvalho Homem,此二人供职于葡萄牙波尔图口译高等研究院);弗里曼·亨利(Freeman Henry,美国南卡罗来纳大学);迈克尔·胡伊(Michael Hooey,英国利物浦大学);克里斯汀·克莱恩-拉陶德与阿涅斯·威特菲尔德(Christine Klein-Lataud, Agnès Whitfield,英国约克大学);艾迪思·迈克莫兰(Edith McMorran,英国牛津大学);杰弗瑞·梅尔曼(Jeffrey Mehlman,美国波士顿大学);亚瑟·内特罗夫斯基(Arthur Nestrovsky,巴西圣保罗天主教大学);乔纳森·雷（Jonathan Rée，英国米德尔赛克斯大学）；克里斯蒂娜·莎芙娜（Kristina Schäffner，英国阿斯顿大学）；玛莎·坦尼特·汉密尔顿（Martha Tennent Hamilton，西班牙维克大学）；玛利亚·婷默芷珂与埃德温·根茨勒（Maria Tymoczko, Edwin Gentzler，此二人皆任教与美国麻州大学阿默分校）；帕特里克·萨巴尔比斯科阿（Patrick Zabalbeascoa，西班牙朋培·法普拉大学）；胡安·杰苏斯·萨罗（Juan Jesus Zaro，西班牙马拉加大学）。这些不同地方的读者，既是我要感谢的，同时他们提出的问题也是质疑的。我之后对著作的修改，都是来自他们的质疑与评论。

本书的章节，承蒙以下读者决定性的批评指正：莱昂内尔·本特利（Lionel Bently），彼得·克莱夫（Peter Clive），斯蒂芬·科尔（Steven Cole），德里德·大卫（Deirdre David），巴希尔·哈提姆（Basil Hatim），大卫·康恩纳克尔（David Kornacker），安德烈·勒菲弗尔（André Lefevere），卡萝·梅耶尔（Carol Maier），伊安·梅森（Ian Mason），丹尼尔·奥哈拉（Daniel O'Hara），埃瓦尔德·奥瑟斯（Ewald Osers），杰弗瑞·彭斯（Jeffrey Pence），道格拉斯·罗宾逊（Douglas Robinson），理查德·赛珀斯（Richard Sieburth），阿兰·辛格（Alan Singer），苏珊·斯图尔特（Susan Stewart），罗伯特·斯托伊（Robert Storey），威廉·凡·沃特（William Van Wert）。彼得·希区柯克（Peter Hitchhock）严审了该书的几章。迈克尔·亨利·海姆（Michael Henry Heim）仔细通读了书稿的终稿，提出了极有价值的建议，还包括对章节标题的修改。

艾米·都灵（Amy Dooling）许可我参看了她在中国文学史方面的研究，乔治·艾柯努慕（George Economou）和丹尼尔·汤姆普金斯（Daniel Tompkins）在古典希腊学给予我不可或缺的帮助，尤其是在本著作中我使用的引文。马丁·里切特（Martin Reichert）翻译了乌里奇·冯·维拉莫维茨（Ulrich von Wilamovitz）有关皮埃尔·路易斯的《比利提斯之歌》的评论，这为我的英语引文提供了出处。每月读书俱乐部的苏珊·贝恩诺夫斯基（Susan Bernofsky）和安东尼奥·福斯科（Antonio Fusco），爱德华·谷恩（Edward Gunn）、托马斯·迈克奥莉（Thomas McAuley）、坎达丝·瑟甘诺（Candace Séguinot）、马丽·沃德尔（Mary Wardle）、艾略特·韦恩伯格（Eliot Weinberger）、唐纳德（Donald）和弗雷达·莱特（Freda Wright）也提供了有用的信息。汉娜·海厄姆（Hannah Hyam）以一贯的严谨编辑了本书的打印稿。

写作本书过程中，我参看了版权为1998年法勒尔、施特劳斯与吉鲁档案的相关材料，该材料是经法勒尔、施特劳斯与吉鲁公司授权重印的。在此，我要感谢纽约公立图书馆善本图书及手稿部的图书馆员，他们的工作简化了我查阅该档案的工作；感谢法勒尔公司的蒂莫西·吉伦（Timothy Gillen）允许我参看档案；我使用了瓜雷斯基译作席拉·库妲希的通信，感谢她大气的评论。

对于下列期刊，我也要致以诚挚的谢意，因为本著作所使用的材料就出自这些期刊杂志中的早期版本，本书还选取了除英语以外的很多材料。这些期刊包括：《望远镜》（*Il cannochiale*）、《巡游》（*Circuit*）、《比较文学》（*Comparative Literature*）、多语言有限公司的《语言与社会的当前问题》（*Current Issues in Language and Society*）、《法国文学系列》（*French Literature Series*）、《激进哲学》（*Radical Philosophy*）、圣·哲罗姆出版社的《译者》（*The*

Translator)、《翻译术语》(*TradTerm*)、《翻译》(*Trans*)、《翻译、术语与校订》(*TTR Traduction, Terminologie, Réduction: Études sur la text et ses transformation*)、《交流》(*Vasos Comunicantes*)与《声音》(*Voces*)。本书的《第五章》曾刊于《大学英语》(*College English*),该刊物隶属于国家英语教师委员会,再版时得到授权。本书写作过程中,得到坦普尔大学的"研究与学术休假"与"夏季学术研究"的支持。

题献页上的意大利诗行,摘自安吉利斯《遥远的父亲》(米兰:蒙达多利出版社,1989)中的诗作"相识雷默在一月"(*Remo in gennaio conosciuto*)。该页上的汉字由哥伦比亚大学日本中世纪研究所教授大木贞子(Sadako Ohki)所题。克里斯·贝纳姆(Chris Behnam)计算机水平高超,是他合成了题献页。

本书中未注明译者的,皆由我自己所译。

林赛·戴维斯(Lindsay Davies)为我写作本书提供了空间,并出谋划策。本书如有不妥之处,皆与其无关。

劳伦斯·韦努蒂
1997 年 12 月于纽约

参考书目

Abrams, M.H. (1953) *The Mirror and the Lamp: Romantic Theory and the Critical Tradition*, New York and Oxford: Oxford University Press.
Adams, R. (1946) "Efik Translation Bureau," *Africa* 16: 120.
Afolayan, A. (1971) "Language and Sources of Amos Tutuola," in C. Heywood (ed.) *Perspectives on African Literature*, London, Ibadan, and Nairobi: Heinemann.
Altbach, P.G. (1987) *The Knowledge Context: Comparative Perspectives on the Distribution of Knowledge*, Albany: State University of New York Press.
—— (1994) "Publishing in the Third World: Issues and Trends for the Twenty-First Century," in P.G. Altbach and E.S. Hoshino (eds) *International Book Publishing: An Encyclopedia*, New York: Garland.
Althusser, L. (1971) "Ideology and Ideological State Apparatuses," in *Lenin and Philosophy and Other Essays*, trans. B. Brewster, New York: Monthly Review Press.
Ambrose, A. (1954) Review of L. Wittgenstein, *Philosophical Investigations*, *Philosophy and Phenomenological Research* 15: 111–115.
Anderson, D. (ed.) (1983) *Pounds's Cavalcanti: An Edition of the Translations, Notes, and Essays*, Princeton: Princeton University Press.
Appadurai, A. (1996) *Modernity at Large: Cultural Dimensions of Globalization*, Minneapolis: University of Minnesota Press.
Arber, E. (1875–94) *A Transcript of the Register of the Company of Stationers of London: 1554–1640*, vol. 3, London and Birmingham: Privately printed.
Arnold, M. (1960) *On the Classical Tradition*, ed. R.H. Super, Ann Arbor: University of Michigan Press.
Arrojo, R. (1997) "The Ambivalent Translation of an Apple into an Orange: Love and Power in Hélène Cixous's and Clarice Lispector's Textual Affair," unpublished manuscript.
Ashcroft, B., G. Griffiths, and H. Tiffin (1989) *The Empire Writes Back: Theory and Practice in Postcolonial Literatures*, London and New York: Routledge.
Babalolá, A. (1971) "A Survey of Modern Literature in the Yoruba, Efik and Hausa

Languages," in B. King (ed.) *Introduction to Nigerian Literature*, Lagos: University of Lagos and Evans Brothers Ltd.
Bacon, H. (1963) Review of J. Jones, *On Aristotle and Greek Tragedy*, *Classical World* 57: 56.
Baker, G.P., and P.M.S. Hacker (1980) *An Analytical Commentary on the Philosophical Investigations: Wittgenstein, Understanding and Meaning*, Chicago: University of Chicago Press.
Baker, M. (1992) *In Other Words: A Coursebook on Translation*, London and New York: Routledge.
—— (1996) "Linguistics and Cultural Studies: Complementary or Competing Paradigms in Translation Studies?" in A. Lauer, H. Gerzymisch-Arbogast, J. Haller, and E. Steiner (eds) *Übersetzungswissenschaft im Umbruch. Festschrift für Wolfram Wilss*, Tübingen: Gunter Narr.
Bandia, P. (1996) "Code-Switching and Code-Mixing in African Creative Writing: Some Insights for Translation Studies," *TTR Traduction, Terminologie, Rédaction: Études sur le texte et ses transformations* 9(1): 139–154.
Barbosa, H.G. (1993) "Brazilian Literature in English Translation," in C. Picken (ed.) *Translation: The Vital Link*, London: Institute of Translation and Interpreting.
—— (1994) *The Virtual Image: Brazilian Literature in English Translation*, unpublished dissertation, University of Warwick.
Barrett, W. (1947) *What is Existentialism?*, New York: Partisan Review.
—— (1953) "Everyman's Family," *New York Times Book Review*, 25 October, pp. 3, 49.
Barthes, R. (1986) "The Reality Effect," in *The Rustle of Language*, trans. R. Howard, Berkeley and Los Angeles: University of California Press.
Bassnett, S. (1993) *Comparative Literature: A Critical Introduction*, Oxford: Blackwell.
—— and A. Lefevere (1992) "General Editors' Preface," in A. Lefevere (ed. and trans.) *Translation/History/Culture: A Sourcebook*, London and New York: Routledge.
Baudrillard, J. (1983) *In the Shadow of the Silent Majorities*, trans. P. Foss, P. Patton, and J. Johnston, New York: Semiotext(e).
Beaugrande, R. de, and W.U. Dressler (1981) *Introduction to Text Linguistics*, London and New York: Longman.
Benjamin, A. (1989) *Translation and the Nature of Philosophy: A New Theory of Words*, London and New York: Routledge.
Bennett, W. (1984) "To Reclaim a Legacy: Text of Report on Humanities in Education," *Chronicle of Higher Education*, 28 November, pp. 16–21.
Bently, L. (1993) "Copyright and Translations in the English-speaking World," *Translatio* 12: 491–559.
Berman, A. (1985) "La Traduction et la lettre, or l'auberge du lointain," in *Les Tours de Babel: Essais sur la traduction*, Mauvezin: Trans-Europ-Repress.
—— (1992) *The Experience of the Foreign: Culture and Translation in Romantic Germany*, trans. S. Heyvaert, Albany: State University of New York Press.
—— (1995) *Pour une critique des traductions: John Donne*, Paris: Gallimard.
Bernheimer, C. (ed.) (1995) *Comparative Literature in the Age of Multiculturalism*, Baltimore: Johns Hopkins University Press.
Bhabha, H. (1994) *The Location of Culture*, London and New York: Routledge.
Birnbaum, A. (ed.) (1991) *Monkey Brain Sushi: New Tastes in Japanese Fiction*, Tokyo and New York: Kodansha International.
Bishop, R. (1988) *African Literature, African Critics: The Forming of Critical Standards, 1947–1966*, Westport, Conn.: Greenwood.

Book-of-the-Month Club News (1950) "Giovanni Guareschi," August, pp. 6, 8.
Bourdieu, P. (1984) *Distinction: A Social Critique of the Judgement of Taste*, trans. R. Nice, Cambridge: Harvard University Press.
Braithwaite, W. (1982) "Derivative Works in Canadian Copyright Law," *Osgoode Hall Law Journal* 20: 192–231.
Brisset, A. (1990) *Sociocritique de la traduction: Théâtre et altérité au Québec (1968–1988)*, Longueuil, Canada: Le Préambule.
Buck, T. (1995) "Neither the letter nor the spirit: Why most English translations of Thomas Mann are so inadequate," *Times Literary Supplement*, 13 October, p. 17.
Burnet, J. (ed.) (1903) *Platonis Opera*, Oxford: Clarendon Press.
Burnett, A.P. (1963) Review of J. Jones, *On Aristotle and Greek Tragedy*, *Classical Philology*, 58: 176–178.
Buxton, R.G.A. (1984) *Sophocles*, New Surveys in the Classics No. 16, Oxford: Clarendon Press.
Bywater, I. (ed. and trans.) (1909) *Aristotle on the Art of Poetry*, Oxford: Clarendon Press.
Calder, W.M. (1985) "Ecce Homo: The Autobiographical in Wilamowitz's Scholarly Writings," in W.M. Calder, H. Flashar, and T. Lindken (eds) *Wilamowitz Nach 50 Jahren*, Darmstadt, Germany: Wissenschaftliche Buchgesellschaft.
Caminade, M., and A. Pym (1995) *Les formations en traduction et interprétation: Essai de recensement mondial*, Paris: Société Française des Traducteurs.
Caputo, J.D. (1979) Review of M. Heidegger, *Early Greek Thinking*, *Review of Metaphysics* 32: 759–760.
Castro-Klarén, S., and H. Campos (1983) "Traducciones, Tirajes, Ventas y Estrellas: El 'Boom'," *Ideologies and Literature* 4: 319–338.
Caute, D. (1978) *The Great Fear: The Anti-Communist Purge under Truman and Eisenhower*, New York: Simon and Schuster.
Cawelti, J. (1976) *Adventure, Mystery, and Romance: Formula Stories as Art and Popular Culture*, Chicago: University of Chicago Press.
Chakava, H. (1988) "A Decade of Publishing in Kenya: 1977–1987. One Man's Involvement," *African Book Publishing Record* 14: 235–241.
Chamosa, J.L., and J.C. Santoyo (1993) "Dall'italiano all'inglese: scelte motivate e immotivate di 100 soppressioni in *The Name of the Rose*," in L. Avirovic and J. Dodds (eds) *Umberto Eco, Claudio Magris, autori e traduttori a confronto*, Udine: Campanotto.
Chapman, G. (1957) *Chapman's Homer*, ed A. Nicoll, Princeton: Princeton University Press.
Chen Fukang (1992) *Zhongguo yixue lilun shigao* (A History of Chinese Translation Theory), Shanghai: Shanghai Foreign Languages Educational Press.
Cheyfitz, E. (1991) *The Poetics of Imperialism: Translation and Colonization from The Tempest to Tarzan*, New York and London: Oxford University Press.
Chisum, D.S., and M.A. Jacobs (1992) *Understanding Intellectual Property Law*, New York and Oakland: Matthew Bender.
Clark, H.M. (1950) "Talk with Giovanni Guareschi," *New York Times Book Review*, 17 December, p. 13.
Clive, H.P. (1978) *Pierre Louÿs (1870–1925): A Biography*, Oxford: Clarendon Press.
Collins, M.L. (1975) Review of M. Heidegger, *Early Greek Thinking*, *Library Journal* 100: 2056.
Confucius (1993) *The Analects*, trans. R. Dawson, Oxford and New York: Oxford

University Press.
Cooperman, S. (1952) "Catholic vs. Communist," *New Republic*, 15 September, pp. 22–23.
Cosentino, D.J. (1978) "An Experiment in Inducing the Novel among the Hausa," *Research in African Literatures* 9: 19–30.
Cronin, M. (1996) *Translating Ireland: Translation, Languages, Cultures*, Cork: Cork University Press.
Currey, J. (1979) "Interview," *African Book Publishing Record* 5: 237–239.
—— (1985) "African Writers Series – 21 Years On," *African Book Publishing Record* 11: 11.
Dallal, J. (1998) "The perils of occidentalism: How Arab novelists are driven to write for Western readers," *Times Literary Supplement*, 24 April, pp. 8–9.
Davenport, G. (1968) "Another Odyssey," *Arion* 7(1) (Spring): 135–153.
David, D. (1995) *Rule Britannia: Women, Empire, and Victorian Writing*, Ithaca, N.Y.: Cornell University Press.
DeJean, J. (1989) *Fictions of Sappho 1546–1937*, Chicago: University of Chicago Press.
Delacampagne, C. (1983) *L'Invention de Racisme: Antiquité et Moyen Age*, Paris: Fayard.
Deleuze, G., and F. Guattari (1987) *A Thousand Plateaus: Capitalism and Schizophrenia*, trans. B. Massumi, Minneapolis: University of Minnesota Press.
—— (1994) *What is Philosophy?*, trans. G. Burchell and H. Tomlinson, London and New York: Verso.
Derrida, J. (1979) "Living On/Border Lines," trans. J. Hulbert, in *Deconstruction and Criticism*, New York: Continuum.
—— (1985) "Des Tours de Babel," in J. Graham (ed.) *Difference in Translation*, Ithaca, N.Y.: Cornell University Press.
Dudovitz, R. (1990) *The Myth of Superwoman: Women's Bestsellers in France and the United States*, London and New York: Routledge.
East, R.M. (1936) "A First Essay in Imaginative African Literature," *Africa* 9: 350–357.
—— (1937) "Modern Tendencies in the Languages of Northern Nigeria: The Problem of European Words," *Africa* 10: 97–105.
Eber, I. (1980) *Voices from Afar: Modern Chinese Writers on Oppressed Peoples and Their Literature*, Ann Arbor: University of Michigan Center for Chinese Studies.
Eco, U. (1980) *Il nome della rosa*, Milan: Bompiani.
—— (1983) *The Name of the Rose*, trans. W. Weaver, San Diego: Harcourt Brace Jovanovich.
Economist (1996) "Back to the Classics," 18 May, pp. 85–87.
Edelman, L. (1993) "Tearooms and Sympathy, or, The Epistemology of the Water Closet," in H. Abelove, M.A. Barale, and D.M. Halperin (eds) *The Lesbian and Gay Studies Reader*, New York and London: Routledge.
Else, G. (ed. and trans.) (1957) *Aristotle's Poetics: The Argument*, Cambridge: Harvard University Press.
Fagles, R. (trans.) (1990) Homer, *The Iliad*, New York: Viking.
Fernández Retamar, R. (1989) *Caliban and Other Essays*, trans. Edward Baker, Minneapolis: University of Minnesota Press.
Feyerabend, P. (1955) Review of L. Wittgenstein, *Philosophical Investigations*, *Philosophical Review* 64: 449–483.
Findlay, J.N. (1955) Review of L. Wittgenstein, *Philosophical Investigations*, *Philosophy* 30: 173–179.

Fowler, E. (1992) "Rendering Words, Traversing Cultures: On the Art and Politics of Translating Modern Japanese Fiction," *Journal of Japanese Studies* 18: 1–44.
Fowler, H.W. (1965) *Modern English Usage*, 2nd edition, ed. E. Gowers, Oxford: Oxford University Press.
Fried, R.M. (1974) "Electoral Politics and McCarthyism: The 1950 Campaign," in R. Griffith and A. Theoharis (eds) *The Specter: Original Essays on the Cold War and the Origins of McCarthyism*, New York: New Viewpoints.
Gable, Sr. M. (1952) "That Same Little World," *Commonweal*, 22 August, p. 492.
Gallagher, F.X. (1952) "Militant Don Camillo Returns," *Baltimore Sun*, 3 September, p. 30.
Gardiner, H.C. (1952) "Skirmishes of Red and Black," *America*, 23 August, p. 503.
Gedin, P. (1984) "Publishing in Africa – Autonomous and Transnational: A View from the Outside," *Development Dialogue* 1–2: 98–112.
Gellie, G.H. (1963) Review of J. Jones, *On Aristotle and Greek Tragedy*, *Journal of the Australasian Language and Literature Association* 20: 353–354.
Gentzler, E. (1993) *Contemporary Translation Theories*, London and New York: Routledge.
Giaccardi, C. (1995) *I luoghi del quotidiano: pubblicità e costruzione della realtà sociale*, Milan: FrancoAngeli.
Ginsborg, P. (1990) *A History of Contemporary Italy: Society and Politics, 1943–1988*, Harmondsworth, England: Penguin.
Ginsburg, J.C. (1990) "Creation and Commercial Value: Copyright Protection of Works of Information," *Columbia Law Review* 90: 1865–1938.
Giroux, H. (1992) *Border Crossings: Cultural Workers and the Politics of Education*, New York and London: Routledge.
Gleason, P. (1994) "International Copyright," in P.G. Altbach and E.S. Hoshino (eds) *International Book Publishing: An Encyclopedia*, New York: Garland.
Glenny, M. (1983) "Professional Prospects," *Times Literary Supplement*, 14 October, p. 1118.
Goldhill, S. (1986) *Reading Greek Tragedy*, Cambridge: Cambridge University Press.
Goldstein, P. (1983) "Derivative Rights and Derivative Works in Copyright," *Journal of the Copyright Society of the U.S.A.* 30: 209–252.
Goulden, J. (1976) *The Best Years, 1945–1950*, New York: Atheneum.
Grannis, C.B. (1991) "Balancing the Books, 1990," *Publishers Weekly*, 5 July, pp. 21–23.
—— (1993) "Book Title Output and Average Prices: 1992 Preliminary Figures" and "U.S. Book Exports and Imports, 1990–1991," in C. Barr (ed.) *The Bowker Annual Library and Book Trade Almanac*, New Providence, N.J.: Bowker.
Greene, R. (1995) "Their Generation," in C. Bernheimer (ed.) *Comparative Literature in the Age of Multiculturalism*, Baltimore: Johns Hopkins University Press.
Greene, T. (1982) *The Light in Troy: Imitation and Discovery in Renaissance Poetry*, New Haven: Yale University Press.
Greenhouse, L. (1994) "Ruling on Rap Song, High Court Frees Parody from Copyright Law," *New York Times*, 8 March, pp. A1, A18.
Grice, P. (1989) *Studies in the Way of Words*, Cambridge: Harvard University Press.
Guareschi, G. (1948) *Mondo Piccolo: Don Camillo*, Milan: Rizzoli.
—— (1950) *The Little World of Don Camillo*, trans. U.V. Troubridge, New York: Pellegrini and Cudahy.

—— (1951) *The Little World of Don Camillo*, trans. U.V. Troubridge, London: Victor Gollancz.
—— (1952) *Don Camillo and His Flock*, trans. F. Frenaye, New York: Pellegrini and Cudahy.
—— (1953a) *The House That Nino Built*, trans. F. Frenaye, New York: Farrar, Straus and Young.
—— (1953b) *Mondo Piccolo: Don Camillo e il suo gregge*, Milan: Rizzoli.
—— (1954) *Don Camillo's Dilemma*, trans. F. Frenaye, New York: Farrar, Straus and Young.
—— (1957) *Don Camillo Takes the Devil by the Tail*, trans. F. Frenaye, New York: Farrar, Straus and Cudahy.
—— (1962) *The Little World of Don Camillo*, trans. U.V. Troubridge, Harmondsworth, England: Penguin.
—— (1964) *Comrade Don Camillo*, trans. F. Frenaye, New York: Farrar, Straus.
—— (1966) *My Home, Sweet Home*, trans. J. Green, New York: Farrar, Straus and Giroux.
—— (1967) *A Husband in Boarding School*, New York: Farrar, Straus and Giroux.
—— (1981) *Gente così: Mondo Piccolo*, Milan: Rizzoli.
Guillory, J. (1993) *Cultural Capital: The Problem of Literary Canon Formation*, Chicago: University of Chicago Press.
Gunn, E. (1991) *Rewriting Chinese: Style and Innovation in Twentieth-Century Chinese Prose*, Stanford, Calif.: Stanford University Press.
Gutt, E. (1991) *Translation and Relevance: Cognition and Context*, Oxford: Blackwell.
Habermas, J. (1989) *The Structural Transformation of the Public Sphere: An Inquiry into a Category of Bourgeois Society*, trans. T. Burger with F. Lawrence, Cambridge: MIT Press.
Hacker, P.M.S. (1986) *Insight and Illusion: Themes in the Philosophy of Wittgenstein*, Oxford and New York: Oxford University Press.
Hallett, G. (1971) "The Bottle and the Fly," *Thought* 46: 83–104.
—— (1977) *A Companion to Wittgenstein's Philosophical Investigations*, Ithaca, N.Y.: Cornell University Press.
Hallewell, L. (1994) "Brazil," in P.G. Altbach and E.S. Hoshino (eds) *International Book Publishing: An Encyclopedia*, New York: Garland.
Hamilton, R. (1954) Review of L. Wittgenstein, *Philosophical Investigations*, *Month* 11: 116–117.
Hampshire, S. (1953) Review of L. Wittgenstein, *Philosophical Investigations*, *Spectator* 22 May: 682–683.
Hanan, P. (1974) "The Technique of Lu Hsün's Fiction," *Harvard Journal of Asiatic Studies* 34: 53–96.
Hanfling, O. (1989) *Wittgenstein's Later Philosophy*, Albany: State University of New York Press.
—— (1991) "'I heard a plaintive melody' (*Philosophical Investigations*, p. 209)," in A.P. Griffiths (ed.) *Wittgenstein Centenary Essays*, Cambridge: Cambridge University Press.
Hanson, E. (1993) "Hold the Tofu," *New York Times Book Review*, 17 January, p. 18.
Harker, J. (1994) "'You Can't Sell Culture': *Kitchen* and Middlebrow Translation

Strategies," unpublished manuscript.
Harrison, B. G. (1994) "Once in Love with Giorgio," *New York Times Book Review*, 21 August, p. 8.
Harvey, K. (1995) "A Descriptive Framework for Compensation," *Translator* 1: 65–86.
Hatim, B., and I. Mason (1990) *Discourse and the Translator*, London: Longman.
—— (1997) *The Translator as Communicator*, London and New York: Routledge.
Heidegger, M. (1962) *Being and Time*, ed. and trans. J. Macquarrie and E. Robinson, New York: Harper and Row.
—— (1972) *Holzwege*, 5th edition, Frankfurt am Main: Vittorio Klostermann.
—— (1975) *Early Greek Thinking*, ed. and trans. D.F. Krell and F.A. Capuzzi, New York: Harper and Row.
Heinbockel, M. (1995) Letter to Mercury House, 9 February.
Heiney, D. (1964) *America in Modern Italian Literature*, New Brunswick, N.J.: Rutgers University Press.
Hill, A. (1988) *In Pursuit of Publishing*, London: John Murray.
Hintikka, J., and M.B. Hintikka (1986) *Investigating Wittgenstein*, Oxford and New York: Blackwell.
Høeg, P. (1993) *Miss Smilla's Feeling for Snow*, trans. F. David, London: Harvill.
Hook, S. (1962) Review of M. Heidegger, *Being and Time*, *New York Times Book Review*, 11 November, pp. 6, 42.
Howard, M. (1997) "Stranger Than Ficción," *Lingua Franca*, June/July, pp. 41–49.
Hu Ying (1995) "The Translator Transfigured: Lin Shu and the Cultural Logic of Writing in the Late Qing," *Positions* 3: 69–96.
Hughes, S. (1950) Review of G. Guareschi, *The Little World of Don Camillo*, *Commonweal*, 8 September, p. 540.
Iannucci, A. (1982) "Teaching Dante's *Divine Comedy* in Translation," in C. Slade (ed.) *Approaches to Teaching Dante's Divine Comedy*, New York: Modern Language Association of America.
Ink, G. (1997) "Book Title Output and Average Prices: 1995 Final and 1996 Preliminary Figures," in D. Bogart (ed.) *The Bowker Annual Library and Book Trade Almanac*, New Providence, N.J.: Bowker.
Jameson, F. (1981) *The Political Unconscious: Narrative as a Socially Symbolic Act*, Ithaca, N.Y.: Cornell University Press.
Jaszi, P. (1994) "On the Author Effect: Contemporary Copyright and Collective Creativity," in M. Woodmansee and P. Jaszi (eds) *The Construction of Authorship: Textual Appropriation in Law and Literature*, Durham, N.C.: Duke University Press.
Jones, J. (1962) *On Aristotle and Greek Tragedy*, London: Chatto and Windus.
Jones, Sir W. (1970) *The Letters of Sir William Jones*, ed. G. Cannon, Oxford: Oxford University Press.
Jowett, B. (ed. and trans.) (1892) *The Dialogues of Plato*, 3rd edition, Oxford: Clarendon Press.
Kakutani, M. (1993) "Very Japanese, Very American and Very Popular," *New York Times*, 12 January, p. C15.
Kamesar, A. (1993) *Jerome, Greek Scholarship, and the Hebrew Bible: A Study of the Quaestiones Hebraicae in Genesim*, Oxford: Clarendon Press.
Kaplan, B. (1967) *An Unhurried View of Copyright*, New York and London: Columbia University Press.

Katan, D. (1993) "The English Translation of *Il nome della Rosa* and the Cultural Filter," in L. Avirovic and J. Dodds (eds) *Umberto Eco, Claudio Magris, autori e traduttori a confronto*, Udine: Campanotto.
Keeley, E. (1990) "The Commerce of Translation," *PEN American Center Newsletter* 73: 10–12.
Keene, D. (ed.) (1956) *Modern Japanese Literature: An Anthology*, New York: Grove Press.
—— (1984) *Dawn to the West: Japanese Literature of the Modern Era*, New York: Holt, Rinehart and Winston.
Kelly, J.N.D. (1975) *Jerome: His Life, Writings, and Controversies*, New York: Harper and Row.
Kermode, F. (1983) "Institutional Control of Interpretation," in *The Art of Telling: Essays on Fiction*, Cambridge: Harvard University Press.
Kirkus Reviews (1994) Review of I.U. Tarchetti, *Passion*, 1 June.
Kizer, C. (1988) "Donald Keene and Japanese Fiction, Part II," *Delos*, 1(3): 73–94.
Kripke, S. (1982) *Wittgenstein on Rules and Private Language: An Elementary Exposition*, Cambridge: Harvard University Press.
Kundera, M. (1969) *The Joke*, trans. D. Hamblyn and O. Stallybrass, London: Macdonald.
—— (1982) *The Joke*, trans. M.H. Heim, New York: Harper and Row.
—— (1988) *The Art of the Novel*, trans. L. Asher, New York: Grove.
—— (1992) *The Joke*, New York: HarperCollins.
—— (1995) *Testaments Betrayed: An Essay in Nine Parts*, trans. L. Asher, New York: HarperCollins.
Laclau, E., and C. Mouffe (1985) *Hegemony and Socialist Strategy: Toward a Radical Democratic Politics*, trans. W. Moore and P. Cammack, London: Verso.
Lahr, J. (1994) "Love in Gloom," *New Yorker*, 23 May, p. 92.
Lattimore, R. (trans.) (1951) *The Iliad of Homer*, Chicago: University of Chicago Press.
Lecercle, J.-J. (1988) "The Misprison of Pragmatics: Conceptions of Language in Contemporary French Philosophy," in A.P. Griffiths (ed.) *Contemporary French Philosophy*, Cambridge: Cambridge University Press.
—— (1990) *The Violence of Language*, London and New York: Routledge.
Lee, C. (1958) *The Hidden Public: The Story of the Book-of-the-Month Club*, Garden City, N.Y.: Doubleday.
Lee, L.O. (1973) *The Romantic Generation of Modern Chinese Writers*, Cambridge: Harvard University Press.
—— (1987) *Voices from the Iron House: A Study of Lu Xun*, Bloomington: Indiana University Press.
Lefevere, A. (ed. and trans.) (1977) *Translating Literature: The German Tradition from Luther to Rosenzweig*, Assen, Netherlands: Van Gorcum.
—— (1992a) *Translation, Rewriting, and the Manipulation of Literary Fame*, London and New York: Routledge.
—— (ed. and trans.) (1992b) *Translation/History/Culture: A Sourcebook*, London and New York: Routledge.
Leithauser, B. (1989) "An Ear for the Unspoken," *New Yorker*, 6 March, pp. 105–111.
Liddell, H.G., and R. Scott (1882) *A Greek-English Lexicon*, 8th edition, New York: American Book Company.

Lindfors, B. (ed.) (1975) *Critical Perspectives on Amos Tutuola*, Washington, D.C.: Three Continents Press.

Link, E.P., Jr. (1981) *Mandarin Ducks and Butterflies: Popular Fiction in Early Twentieth-Century Chinese Cities*, Berkeley and Los Angeles: University of California Press.

Liu, L.H. (1995) *Translingual Practice: Literature, National Culture, and Translated Modernity – China, 1900–1937*, Stanford, Calif.: Stanford University Press.

Locke, J. (1960) *Two Treatises of Government*, ed. P. Laslett, Cambridge: Cambridge University Press.

Lofquist. W. (1996) "International Book Title Output: 1990–1993," in D. Bogart (ed.) *The Bowker Annual Library and Book Trade Almanac*, New Providence, N.J.: Bowker.

Louÿs, P. (1990) *Les Chansons de Bilitis*, ed. J.-P. Goujon, Paris: Gallimard.

—— (1992) *Journal de Meryem*, ed. J.-P. Goujon, Paris: Librairie A.-G. Nizet.

Lu Xun (1956) *Selected Works*, vol. 3, ed. and trans. Yang X. and G. Yang, Beijing: Foreign Languages Press.

Lucas, D.W. (1963) Review of J. Jones, *On Aristotle and Greek Tragedy*, *Classical Review* 13: 270–272.

Luke, D. (ed. and trans.) (1970) "Introduction," in T. Mann, *Tonio Kröger and Other Stories*, New York: Bantam.

—— (1995) "Translating Thomas Mann," *Times Literary Supplement*, 8 December, p. 15.

Lyell, W.A., Jr. (1975) *Lu Hsün's Vision of Reality*, Berkeley and Los Angeles: University of California Press.

Macaulay, T.B. (1952) *Selected Prose and Poetry*, ed. G.M. Young, Cambridge: Harvard University Press.

McDowell, E. (1983) "Publishing: Notes from Frankfurt," *New York Times*, 21 October, p. C32.

McHale, B. (1992) *Constructing Postmodernism*, London and New York: Routledge.

McMurtrey, L. (1983) "Rose's Success a Mystery," *Hattiesburg American*, 2 October, p. 2D.

Malcolm, N. (1984) *Ludwig Wittgenstein: A Memoir*, 2nd edition, Oxford and New York: Oxford University Press.

Mann, T. (1936) *Stories of Three Decades*, trans. H.T. Lowe-Porter, New York: Knopf.

—— (1960) *Erzählungen*, in *Gesammelte Werke*, vol. 8, Oldenburg: S. Fischer.

—— (1993) *Buddenbrooks*, trans. J.E. Woods, New York: Knopf.

Mason, I. (1994) "Discourse, Ideology and Translation," in R. de Beaugrande, A. Shunnaq, and M. Helmy Heliel (eds) *Language, Discourse and Translation in the West and Middle East*, Amsterdam and Philadelphia: Benjamins.

Mattelart, A. (1979) *Multinational Corporations and the Control of Culture: The Ideological Apparatuses of Imperialism*, trans. M. Chanan, Brighton, England: Harvester.

Mauclair, C. (1895) Review of *Les Chansons de Bilitis*, *Mercure de France*, April, pp. 104–105.

May, E.T. (1988) *Homeward Bound: American Families in the Cold War Era*, New York: Basic Books.

May, R. (1994) *The Translator in the Text: On Reading Russian Literature in English*, Evanston, Ill.: Northwestern University Press.

Mehrez, S. (1992) "Translation and the Postcolonial Experience: The Francophone North African Text," in L. Venuti (ed.) *Rethinking Translation: Discourse, Subjectivity,*

Ideology, London and New York: Routledge.
Meiggs, R. (1972) *The Athenian Empire*, Oxford: Oxford University Press.
Miller, A. (1947) *All My Sons*, New York: Reynal and Hitchcock.
Miller, R.A. (1986) *Nihongo: In Defence of Japanese*, London: Athlone Press.
Mitsios, H. (ed.) (1991) *New Japanese Voices: The Best Contemporary Fiction from Japan*, New York: Atlantic Monthly Press.
Miyoshi, M. (1991) *Off Center: Power and Culture Relations between Japan and the United States*, Cambridge: Harvard University Press.
—— (1993) "A Borderless World? From Colonialism to Transnationalism and the Decline of the Nation-State," *Critical Inquiry* 19: 726–751.
Monro, D.B., and T.W. Allen (eds) (1920) *Homeri Opera*, 3rd edition, Oxford: Clarendon Press.
Moore, G. (1962) *Seven African Writers*, London: Oxford University Press.
Moore, J. (1974) "The Dating of Plato's *Ion*," *Greek, Roman and Byzantine Studies* 15: 421–439.
Morris, R. (1995) "The Moral Dilemmas of Court Interpreting," *Translator* 1: 25–46.
Mukherjee, S. (1976) "Role of Translation in Publishing of the Developing World," in *World Publishing in the Eighties*, New Delhi: National Book Trust.
Mundle, C.W.K. (1970) *A Critique of Linguistic Philosophy*, Oxford: Clarendon Press.
Myrsiades, K. (ed.) (1987) *Approaches to Teaching Homer's Iliad and Odyssey*, New York: Modern Language Association of America.
Nakhnikian, G. (1954) Review of L. Wittgenstein, *Philosophical Investigations*, *Philosophy of Science* 21: 353–354.
Neubert, A., and G. Shreve (1992) *Translation as Text*, Kent, Ohio: Kent State University Press.
New Yorker (1952) Review of G. Guareschi, *Don Camillo and His Flock*, 16 August, p. 89.
—— (1992) "Books Briefly Noted," 2 November, p. 119.
Nietzsche, F. (1967) *On the Genealogy of Morals*, trans. W. Kaufmann and R.J. Hollingdale, New York: Random House.
Niranjana, T. (1992) *Siting Translation: History, Poststructuralism, and the Colonial Context*, Berkeley and Los Angeles: University of California Press.
Nord, C. (1991) "Scopos, Loyalty, and Translational Conventions," *Target* 3(1): 91–109.
Ocampo, S. (1988) *Leopoldina's Dream*, trans. D. Balderston, New York: Penguin.
Ofosu-Appiah, L.H. (1960) "On Translating the Homeric Epithet and Simile into Twi," *Africa* 30: 41–45.
Okara, G. (1963) "African Speech . . . English Words." *Transition* 9(10) (September): 15–16.
—— (1964) *The Voice*, London: André Deutsch.
Oversea Education (1931) "Vernacular Text-Book Committees and Translation Bureaux in Nigeria," 3: 30–33.
Ozouf, M. and Ferney, F. (1985) "Et Dieu Créa Le Bestseller: Un Entretien avec Pierre Nora," *Le Nouvel Observateur*, 22 March, pp. 66–68.
Park, W.M. (1993) *Translator and Interpreting Training in the USA: A Survey*, Arlington, Va.: American Translators Association.
Parks, S. (ed.) (1975) *The Literary Property Debate: Six Tracts, 1764–1774*, New York: Garland.
Partridge, E. (1984) *A Dictionary of Slang and Unconventional English*, ed. Paul Beale,

8th edition, London: Routledge.
Paton, W.R. (ed. and trans.) (1956) *The Greek Anthology*, Cambridge: Harvard University Press.
Patterson, L.R. (1968) *Copyright in Historical Perspective*, Nashville: Vanderbilt University Press.
Paulding, G. (1952) "Don Camillo's Fine, Romantic World," *New York Herald Tribune*, 17 August, p. 6.
Payne, J. (1993) *Conquest of the New Word: Experimental Fiction and Translation in the Americas*, Austin: University of Texas Press.
Peresson, G. (1997) *Le cifre dell'editoria 1997*, Milan: Editrice Bibliografica.
Ploman, E.W., and L.C. Hamilton (1980) *Copyright: Intellectual Property in the Information Age*, London: Routledge and Kegan Paul.
Pope, A. (ed. and trans.) (1967) *The Iliad of Homer* (1715–20), in M. Mack (ed.) *The Twickenham Edition of the Poems of Alexander Pope*, vol. 7, London: Methuen, and New Haven, Conn.: Yale University Press.
Pound, E. (1954) *Literary Essays*, ed. T.S. Eliot, New York: New Directions.
Purdy, T.M. (1971) "The Publisher's Dilemma," in *The World of Translation*, New York: PEN American Center.
Pym, A. (1993) "Why Translation Conventions Should Be Intercultural Rather Than Culture-Specific: An Alternative Basic-Link Model," *Paralleles* 15: 60–68.
Quinton, A. (1967) "British Philosophy," in P. Edwards (ed.) *The Encyclopedia of Philosophy*, vol. 1, New York and London: Macmillan.
Radice, W. (1987) "Introduction," in W. Radice and B. Reynolds (eds) *The Translator's Art: Essays in Honour of Betty Radice*, Harmondsworth, England: Penguin.
Radway, J. (1984) *Reading the Romance: Women, Patriarchy, and Popular Literature*, Chapel Hill: University of North Carolina Press.
—— (1989) "The Book-of-the-Month Club and the General Reader: The Uses of 'Serious' Fiction," in C. Davidson (ed.) *Reading in America: Literature and Social History*, Baltimore: Johns Hopkins University Press.
Rafael, V.I. (1988) *Contracting Colonialism: Translation and Christian Conversion in Tagalog Society under Early Spanish Rule*, Ithaca, N.Y.: Cornell University Press.
Rea, J. (1975) "Aspects of African Publishing 1945–74," *African Book Publishing Record* 1: 145–149.
Redfield, J.M. (1975) *Nature and Culture in the Iliad: The Tragedy of Hector*, Chicago: University of Chicago Press.
Reynolds, B. (1989) *The Passionate Intellect: Dorothy Sayers' Encounter with Dante*, Kent, Ohio: Kent State University Press.
Richards, D. (1994) "Sondheim Explores the Heart's Terrain," *New York Times*, 10 May, p. B1.
Ripken, P. (1991) "African Literature in the Literary Market Place Outside Africa," *African Book Publishing Record* 17: 289–291.
Rivers-Smith, S. (1931) Review of R.H. Parry, *Longmans African Geographies: East Africa* (1932), *Oversea Education* 3: 208.
Robyns, C. (1994) "Translation and Discursive Identity," *Poetics Today* 15: 405–428.
Rodman, S. (1953) Review of A. Tutuola, *The Palm-Wine Drinkard*, *New York Times*, 20 September, p. 5.
Rollin, R. (1988) "*The Name of the Rose* as Popular Culture," in M.T. Inge (ed.) *Naming the Rose: Essays on Eco's The Name of the Rose*, Jackson: University Press of Mississippi.

Rorty, R. (1979) *Philosophy and the Mirror of Nature*, Princeton, N.J.: Princeton University Press.
Rose, M. (1993) *Authors and Owners: The Invention of Copyright*, Cambridge: Harvard University Press.
Ross, A. (1989) *No Respect: Intellectuals and Popular Culture*, New York and London: Routledge.
Rostagno, I. (1997) *Searching for Recognition: The Promotion of Latin American Literature in the United States*, Westport, Conn.: Greenwood.
Said, E. (1978) *Orientalism*, New York: Pantheon.
St. John, J. (1990) *William Heinemann: A Century of Publishing, 1890-1990*, London: Heinemann.
Sandrock, M. (1950) "New Novels," *Catholic World*, September, p. 472.
Sargeant, W. (1952) "Anti-Communist Funnyman," *Life*, 10 November, p. 125.
Saunders, D. (1992) *Authorship and Copyright*, London and New York: Routledge.
Saunders, T. (ed. and trans.) (1970) Plato, *The Laws*, Harmondsworth, England: Penguin.
—— (1987a) "The Penguinification of Plato," in W. Radice and B. Reynolds (eds) *The Translator's Art: Essays in Honour of Betty Radice*, Harmondsworth, England: Penguin.
—— (ed. and trans.) (1987b) Plato, *Ion*, in *Early Socratic Dialogues*, Harmondsworth, England: Penguin.
Savran, D. (1992) *Communists, Cowboys, and Queers: The Politics of Masculinity in the Work of Arthur Miller and Tennessee Williams*, Minneapolis: University of Minnesota Press.
Schare, J. (1983) Review of U. Eco, *The Name of the Rose*, *Harper's*, August, p. 75-76.
Schlesinger, A., Jr. (1949) *The Vital Center: The Politics of Freedom*, Boston: Houghton Mifflin.
Schwartz, B. (1964) *In Search of Wealth and Power: Yan Fu and the West*, Cambridge: Harvard University Press.
Scott, P. (1990) "Gabriel Okara's *The Voice*: The Non-Ijo Reader and the Pragmatics of Translingualism," *Research in African Literatures* 21: 75-88.
Sedgwick, E.K. (1985) *Between Men: English Literature and Male Homosocial Desire*, New York: Columbia University Press.
Semanov, V.I. (1980) *Lu Hsün and His Predecessors* (1967), trans. C. Alber, White Plains, N.Y.: M.E. Sharpe.
Shreve, G.M. (1996) "On the Nature of Scientific and Empirical Translation Studies," in M.G. Rose (ed.) *Translation Horizons: Beyond the Boundaries of Translation Spectrum*, Binghamton, N.Y.: Center for Research in Translation.
Shulman, P. (1992) "Faux Poe," *Village Voice*, 20 October, p. 70.
Simon, S. (1996) *Gender in Translation: Cultural Identity and the Politics of Transmission*, London and New York: Routledge.
Singh, T. (1994) "India," in P.G. Altbach and E.S. Hoshino (eds) *International Book Publishing: An Encyclopedia*, New York: Garland.
Skone James, E.P, J.F. Mummery, J.E. Rayner James, and K.M. Garnett (1991) *Copinger and Skone James on Copyright*, 13th edition, London: Sweet and Maxwell.
Slonim, M. (ed.) (1954) *Modern Italian Short Stories*, New York: Simon and Schuster.
Sondheim, S., and J. Lapine (1994) *Passion: A Musical*, New York: Theater Communications Group.

Sparks, H.F.D. (1970) "Jerome as Biblical Scholar," in P. Ackroyd and C.F. Evans (eds) *Cambridge History of the Bible*, vol. 1, Cambridge: Cambridge University Press.

Stableford, B. (1993) "How Modern Horror Was Born," *Necrofile*, Winter, p. 6.

Stanger, A. (1997) "In Search of *The Joke*: An Open Letter to Milan Kundera," *New England Review* 18(1) (Winter): 93–100.

Steiner, G. (1975) *After Babel: Aspects of Language and Translation*, London and New York: Oxford University Press.

Stewart, S. (1991) *Crimes of Writing: Problems in the Containment of Representation*, New York and Oxford: Oxford University Press.

Strawson, P.F. (1954) Review of L. Wittgenstein, *Philosophical Investigations*, *Mind* 63: 70–99.

Sugrue, T. (1950) "A Priest, a Red, and an Unworried Christ," *Saturday Review of Literature*, 19 August, p. 10.

Süskind, P. (1986) *Perfume: The Story of a Murderer*, trans. J.E. Woods, London: Hamish Hamilton.

Tabor, M.B.W. (1995) "Book Deals: Losing Nothing in Translation," *New York Times*, 16 October, pp. D1, D8.

Taplin, O. (1977) *The Stagecraft of Aeschylus: The Dramatic Use of Exits and Entrances in Greek Tragedy*, Oxford: Clarendon Press.

Tarchetti, I.U. (1971) *Fosca*, Turin: Einaudi.

—— (1977) *Racconti fantastici*, ed. N. Bonifazi, Milan: Guanda.

Therborn, G. (1980) *The Ideology of Power and the Power of Ideology*, London: Verso.

Thomson, G. (1982) "An Introduction to Implicature for Translators," *Notes on Translation* 1: 1–28.

Times Literary Supplement (1951) "The Artist and the Real World," 5 January, pp. 1–2.

Toury, G. (1995) *Descriptive Translation Studies and Beyond*, Amsterdam and Philadelphia: John Benjamins.

Troubridge, U.V. (trans.) (1949) Partial Draft of *The Little World of Don Camillo*, unpublished manuscript, Farrar, Straus and Giroux Archive, Rare Books and Manuscripts Division, New York Public Library.

Truman, H. (1963) "A Special Message to the Congress on Greece and Turkey: The Truman Doctrine," in *Public Papers of the Presidents of the United States: Harry S. Truman, 1947*, Washington, D.C.: United States Government Printing Office.

Tutuola, A. (1952) *The Palm-Wine Drinkard*, London: Faber and Faber.

Tytler, A. (1978) *Essay on the Principles of Translation*, ed. J.F. Huntsman, Amsterdam and Philadelphia: John Benjamins.

Vené, G.F. (1977) *Don Camillo, Peppone e il compromesso storico*, Milan: SugarCo.

Venuti, L. (1985–86) "The Ideology of the Individual in Anglo-American Criticism: The Example of Coleridge and Eliot," *Boundary 2* 14: 161–193.

—— (ed. and trans.) (1992) I.U. Tarchetti, *Fantastic Tales*, San Francisco: Mercury House.

—— (trans.) (1994) I.U. Tarchetti, *Passion: A Novel*, San Francisco: Mercury House.

—— (1995a) *The Translator's Invisibility: A History of Translation*, London and New York: Routledge.

—— (1995b) "Translating Thomas Mann," *Times Literary Supplement*, 22 December, p. 17.

Vivien, R. (1986) *Poésies complètes*, ed. J.-P. Goujon, Paris: Régine Desforges.

Walters, R., Jr. (1950) Review of G. Guareschi, *The Little World of Don Camillo*,

unpublished article for *Saturday Review of Literature*, Farrar, Straus and Giroux Archive, Rare Books and Manuscripts Division, New York Public Library.
Ward, H. (1962) "'Don Camillo' Instead of 'Silas Marner'," *New York Times Magazine*, 1 April, pp. 18, 76, 79.
Watson, C.W. (1973) "*Salah Asuhan* and the Romantic Tradition in the Early Indonesian Novel," *Modern Asian Studies* 7: 179–192.
Wei Ze, D. (1994) "China," in P.G. Altbach and E.S. Hoshino (eds) *International Book Publishing: An Encyclopedia*, New York: Garland.
Weigel, G. (1983) "Murder in the Dark Ages," *Seattle Weekly*, 17–23 August.
Welty, E. (1952) "When Good Meets Bad," *New York Times Book Review*, 17 August, p. 4.
Wentworth, H., and S.B. Flexner (eds) (1975) *Dictionary of American Slang*, 2nd supplemented edition, New York: Thomas Crowell.
Westbrook, V. (1997) "Richard Taverner Revising Tyndale," *Reformation*, 2: 191–205.
Weyr, T. (1994) "The Foreign Rights Bonanza," *Publishers Weekly* 28 November, pp. 32–38.
White, C. (ed. and trans.) (1990) *The Correspondence between Jerome and Augustine of Hippo*, Lewiston, N.Y.: Edwin Mellen Press.
Whiteside, T. (1981) *The Blockbuster Complex: Conglomerates, Show Business, and Book Publishing*, Middletown, Conn.: Wesleyan University Press.
Wickeri, J. (1995) "The Union Version of the Bible and the New Literature in China," *Translator* 1: 129–152.
Wilamowitz, U. von. (1913) *Sappho und Simonides: Untersuchungen über griechische Lyriker*, Berlin: Weidman.
Williams, A.D. (ed.) (1996) *Fifty Years: A Farrar, Straus and Giroux Reader*, New York: Farrar, Straus and Giroux.
Williams, C.D. (1992) *Pope, Homer, and Manliness: Some Aspects of Eighteenth-Century Classical Learning*, London and New York: Routledge.
Wittgenstein, L. (1953) *Philosophical Investigations*, trans. G.E.M. Anscombe, ed. G.E.M. Anscombe, R. Rhees, and G.H. von Wright, Oxford: Blackwell.
Woodmansee, M. (1984) "The Genius and the Copyright: Economic and Legal Conditions of the Emergence of the 'Author'," *Eighteenth-Century Studies* 14: 425–448.
Workman, A.J. (1955) Review of L. Wittgenstein, *Philosophical Investigations*, *Personalist* 36: 292–3.
Worsley, P. (1984) *The Three Worlds: Culture and World Development*, Chicago: University of Chicago Press.
Yoshimoto, B. (1993) *Kitchen*, trans. M. Backus, New York: Grove Press.
Zabus, C. (1991) *The African Palimpsest: Indigenization of Language in the West African Europhone Novel*, Amsterdam and Atlanta: Rodopi.
Zell, H., and H. Silver (1971) *A Reader's Guide to African Literature*, London, Ibadan, and Nairobi: Heinemann.
.o, H.Y.H. (1995) *The Uneasy Narrator: Chinese Fiction from the Traditional to the Modern*, Oxford and New York: Oxford University Press.

索 引

（所注页码为原书页码，即本书边码）

Achebe, C. 阿切贝, 178; *Things Fall Apart*《瓦解》, 168
African Writers Series (Heinemann) 非洲作家系列丛书（海纳曼）, 167
Alfred Knopf 阿尔弗雷德·诺福出版社, 71
America《美国》136, 148
American Comparative Literature Association 美国比较文学协会, 104
American Speech《美国演讲》, 144
Amis, K. 阿密, 149
Anaximander 阿那克西曼德, 119, 120
Andreyev, L. 安特莱夫, 184
Anscombe, G.E.M. 安斯康姆, 110; translation of L. Wittgenstein 维特根斯坦译作, 107-14, 116
Anzaldua, G. 安扎尔杜亚, 94
Approaches to Teaching World Literature (MLA)《世界文学教学研究》（现代语言学会）, 90-1, 103
Aristotle 亚里士多德, 59, 75, 83, 118, 120; *Poetics*《诗学》, 69-70
Arnold, M.: *On Translating Homer* 阿诺德:《论翻译荷马》, 100-1
Associated Press 美联社, 144
Asterix《阿斯泰里克斯》, 26
Atwood, M. 阿特伍德, 161
Augustine 奥古斯丁, 78-80; *Confessions*《忏悔录》, 114

Backus, M. 巴克斯: Translation of B. Yoshimoto 吉本译作, 85-7
Bacon, F. 培根, 114
Balai Pustaka 印尼语文出版局, 167
Baltimore Sun《巴尔的摩太阳报》, 133
Balzac, H. 巴尔扎克, 168
Barnard College Library 巴纳德学院图书馆, 134

313

Barney, N.C. 巴尼，45
Barret, W. 巴瑞特，135
Barth, J. 巴思，169
Barthes, R. 巴特，144
Baudelaire, C. 波德莱尔，38，46
Beaugrande, R. de and W. Dressler 波格然德与德莱斯勒，30
Beckett, S. 贝克特，161
Ben Jelloun, T. 本·杰伦: *La Nuit Sacrée*《圣夜》，176，178
Bennett, W. 班内特，92-3
Bent Ali, M. 本特·阿里，38-9
Bently, L. 本特利，52
Berman, A. 贝尔曼，11，77-8，81，84
Berne Convention 伯尔尼公约，51-3，161-2
Bernheimer, C. 贝恩海默，104
Bible 圣经，78-80，83-4，90，116，177，186
Bioy Casare, A. 拜奥伊·卡萨雷斯，170
Birnbaum, A. 伯恩鲍姆: *Monkey Brain Sushi*《猴脑寿司》，74，75
Bogart, H. 鲍嘉，131
Book-of-the-Month Club 每月一书俱乐部，128，130，134，139，152
Books on Trial《审判之书》，136
Borges, J.L. 博尔赫斯，4-5，169，170
British Comparative Literature Association 英国比较文学协会，104
Brodsky, J. 布罗茨基，150
Brontë, E. 勃朗特: *Wuthering Heights*《呼啸山庄》，16
Bunyan, J. 班扬: *The Pilgrim's Progress*《天路历程》，166，174
Burnett, T. 博内特: *Archaeologia Philosophica*《古代学说》，55-6
Burnett v. Chetwood 博内特诉柴特伍德案，55-7，59-60，64

Byrne v. Statist Co. 拜恩诉统计有限公司案，58-59，60-1
Bywater, I. 拜沃特: translation of Aristotle 亚里士多德的翻译，69-70

Cain, J.M. 凯恩: *Mildred Pierce*《欲海情魔》，144
Camden, Lord 卡姆登勋爵，57
Campbell v. Acuff Rose Music, Inc. 坎贝尔诉阿卡夫玫瑰音乐公司案，64
Camus, A. 加缪: *The Plague*《鼠疫》，90
Caputo, J. 卡普托，121
Cartland, B. 卡特兰德，161
Catholic Digest Book Club 天主教文摘读书俱乐部，128，152
Catholic World《天主教世界》，138，147
Cavalcanti, G. 卡瓦尔坎蒂，76
Cervantes 塞万提斯: *Don Quixote*《堂·吉诃德》，90
Chapman, G. 查普曼: translation of *Iliad*《伊利亚特》译作，101-2
Charles E. Tuttle 查尔斯·塔图，73
Chicago Tribune《芝加哥论坛报》，128，136
Christie, A. 克里斯蒂，161
Cixous, H. 西苏，170
Colette 柯莱特，149
Colliers《柯里尔》杂志，136，139
Commonweal《国家》杂志，130
Companion Book Club 同伴读书俱乐部，128
comparative literature 比较文学，8，89，96，99，104
Conan Doyle, Sir A. 柯南道尔爵士，179
Confucianism 儒家思想（哲学），179-81，184，186
Confucius 孔子: *Analects*《论语》，179
Copyright Act of 1911 1911年版权法案，58-9

Cornell Drama Club 康奈尔戏剧俱乐部，134
Cortázar 科塔萨尔，169
The Courier 《信使》(联合国教科文组织)，2
Cudahy, S. 库妲希，136-48

Dangerous Liaisons 《危险关系》，153
Dante Alighieri 但丁: *Divine Comedy* 《神曲》，90-2，93
Dofoe, D. 笛福，179
DeJean, J. 德让，39，42
Deleuze, G. and F. Guattari 德勒兹与瓜塔里，9，10，23，26，122
Derrida, J. 德里达 91-2
Dickens, C. 168 狄更斯: *The Old Curiosity Shop* 《老古玩店》，179
Diels, H. 迪尔士，120
Di Giovanni, N.T. 迪·乔万尼，4-5
Donaldson v. Beckett 唐纳德森诉贝克特案，57
Dumas, A. 小仲马:《巴黎茶花女遗事》，179，182
Dryden, J. 德莱顿，31
Dudovitz, R. 都多维兹，126

East India Company 东印度公司，166，171
Echo de Paris 《巴黎回声报》，34
Eco U. 艾柯: *The Name of the Rose* 《玫瑰之名》，48，153，154-6
Eliot T.S. 艾略特，150
Else G. 埃尔斯: Translation of Aristotle 亚里士多德译作，70
L'Expresso 《快讯》，164
ethics of translation 翻译伦理，6，11，23-4，81-7，115-16，187-9
Even-Zohar, I. 伊文·佐哈尔，27，29
Faber and Faber 费伯与费伯出版社，175

Fagles, R. 法格尔: Translation of *Iliad* 《伊利亚特》译作，100
Farrar, Strauss and Giroux 法勒尔、施特劳斯与吉鲁，138，148，150-2
Fiat 菲亚特，24
Fiedler, L. 菲德勒，136
Financial Times 《金融时报》，60
Flaiano, E. 弗拉安诺，138
Flaubert, G. 福楼拜: *Madame Bovary* 《包法利夫人》，14
Fleming, I. 弗莱明，163
Fleming, E. 福勒，71-2，84
Fowler, H.W. 福勒，97
Frechtman, B. 弗雷希特曼: translation of J. Genet 热奈译作，50-1
Frenaye, F. 弗丽娜叶: translation of G.

Guareschi 瓜雷斯基译作，147
García Márquez, G. 加西亚·马尔克斯: *One Hundred Years of Solitude* 《百年孤独》，90，169
Gardiner, H. C. 加德纳，136-7，148
Garshin, V. 迦尔洵，184
Gautier, V. 戈蒂叶，13
Genet, J. 热奈: *The Thief's Journal* 《小偷日记》，50-1
Gide, A. 纪德，38
Gil Blas 《吉尔·布拉斯》，40
Ginzburg, N. 金斯伯格: *The Road to the City* 《通向城市之路》，152
Giroux, H. 吉鲁，94-5
Goethe, J. W. von 歌德，77-8；*Faust* 《浮士德》，90，186；*The Sorrows of Young Werther* 《少年维特的烦恼》，186
Gogol, N. 果戈理，186
Goldsmith, O. 古德史密斯: *The Deserted Village* 《废弃之城》，113
Goldstein, P. 古德斯泰因，48

Gordon, R. 戈登, 149
Goren, C. 格伦: *The Complete Canasta* 《完整的桥牌》, 138
Great Books 伟大著作, 2, 89, 90, 92, 94
Greek Anthology 《古希腊诗集》, 35
Green, J. 格林: translation of G. Guareschi 瓜雷斯基译作, 150
Grice, P. 格赖斯 21–4, 30
Grove Press 格罗夫出版社, 50, 71, 74
Grove Press, Inc. v. Greenleaf Publishing Co. 格罗夫出版社诉绿叶公司案, 50–1
Guareschi, G. 瓜雷斯基, 127, 131, 133–4, 139, 150–2
Guillory, J. 吉罗瑞, 92, 103
Gutt, E.-A. 格特, 26

Haggard, H.R. 哈葛德, 167, 183, 188
Hamilton, E. 汉密尔顿:《神话学》, 174
Hancock, T. 汉考克, 149
Harker, J. 哈克尔, 74–5
Harper Collins 哈珀柯林斯, 150
Harper's 《哈珀斯杂志》, 136, 155
Harrison, B.G. 哈里森, 18–20, 23
Harvey, S. 哈维, 25–6
The Hattiesburg American 《哈蒂斯堡美国人杂志》, 155
Hedylus 赫迪拉斯, 35, 36–7
Heidegger, M. 海德格尔, 71, 119; *Being and Time* 《存在与时间》, 119; "The Anaximander Fragment",《阿那克西曼德箴言》119–22
Heineman 海纳曼, 167–9
Heiney, D. 海尼, 135
Henry VIII 亨利八世, 72
Hibbett, H. 希贝特, 72
Hill, A. 希尔, 168–9

Høeg P. 赫格: *Miss Smilla's Feeling for Snow* 《情系冰雪》, 153
Hoffmann, E.T.A. 霍夫曼, 13
Homer 荷马, 75, 96, 98; *Iliad* 《伊利亚特》, 90, 99–102, 104; *Odyssey* 《奥德赛》, 90, 187–8, 189
Hook, S. 胡克, 119
Hopkins, G.M. 霍普金斯, 177
Hugo, V. 雨果, 179; *Les Misérables* 《悲惨世界》, 163
Huxley, T.H. 赫胥黎, 183; *Evolution and Ethics* 《天演论》, 181, 182

Ibsen, H. 易卜生: *A Doll's House* 《玩偶之家》, 90

Jeffreys v. Boosey 杰弗瑞斯诉布西案, 54
Jerome 哲罗姆, 78–80, 83
Johnson, S. 约翰逊, 26
Jones, J. 琼斯, 69–71, 75, 83
Jones, Sir W. 琼斯爵士, 166, 170
Jowett, B. 周伊特, 100; translation of Plato 《柏拉图译作》, 96, 116–17

Kafka, F. 卡夫卡, 5–6
Kakutani, M. 角谷美智子, 74
Kawabata, Y. 川端康成, 71, 72, 74, 76; *Snow Country* 《雪国》, 71
Keene, D. 基恩, 72, 74
King James Bible 钦定本圣经, 84, 116, 177
King, S. 金, 13, 161
Kirkus Reviews 《科克斯书评》, 18
Kondansha International 讲谈社国际出版社, 73, 74
Krell, D.F. 克雷尔: translation of M. Heidegger 海德格尔译作, 119–22
Kripke, S. 克里普克, 107

Kundera, M. 昆德拉, 5-6
Lambert, J. 朗贝尔（一作兰姆伯特）, 27
Lattimore, R. 拉铁摩尔: translation of the *Iliad* 《伊利亚特》译作, 99-102, 104

Lecercle, J.-J. 莱瑟科尔, 10, 27
Lefevere, A. 勒菲弗尔, 27, 73-4
Lenin, V. I. 列宁, 158
Levi, C. 列维: *Christ Stopped at Eboli* 《基督停留在埃伯利》, 152; *Life* 《生命》, 130, 134
linguistics 语言学, 1-2, 8-9, 21-3, 25, 29-30
Lin Shu 林纾, 179, 180, 184; translation of C. Dickens 狄更斯译作, 179; translation of A. Dumas 小仲马译作, 179-80, 182-3; translation of H.R. Haggard 哈葛德译作, 180-1, 189
Lispector, C. 利斯佩克托 170
Locke, J. 洛克 54, 62; *Second Treatise of Civil Government* 《政府论（下）》, 54-5
Longmans 朗曼, 163, 165
Loti, P. 洛提, 167
Louis, G. 路易斯, 37, 39
Louys, P. 路易: *Les Chansons de Bilitis* 《比利提斯之歌》, 34-46
Lowe-Porter, H. 洛-波特: translation of T. Mann 托马斯·曼译作, 32-3
Ludlum, R. 勒德拉姆, 161
Lu Xun 鲁迅, 183, 186, 189; translation of J. Verne 儒勒·凡尔纳译作, 183; and Zhou Zuoren 以及周作人: translation anthology 翻译文集, 184, 185-6
MacDonald, D. 麦当劳, 136
MacGrath 迈克格拉斯, 13
Macaulay, T. 麦考利, 171

Macquarrie, J. and E. Robinson 麦奎利与罗宾逊: translation of M. Heidegger 海德格尔译作, 119
Malcolm, N. 马尔科姆, 110
Mallarmé, S. 马拉美, 38, 44
Mann, T. 曼, 32-3
Manu 《摩奴法典》, 166
Manzoni, A. 曼佐尼: *I promessi sposi* 《新婚》, 13
Marx, K. and F. Engels 马克思与恩格斯: *The Communist Manifesto* 《共产党宣言》, 186
Mason, I. 梅森, 3
Mencken, H. L. 门肯, 144
Mercure de France 《法兰西信使》, 34
Meridith, G. 梅瑞狄斯, 17
Mill, J.S. 穆勒: *On Liberty* 《群己权界论》, 181
Millar v. Taylor 米拉诉泰勒案, 54-5, 56, 57
Miller A. 米勒: *All My Sons* 《都是我的儿子》, 144
Milton, J. 弥尔顿: *Paradise Lost* 《失乐园》, 113
Mishima, Y. 三岛由纪夫, 71, 72, 74, 76
Mitsios, H.: *New Japanese Voices* 密兹伊欧:《新日本之声》, 74
Mitterand, F. 密特朗, 84-7
Modern Language Association of America 美国现代语言协会（MLA）, 90, 99, 103
Mocis, A. 慕依斯, 167
Montaigne 蒙田: *Essays* 《散文集》, 90
Montesquieu 孟德斯鸠: *Spirit of Laws* 《法意》, 182
Moravia, A. 莫拉维亚, 135, 151
More, T. 莫尔, 83
Morris, I. 莫里斯, 72

317

Multilingual Matters Ltd 多语种翻译出版社, 9

National Endowment for the Humanities 美国人文学科国家基金会, 92
Necrofile 《尼克菲尔》杂志, 16
Neubert, A. and G. Shreve 纽波特和施莱夫, 30
New Directions 新航标出版社, 71
The New Republic 《新共和国》杂志, 132
The New Yorker 《纽约客》, 15, 20, 136, 137, 164
The New York Times 《纽约时报》, 18, 20, 74, 128, 131, 134, 135, 147
Nietzsche, F. 尼采: *On the Genealogy of Morals* 《论道德的谱系》70-1; *Thus Spoke Zarathustra* 《查拉图斯特拉如是说》, 186
Nobel Prize for Literature 诺贝尔文学奖, 150, 151
Nora, P. 诺拉 125
Nord, C. 诺德 83

Ocampo, S. 欧坎波, 169-70
Okara, G. 奥卡拉: *The Voice* 《声音》, 176-8
Orbison, R. 奥比森, 64
Ortese, A. M. 奥尔蒂斯: *The Bay Is Not Naples* 《海湾不是那不勒斯湾》, 152
The Outer Limits 《外部空间》, 18

Parker Pen 派克笔, 164
Partisan Review 《党派评论》, 135
Pellegrini and Cudahy 佩莱格里尼与库妲希, 136-40, 142, 148, 149, 151-2
Pellegrini, G. 佩莱格里尼, 138, 152
PEN American Center 国际笔会美国中心, 47

Penguin 企鹅丛书, 149
Penguin Classics 企鹅经典丛书, 91, 117, 188
Perrot d'Ablancourt, N. 阿伯兰库, 81
Petrarch 彼得拉克, 53
The Phantom of the Opera 《歌剧魅影》, 153
Philodemus 菲洛德穆, 35, 36
Pinpin, T. 平平, 171-4, 178
Plato 柏拉图, 120: *Ion* 《伊安篇》, 96-9; *Laws* 《法律篇》, 117-18
Pocket Books 口袋丛书 139
Poe, E. A. 爱伦·坡 13, 14
polysystem theory 多元系统理论 27, 29, 30
Pope, A. 蒲柏: translation of the *Iliad* 《伊利亚特》译作 101-2, 104
Pound, E. 庞德, 76
pragmatics 语用学 21, 30
Prix Goncourt 龚古尔文学奖, 178
Public Lending Right 公共借贷权力, 47

Rabassa, G. 罗伯撒: translation of G.G. Márquez 马尔克斯译作, 169
Radcliffe, A. 拉德克利夫, 13
Radice, B. 拉迪斯, 117
Random House 兰登书屋, 38
remainder 剩余, 10-12, 14, 17-18, 21-3, 25-7, 29-30, 63, 86, 89, 95-6, 98-9, 101-3, 108-16, 122
Rice, A. 莱斯, 13
Rieu, E.V. 里乌: translation of the *Odyssey* 《奥德赛》译作, 188
Robbins, H. 罗宾斯, 161
Rorty, R. 罗蒂, 119
Rosenberg, J. and E. 罗森博格, 128
Rossetti, D. G. 罗塞蒂, 76
Rousseau, J.-J. 卢梭, 16

Routledge 卢德里奇出版社，8-9
Rushdie, S. 拉什迪：*The Satanic Verses*《撒旦的诗篇》，62
Russell, B. 罗素，114

Sagan, F. 萨冈：*Bonjour Tristesse*《你好，忧愁》，125
Sager, G. 撒格尔：translation of G. Guareschi 瓜雷斯基译作，150
Said, E. 萨义德，39
San Francisco Chronicle《旧金山纪事报》，136
Sappho 萨福，34，35，38，39，42，43，45-6
Sarte, J. 萨特，71
Saturday Review of Literature《周六文学评论》，128-9，136，147
Saunders, T. 桑德斯：translation of Plato 柏拉图译作，96-9，117-18
Sayers, D. 萨耶斯：translation of Dante 但丁译作，91，92，93
Schleiermacher, F. 施莱尔马赫，77，120
Schlesinger, A. 施莱辛格，131
Scola, E. 斯科拉：*Passione d'amore*《激情的爱》，20
Scott, Sir W. 斯科特爵士，17，179
Seidensticker 赛丹施蒂克，72
Sellers, P. 塞勒斯，149
Septuagint《七十士本旧约》，78-80
Shakespeare, W. 莎士比亚，28，117；*Hamlet*《哈姆莱特》，121
Sheldon, S. 谢尔顿，161
Shelly, M. 雪莱，14
Sidney, Sir P. 西德尼爵士，121
Sienkiewicz, H. 显克微支，184，186
The Sign《符号》杂志，136
Silone, I. 西龙尼：*The Seed beneath the Snow*《冰雪下的种子》，152

Simon and Schuster 西蒙与舒斯特出版社，150
Singer, I. B. 辛格，150
Smith, Adam 亚当·斯密：*Wealth of Nations*《国富论》，182
Smith, Arthur 明恩傅：*Chinese Characteristics*《中国人的气质》，183
Snyder, R. 斯奈德，150
Sondheim, S. and J. Lapine 桑德海姆与拉派恩：*Passion*《激情》，14，20
Spencer, H. 斯宾塞，181，183
Stationers' Company 书商公司，53
Steiner, G. 斯坦纳，116
Stevenson, R. L. 斯蒂文森，179
Stoker, B. 史托克：*Dracula*《德古拉》，16，17
Stowe, H.B. 史陀夫人：*Uncle Tom's Cabin*《汤姆叔叔的小屋》，57
Stowe v. Thomas 斯托与托马斯案，57-8
Straus, R. 施特劳斯，150-1
Süskind, P. 徐四金：*Perfume*《香水》，153，154

Tanizaki, J. 谷崎润一郎，71，72，74，76，84；*The Makioka Sisters*《卷冈姐妹》，72，84
Tarchetti, I.U. 塔尔切蒂：*Fantastic Tales*《怪异小说集》，13-16；*Passion*《激情》14，16-20，23，25-6
Tati, J. 塔蒂，149
Taverner, R. 塔佛纳，83
text linguistics 篇章语言学，21，30
Thackeray, W. 萨克雷，17
Thomas, D. 托马斯，177
Thomas More Book Club 托马斯·莫尔读书俱乐部，137-8，139
tie-ins 搭售书籍，14，48，152-3，165
Tottel's Miscellany《托特尔杂集》，53

Toury, G. 图里，27-30
translated advertisement 翻译的广告，24，159，164
translation studies 翻译研究，1-2，8-9，21，28-30，46
translators' contracts 译者合同，47，151-2
Troubridge, U.V. 特鲁布里奇，151-2
Truman, H. 杜鲁门，129
Tutuola, A. 图图奥拉，177，178；*The Palm-Wine Drinkard* 《棕榈酒鬼》，174-62，Live Crew 两名船员乐队，64
Tyndale, W. 廷代尔，83
Tytler, A.F. 泰特勒，184：*Essay on the Principles of Translation* 《论翻译的原理》，182

UNESCO 联合国教科文组织，2-3，53，158，160，161，165
Union Version (Chinese Bible) 和合本圣经（中文），186

Veja 《观察周刊》，164
Venuti, L. 韦努蒂，9-11，21；translation of I.U. Tarchetti 塔尔切蒂译文，13-20，23，25-6
Verga, G. 维尔加，13，135
Verne, J. 凡尔纳，167；*De la terre à la lune* 《月界旅行》，183
Victor Gollancz 维克多·格兰茨，138，148，149，152
Vitale, A. 维塔尔，161
Vivien, R. 维维安：translation of Sappho 萨福译文，45-6
Voice of America 美国之音，140
Voltaire 伏尔泰：*Candid* 《老实人》，90
Vursell, H. 维塞尔，150

Walcott, D. 沃尔科特，150
Wallace, E. 华莱士，163
Walter Disney Productions 沃尔特·迪斯尼公司，165
Ward, H. 沃德，134
Weaver, W. 韦弗：translation of U. Eco 艾柯译文，154-5
Welcker, F. G. 威尔克，41-3
Welty, E. 韦尔蒂，13，135，137
Wilamowitz-Moellendorf, U. von 维拉莫维茨，40-3
Wittgenstein, L. 维特根斯坦，110；*Philosophical Investigations* 《哲学研究》，107-14，116
Wodehouse, P. G. 沃德豪斯，144
Woods, J. E. 伍兹：translation of Mann 曼译作，33
Wyatt, Sir T. 怀亚特爵士，53
Wyatt v. Barnard 怀亚特诉巴纳德案，56

Yan Fu 严复，180，182，183；translation of T. H. Huxley 赫胥黎译作，181；translation of J. Mill 穆勒译作，181
Ye Shengtao 叶圣陶：*Ni Huanzhi* 《倪焕之》，186
Yijing (*Book of Changes*)《易经》，183
Yoshimoto, B. 吉本，74；*Kitchen* 《厨房》，74-5，82，84-7
Young. E. 杨：*Conjectures on Original Composition* 《有关创作的一些猜想》，53

Zhou Zuoren 周作人，183-4，189；and Lu Xun 与鲁迅：translation anthology 域外小说集，184，185-6
Zola, E. 左拉，13；*Thérèse Raquin* 《黛莱丝·拉甘》，14

译后记

自从我 2000 年夏最初阅读到韦努蒂教授的翻译研究以来，便为其深深吸引，也就一直想将这部《翻译之耻：走向差异伦理》译成中文。2013 年春夏之交，韦努蒂教授来华讲学，我有幸见到了他，便与他谈及翻译该书一事，他欣然同意。从那时开始翻译，到今天这部译稿画上句号并即将付梓，已近五载。感恩的心情，难以用语言表达出来。

感谢韦努蒂教授，是他告知卢德里奇出版社编辑的联系方式，并写邮件代为联系。他的善意促成了这本译作的出版。

感谢复旦大学中文系杨乃乔教授与首都师范大学中文系邱云华教授。两位先生在我攻读博士学位期间对我的读书与做人的教导，使我终身受益。

感谢我的父亲。在我完成译稿后，父亲多次帮我校对译稿。他戴着花镜，静静地坐在书桌前低头校稿、认真工作的样子，我始终记忆犹新。

  特别要感谢的是商务印书馆的傅楚楚女士。作为这部译作的责任编辑，傅女士就这部译作，大到策划小到校稿，都付出了极大的心血。她对编辑工作态度一丝不苟的认真态度，深深地感动了我。关于某些词句翻译的探讨，我们之间甚至有过多次"交锋"。正是在多次交锋中，译文的质量才得到极大的提升。

  在付梓前，想到了这五年中断断续续进行翻译的日子，亲身体会到了严复所谓"译事三难信达雅"的感叹。韦努蒂重异质、释放剩余以及抵抗的翻译观，对这部译稿的文风、质量产生了直接的影响。如果该译作中有什么不妥之处，则全由该书译者本人承担。

蒋 童
二〇一八年三月二十日于北京

图书在版编目(CIP)数据

翻译之耻:走向差异伦理/(美)劳伦斯·韦努蒂著;蒋童译.—北京:商务印书馆,2019
ISBN 978-7-100-16572-3

Ⅰ.①翻… Ⅱ.①劳…②蒋… Ⅲ.①翻译—研究 Ⅳ.①H059

中国版本图书馆 CIP 数据核字(2018)第 198172 号

权利保留,侵权必究。

翻译之耻:走向差异伦理
〔美〕劳伦斯·韦努蒂　著
蒋童　译

商 务 印 书 馆 出 版
(北京王府井大街36号　邮政编码100710)
商 务 印 书 馆 发 行
北 京 冠 中 印 刷 厂 印 刷
ISBN 978-7-100-16572-3

2019 年 3 月第 1 版　　开本 880×1230　1/32
2019 年 3 月北京第 1 次印刷　印张 10⅜
定价:38.00 元